課程發展
理論與實務

簡楚瑛　著

作者簡介

簡楚瑛

【學歷】
國立政治大學教育研究所博士

【經歷】
台灣省國民學校教師研習會助理研究員、副研究員
國立台南師範學院幼兒教育學系副教授及創科主任
國立新竹師範學院幼兒教育學系教授及創系主任
國立政治大學幼兒教育研究所教授及創所所長
國立政治大學教學發展中心主任
上海華東師範大學幼兒教育學系客座教授
香港教育學院幼兒教育學系教授

【現任】
國立政治大學幼兒教育研究所教授

【著作】

幼兒‧親職‧教育（1988）　文景出版社

方案課程之理論與實務：兼談義大利瑞吉歐學前教育系統（1994）
　　　文景出版社

幼稚園班級經營（1996）　文景出版社

方案教學之理論與實務（2001）　文景出版社

幼兒教育與保育之行政與政策（歐美澳篇）（2004）　心理出版社

幼兒教育課程模式（第三版）（2005）　心理出版社

自序

　　在大學裡教「課程」和「教學」有關的課以及從事相關之研究已二十多年了，這段時間裡所最關心的就是如何幫助將為人師者可以將所學的專業在教育領域裡發揮，讓學生得到高品質的教育。

　　幼兒教育因為不在正式的教育體制內，因此其課程發展的自由度很大；同時，因為沒有教育部審定教科書的管理，因此，學生學習材料上的選擇差異性也很大，有的用坊間設計好的教材套，有的是完全由老師自己設計。不論各幼兒園所裡老師和園長所擁有的課程決定權有大有小，但都有執行課程發展工作之責任，本書即在這種背景下產生。雖然起心動念是來自於幼兒教育領域，但本書基本上是從理論上出發，強調課程發展之程序性知識及課程發展每一程序上涉及之敘述性知識，只是舉例時是以針對幼兒所設計之課程為例。因此，不僅是理論篇，即使是實務篇（這部分內容所強調的也是方法上的提出，而不是示例本身）也適用於幼教以外之各級教育的課程發展者之用。

　　本書第一篇各章主要是針對課程發展之基本概念、理論基礎及課程發展之層級性和課程決定相關問題提出學說、理論及筆者之觀點；第二篇各章是分別針對課程發展各階段應從事之工作內涵及其程序；第三篇是針對「學校本位課程」、「教科書」和「標準」三個議題提出諸家的說法和筆者個人的觀點。希望第一、二篇能協助學校和班級層級之課程發展參與人員在發展課

程時能更得心應手；希望第三篇之議題能引出更多可以討論之觀點，進而可以協調整合出一些台灣適用之觀點以作為課程發展時之基礎或依據。

因為課程發展有不同層級間之關聯性，因此，在宏觀上各級課程發展人員都應了解整個課程發展的層級數、各層級的工作範圍以及層級間之銜接上的責任與自己的所屬層級的位置。本書第一篇即偏於針對各層級之課程發展人員而寫的；第二篇則較偏於微觀上針對學校和教室層級之課程發展人員而寫的。本書所提的有許多屬原則性的觀點與做法，讀者可以依自己的需要與觀點，彈性地運用。

本書得以出版，要謝謝國內、外課程學領域的學者們，我是讀他們的書成長的；謝謝國立台灣師範大學教育系甄曉蘭教授、國立新竹教育大學幼教系林麗卿教授和數位匿名審查委員的回饋，讓這本書更為精進；謝謝這五年來研究助理在資料蒐集、打字及修稿上的協助，更感謝心理出版社林敬堯總編輯和高碧嶸執行編輯費心地協助本書的出版。

筆者才疏學淺，因此雖極力盡心的寫作，但疏漏錯誤之處難免，敬請各界之讀者能不吝指正。

于政大醉夢溪畔

簡楚瑛 謹誌

2009年2月

目錄

Contents

第二部分　實務篇

第三部分　議題篇

圖次

表次

第一部分
理論篇

　　基本上，課程發展就是不斷選擇與做決定的一個歷程。在這歷程中，會因不同參與者對課程之定義、理解及課程發展理論觀點上的不同而產生不同之課程的面貌。理念性的課程還需視教育生態、教育體制層級上的分工與合作性的協調歷程才能切實地落實。本篇即針對與課程發展有關之定義、概念與理論觀點做一探討，做為課程發展工作時的基石。

第一章
課程基本概念

第一節　課程的定義

　　課程的定義因人而異，有些人認為寫下一些對課程的計畫就是課程；有人認為在學校裡教師指導學生的過程是課程；有人則認為學生的學習經驗是課程；也有人認為凡是學校所教的東西都是課程。隨著教育哲學與價值觀多元化的呈現，以及各時代與社會中不同教育目的之訴求的影響下，課程的定義一直是眾說紛紜的，以下將學者們對課程所下的定義分成幾類：

一、課程是科目之總和

1. 課程係由固定的學科（永久的研究）所構成，包含文法規則、閱讀、修辭學與邏輯學、數學，甚至還包含西方世界的經典書籍（Hutchins, 1936: 82）。
2. 課程基本上包含五大領域的學科科目：母語、數學、自然科學、歷史及外語（Bestor, 1956: 48-49）。
3. 課程是所有科目知識的總和（Phenix, 1962: 64）。

　　將課程與學科科目混為一談，是將課程視為固定、靜態的東西。若持此種看法，則一切課程計畫，不過是擬定教學科目、編排教材內容和排課表的工作而已。這種定義是傳統上對課程的看法。目前有的學校有每週、每日教

學時刻表，每個時段（多數以四十至五十分鐘爲一節計算）分別排入數學、英文、體育、才藝課。由這種課表的安排就可以看出這個學校對課程的概念就是「課程就是科目的總和」。

二、課程是一種預期的、有意圖的學習成果

1. 課程是學校所負責之有計畫的學習結果（Popham & Baker, 1970: 48）。

2. 課程是一連串具結構性之預期的學習結果；課程是課程發展系統的結果，也是教學系統的基礎（Johnson, 1967: 130）。

1960年代，學校十分重視教育計畫的實施成效，講求績效責任（accountability），因此也使得學者在定義課程時，強調課程的實施成效或結果（Wiles & Bondi, 2007）。持此一看法者，在發展課程的時候，是先設定課程所欲達到的具體目標、學習成果，再來擬定課程計畫。把課程定義爲目標或結果導向的學習，缺點是會有較大的局限性。尤其許多學習是無法以具體的行爲目標敘寫出來，若能寫出來的行爲目標又會局限了學習的廣度與深度。

三、課程是一種計畫

1. 課程是學校爲學習者所規劃、主導的所有學習活動，學習者學習的目的在於達成教育目標（Tyler, 1949: 18）。

2. 課程是有計畫學習機會之程序，目的在達成廣泛的教育目的和相關目標（Saylor, Alexander, & Lewis, 1981: 8）。

3. 課程是學習的計畫，包含幾項元素：目的與目標、內容之組織與選擇、教與學的模式、對結果的評價（Taba, 1962: 10-11）。

4. 課程是在教學前之計畫性的行動（Macdonald & Leeper, 1965: 5-6）。

5. 課程是一種設計，這種設計是社會群體爲它們在學校裡的孩子們之教育經驗而做的。

6. 課程是一種計畫或方案，此計畫或方案是為學生在學校指導下所接觸的一切學習經驗而設計的（Oliva, 2005: 16）。

　　綜合來說，此類定義將課程視為是教育者在教學之前，依照其教育目的而為學習者之教育經驗所做的計畫。計畫中包含教育內容的選擇、教與學模式的選擇，以及學習結果的評量等，最終要達成其教育目的。此定義偏重於課程的計畫性內涵，簡單說來，課程是一種「計畫」，而相對於「課程」一詞，「教學」則為課程計畫之「實踐」、「執行」，或稱之為「實施」。這個定義要比把課程定義為「科目」或「目標—成果」來得周延，因為它包含了課程的要素（實質上的內涵）和課程的程序成分。但它的不足之處在於：還是將課程視為是靜態的，是由成人事先設計好後，應用在學生身上的。

四、課程是一種學習到的經驗

1. 課程是學生必須處理與經歷的所有事情（Bobbitt, 1918: 42）。

2. 課程應該包含兒童在教師引導下的所有經驗（Caswell & Campbell, 1935: 66）。

3. 課程是學校所設立的一套有程序的經驗，其目的在透過團體思考活動的方法，以教育兒童與青少年（Smith, Stanley, & Shores, 1957: 3）。

4. 課程是知識與經驗的重建，使學習者成長而能運用智能操控後來的知識與經驗（Tanner & Tanner, 1995: 189）。

5. 課程是學習者在學校主辦下，藉由正式與非正式的學習內容和過程而獲得之知識、技能及看法、評論與價值觀（Doll, 1996: 15）。

6. 課程就是教給學生的東西，包括計畫與未計畫的資訊、技能和態度（Sowell, 2000: 3）。

7. 課程是一套價值觀或目標的組合，透過發展的過程提供學生經驗（Wiles & Bondi, 2007: 31）。

　　相對於課程是一種教育者的計畫來說，課程是學習者的學習經驗之定

義，已經將課程的中心，從教育者、社會與文化等，轉到以學習者爲中心，是一項觀念性的改變（簡楚瑛，1988）。此類將課程視爲學習者之經驗的定義，自二十世紀以來一直被提及，但是其中所謂的「經驗」之範圍卻一直在改變。二十世紀初，在課程定義中所指的「經驗」是學習者所經歷的全部過程，不論這些經歷是在計畫中或非計畫中產生，此時課程的定義是「所有學習者所獲得之經驗」都屬課程（Bobbitt, 1918）。

從1950年代開始，學者對於課程的定義，開始強調偏重其內容的設計，因此學習者的經驗也就指向在學校的程序與計畫下，由教師引導而經歷的學習過程；於是課程被定義爲「學生在學校有計畫地安排和教師的指導下，所獲得的學習經驗」〔上述Smith等人（1957）之定義屬此類之定義〕。

然而1970年代開始，一些課程學者將課程的定義擴大，他們認爲，除了計畫性的課程之外，學習者也從非正式、非計畫的潛在課程中獲得許多經驗與知識；例如：學生除了從教科書、教師等之教學而獲得知識之外，從同儕團體、教室結構與學校的價值氣氛也能有所獲得。因此，部分學者將這些「教育經驗」也納入「課程經驗」中，並且將課程廣泛地定義爲「學習者在學校系統中所獲得的正式與非正式的經驗」〔上述Doll（1996）及Sowell（2000）之定義屬此類之定義〕。也有學者（黃光雄、蔡清田，1999：118；黃炳煌，1996：162-164；黃政傑，1991：72）將教育經驗視爲是教師藉由教學情境的安排，以引薦學習者可欲的反應行爲，此種經驗可稱之爲課程經驗，但並不是所有的教育經驗或是課程經驗皆會有學習經驗。因爲學習經驗指的是學習者與其所能反應之外在環境條件間的互動與交互作用，而每位學習者之條件不一，因此所得之學習經驗也會不同。

除了經驗一詞隨著時代而變化之外，更值得注意的是，上述Wiles和Bondi（2007）在課程的定義中提到課程的「發展過程」，顯示課程並非固定、靜態的經驗而已，而是包含著動態、多元、持續變化的發展特性。

五、結語

　　依筆者的看法，凡是從同儕團體、教室的結構或學校的價值氣氛中所獲得的知識，亦屬於學校安排下所產生的學習經驗。班級的組合或依智能來分或依學科成績來分，都是學校依某種原則所安排而成的；學校的價值氣氛受行政領導者所持之教育哲學或社會哲學的觀念所影響，而不是自然的產物。因此，筆者認為學生自學校之同儕團體、教室結構、學校價值氣氛中所獲得的東西仍屬於學校安排下所產生的學習經驗，實際上並未超出第四類課程定義的範圍。

　　此一「課程即經驗」的定義要比前三種定義（課程即科目、目標─成果或計畫）更符合現在教育場域上所需之概念。其他三種定義偏向把課程視為靜態的、固定的概念，「課程即經驗」將課程之多元性、持續變化與發展之特性包括在內。同時，前三種定義易使人誤解課程的發展──包括教育目標的訂立、學科與時數的規定以及學習計畫之擬定（從課程標準到日常教學計畫）乃是上級主管機關之事，與學校、教師無關。這種想法很清楚地反映在誤認課程發展乃是教育行政當局而非學校之事；教學計畫（或進度）應由學校統一規定，而非由教師自定。而「課程即經驗」此一定義卻能很清楚地告訴學校當局和教師：課程發展本來就是大家（教育行政各級主管機關及主管、學校及校長和教師）的責任和權利，而且在課程發展過程中必須由「目標」→（「學科」）→「方案」（內容）→最後落實到學生的「活動」或「經驗」，才算是真正發揮了課程的功能（黃炳煌，1996：161）。但是課程即經驗的定義也是有其侷限性的，即此種定義不易區分正式課程、非正式課程與潛在性課程，由於課程定義範圍太廣闊，使教育的挑戰性提高；評鑑學習成果之工作的難度加深；現實條件下，要能周延且完整性地照顧到每位學習者的學習經驗也是件深具挑戰性的工作。

　　由上述定義來看，可以看到「課程」的範圍可以很窄（限於所教的科

目），也可以很寬（寬到只要是在學校規劃範圍內的，不論是校內還是校外，學生所得到的一切學習經驗）。若一個學校決定課程之定義是「所教之科目」，那課程發展的工作必然會比將課程定義為「學校所提供之校內、外的一切學習經驗」的學校要來得簡單與狹義。總之，學校或是教師可以根據自己的哲學信念加上環境中種種因素的考量去決定課程定義的選擇。

第二節　課程與教學的關係

關於課程與教學的關係，最為簡化的說法，就是「課程」（curriculum）是指「該教什麼」，而「教學」（instruction）則是「如何去教」（Oliva, 2005; Parkay & Hass, 2000; Sowell, 2000）。仔細地說，Oliva（2005）認為課程是教育的方案、計畫、內容及學習經驗，而教學則是教育的方法、教學活動，以及課程的實踐與呈現。課程的決策講求計畫性，教學的決策講求方法論；課程計畫先於教學，在計畫過程中，既為課程也為教學而做決定。Johnson（1967）則定義課程為具結構性之預期的學習成果，而定義教學為教學者與一個或多個學習者之間的互動。Macdonald 和 Leeper（1965）將課程視為是為了進一步行動所做的計畫，教學則是將計畫付諸實踐課程是教學的藍圖，教學是課程的實踐，課程與教學都包含在學校或教育系統之下，兩者的目的都是使學生學習與成長，為了達成教育目的與目標，課程與教學缺一不可，兩者之間的關係非常密切。Oliva（2005）提出四種模式來說明課程與教學間的關係：

1. 二元模式：將課程計畫與教學實務區分開來，認為課程是課程計畫者所做的事情，而教學則是教師的行為，因此課程與教學各自獨立，互不影響。例如：出版社設計課程、出版教科書，教師使用教科書教學，課程計畫的過程，教師沒有參與，而教師的教學，也不影響出版社之課程設計。這就是課程與教學各自獨立的二元模式（見圖1-1）。

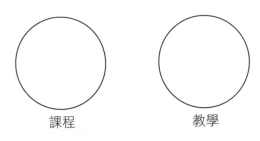

圖1-1　課程與教學關係圖之一

資料來源：Oliva, P. F. (2005). *Developing the curriculum* (6th ed.) (p. 8). Boston, MA: Allyn & Bacon.

2. 連鎖模式：將課程與教學視為一個整體，互為連鎖，彼此不可分離。例如：全語文的課程與教學取向即為連鎖模式之例子；全語文的教室環境皆布置成具有豐富、自然的語文資源之情境，例如：在教室中貼出每日菜單的海報，以文字書寫，教師則依照海報內容一一介紹餐點；在此情境中，菜單是教材、是課程的一部分，同時也是教師教學活動的一部分（見圖1-2）。

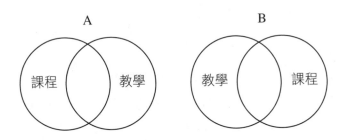

圖1-2　課程與教學關係圖之二

資料來源：Oliva, P. F. (2005). *Developing the curriculum* (6th ed.) (p. 8). Boston, MA: Allyn & Bacon.

3. 同心圓模式：在此模式中，課程與教學同屬教育系統之下的系統，而
   且兩者是層級關係，一個包含另外一個，如圖1-3的A與B。A表示課程
   的層級在教學之上，也就是說教學完全依循課程來決定；B則表示教學
   的層級在課程之上，教學是主角，而課程是教學的衍生物。A顯示的
   是，教師的教學範圍均在設計好的課程範疇內；而B顯示的是，教師是
   已設計好之課程的詮釋者，教學內容會因個人化之經驗與專業能力而
   將設計好之課程，以舉一反三之方式或是個人詮釋的原因，使得教學
   範圍大於課程的範圍。

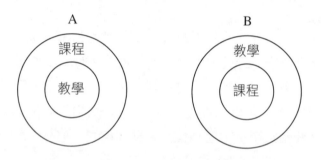

圖1-3　課程與教學關係圖之三

資料來源：Oliva, P. F. (2005). *Developing the curriculum* (6th ed.) (p. 9). Boston, MA: Allyn & Bacon.

4. 循環模式：此模式將課程與教學包含在一個循環系統之中，重視課程
   與教學之間互相回饋的機制。課程與教學兩者的實體雖然分開，但是
   兩者之間卻有持續不斷的循環關係——課程決定先訂定之後，教學決定
   才隨之而生，在教學決定付諸實踐與評鑑之後，又回過頭來影響課程
   決定。例如：建構式的課程與教學之間，就存在循環的關係；建構式
   的課程是教師依照教育目標所做的規劃，而後於教學中實踐，在教學
   過程中，學生與教師共同建構新的想法與概念，再用於發展後續的課

程，因此課程和教學的關係持續循環、互相影響，是為一個整體，都包含在教育系統之下（見圖1-4）。

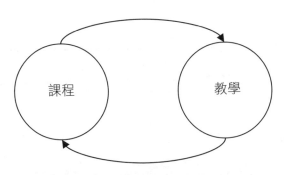

課程　　　教學

圖1-4　課程與教學關係圖之四

資料來源：Oliva, P. F. (2005). *Developing the curriculum* (6th ed.) (p. 10). Boston, MA: Allyn & Bacon.

隨著教育的演變、時間的遷移、教育新知的發展以及新觀念的產生，使得課程與教學的觀念、定義以及兩者間的關係也隨之改變。上述的模式沒有「對」和「錯」的分別，而是從不同角度、不同情境下所呈現的課程與教學間關係的分析。總體而言，不會有人反對下述之課程與教學間關係的描述（Oliva, 2005）：

1. 課程與教學是互相有關聯，但是是彼此不同的兩個東西。
2. 課程與教學是兩個既互相牽扯卻又互相獨立的東西。
3. 課程與教學可以分開來研究與分析，但無法獨立地發揮其功能。

第三節　課程理論與教育理論的關係

課程理論在教育理論中所占有的地位為何？它的基礎是什麼？它究竟包括了哪些內容？下面就借用Beauchamp（1964a）的課程理論之基礎與演進

圖來做一說明（見圖1-5）：

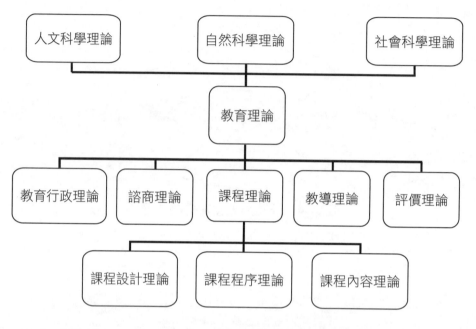

圖1-5　課程理論的基礎與演進圖

資料來源：Beauchamp, G. A. (1964a). *Curriculum theory* (2nd ed.) (p. 4). Wilmette, IL: The Kagg Press.

　　由圖1-5可了解，教育理論之內涵包括有教育行政理論、諮商理論、課程理論、教導理論和評價理論，因此課程理論爲附屬於教育理論中的一個次級理論。至於其基本知識的來源則源自人文科學、自然科學和社會科學三種基本學科理論的知識。課程理論又可細分爲課程設計理論（Design Theories）、課程程序理論（Procedure Theories）和課程內容理論（Content Theories）三種。當然，教育行政理論或諮商理論可能也有部分影響到課程設計理論，或教導理論可能會影響到課程內容的理論，但它們（教育行政理論、諮商理論、教導理論和評價理論）所提供的都屬次要性的資料，都不直接最有利的有助於課程設計理論、課程程序理論和課程內容理論的發展。

第二章
課程發展基本概念：
課程發展之理論基礎

　　教育哲學觀點的不一，將促成課程類型與功能的互異；社會結構的不同、社會的變遷等，將促成課程內容的多樣性與變異性的要求；發展心理學與認知學習心理學為課程編製者提供了課程內容的選擇、排列與呈現的原則；知識的結構與性質，將影響課程的結構與學習經驗的組織與順序；這些都是影響與決定課程發展的因素與力量。換句話說，課程發展有哲學、社會學和心理學三個理論性基礎。

第一節　哲學基礎

一、哲學與教育的關係

　　自古至今，在不同的社會中，不同的哲學派別有不同的信念與價值系統，衍生出不同的教育哲學。每一種教育哲學的陳述者或是團體，都自成一套看待社會、教育、課程與教學的思想架構。對教育者而言，教育哲學是他們思想與行動的核心基礎；基於教育哲學，教育者能夠賦予教育特定的意義與目的，並將教育目的更清楚地定義出來，判斷什麼樣的學習是有價值的、什麼樣的方法是合適的等等。從應用範圍來說，上至國家層級的教育政策之決定，下到學校層級之教育目的、課程目的之決定，以及教室層級的課程目

標、教學目標，乃至師生之間的教學行動之決定，都以哲學為基礎。

二、哲學對課程發展的重要性

哲學是課程發展人員與課程實踐者發展課程時的價值判斷依據。例如：教師認為閱讀文學名著能陶冶學生的心靈，因此將圖書區布置為教室裡最溫馨的區域，並陳列出古今中外的古典名著，鼓勵學生閱讀；此即教師之哲學觀在課程與教學中的具體呈現。Hopkins（1949）提到哲學之於課程之發展與決定，是重要的準則與基礎。他曾寫道：「哲學已經深植在以往曾經做過的每一個課程與教學的重要決定之中，並且將繼續成為未來重要課程決定的基礎。」他並提到：「當學校系統中的教師為教學科目預先準備時，即為哲學之表徵，因為行動是在多種不同價值中選擇而決定的；當教師增加回家作業到學生都無法完成的份量時，或許他們不明白其行為背後所隱藏的哲學信念，但其行為確實反映了某種哲學信念；當教師請學生收起地理課本以學習數學時，他正依哲學信念在行動，因為他做了價值判斷與選擇；當測驗專家呈現某些結果給教師的時候，他們是基於哲學觀點而行動的，因為測驗結果只有在特定的假設下才有意義。在學校裡，教師幾乎所有的行為都應該以哲學為思考的核心。在少了哲學引導的情況下，課程與教學的結果只會成為一堆沒有價值的教育經驗。」（Hopkins, 1949: 198-200）。

對課程領導者而言，哲學在課程發展方面的助益，大略可以分為五點：

（一）課程目標方面

課程是有目標的，但是每一個領導者所定下的目標，會因為基本想法的不同而不同，林教師覺得課程的目標，是要使學生擁有解決問題的能力，王老師認為課程的目標在於培養學生精讀名著的能力；是什麼造成兩者間的差異？追根究柢便在於兩個人的哲學信念不同，林老師較傾向於經驗主義，而王老師較傾向於永恆主義。不論是哪種哲學信念，只要能夠釐清自己是屬於

哪一種，在課程發展教學過程中，便能夠依據自己的哲學觀，設計有一貫性的課程與教學內容。

（二）引導教室中學習策略和方法的選擇

在幼稚園的教學活動中，教師是教學中的要角，也是教學層級之課程的設計者、執行者，因此教師的哲學觀，也會影響教師教學策略和方法的選擇。持存在主義哲學觀的教師，對於教師的角色設定為協助者，便不會是主動的強勢介入者；相對地，學生對自己學習角色的看待也會受到影響，學生會認知到獨立學習的態度是被鼓勵的。存在主義哲學觀下的學生，便被形塑成是主動的角色。

（三）個人在學校中所扮演的角色

學生為什麼要來學校？學校要教什麼給學生？身為教師或是行政人員，如果不清楚自己在學校中的定位，很容易產生無能感。所以課程領導者的責任之一，便是定義出個人在學校中所扮演的角色，是被動的？是主動的？教技能？教知識？哲學想法有助於領導者思緒的整理與想法的澄清。

（四）學校之發展方向與特色方面

哲學除了能夠在課程發展過程中給予方向外，也是學校發展方向與特色的重要指引。近年來所強調的學校本位課程，就是希望學校能夠清楚知道該校的發展方向和特色，如此才能夠做近程、中程、甚至長程的規劃。落實在幼稚園就是，了解自己園所抱持的哲學觀，才不會人云亦云，跟著流行走；現在風行美語教學，就做美語教學，現在盛行蒙特梭利教學，也來實行工作，而不去評估是否符合園所本身的教育觀、哲學觀，終會失去園所自己的方向。

（五）澄清信念

課程發展是以哲學為基礎，因此在發展過程中，領導者與參與者可以透過哲學觀的澄清來處理學校課程設計的問題；同時可以藉此讓教育領導階層的觀點更清晰地呈現，進而透過價值和信念的澄清，使課程、教學過程、學習原則、材料之選擇、學校計畫的構成要素等要素連結在一起。

總而言之，如果課程缺乏方向，會導致課程的失焦或是實施之可行性不高，因此哲學對於課程領導者來說，是不可或缺的。

三、哲學派典與課程發展

哲學探討許多問題，其中最主要的三項就是：什麼是真理？什麼是善？什麼是實體？三者分別是：認識論（Epistemology）、價值論（Axiology）與實體論（Ontology）。

不同哲學學派與思潮中的哲學家們，在認識論、價值論與實體論上各有不同的信念與主張。課程是某一社會對於教育目的、課程目標、內容、方法與評價等要素的一些基本假設、價值觀和信念的產物。假設、價值觀與信念等，皆屬哲學所討論的範圍。因此不同的哲學觀點，對於課程目標、內容、方法和評價之選擇與實施原則將有深入而廣泛的影響。這些哲學思潮應用在教育領域上，形成各種教育哲學派別，主要可歸類為永恆主義、進步主義、精粹主義、重建主義等四種。各教育哲學派別的內涵與對課程發展的影響詳述如下（黃炳煌，1995：Omstein & Hunkins, 2004; Oliva, 2005）：

（一）永恆主義（Perennilism）

永恆主義結合了哲學上的理想主義（Idealism）與實在主義（Realism）的思維，主張教育的目標就是要追求心靈的秩序、追求真理，發展自然人的理性思維，使自然人變成理想人。哲學上之理想主義者認為實體存在於人的

心中；眞理與價値是普遍、絕對與永恆性存在的；心靈和觀念的世界是規律、有秩序、不變的，且眞理自存人心、不假外求。

實在主義所指的實體就是世界本身；眞理是由觀察與經驗所歸納出的結果；價値，存在於自然的規律，和自然界的秩序中。實在主義者的世界是由物質、物體所構成，人們用感官經驗與理性思考來了解世界。世界依照自然定律而運作，萬事萬物皆有其目的，並依規律、有秩序地運行，而人類行爲也順從自然法則，因此人類是理性的。

永恆主義者認爲教育目標應具有普遍性與絕對性，受得起時間上與價値判斷上的考驗；課程內容是強調與觀念、概念有關之科目，因此重視條理分明、科層範圍固定的科目，理性科目比實用科目重要。其中，哲學、神學被視爲是最高層的科目，可以用於一切情境與經驗；數學則訓練抽象思考能力，因此也十分受重視；歷史和文學提供了道德和文化的典範，也受到重視；自然與物理科學就被視爲較不重要的知識，因爲它們只說明了事實間的因果關係；在課程方法上，偏好傳授式、教條式的灌輸與指導；學校是形塑人之心智的地方；教師的角色是理性的模範以及眞理的詮釋與灌輸者，學生則是被動接受者。由於課程內容是固定不變的，因此課程是由測驗的結果來評價；也由於課程是永恆、絕對與普遍的，因此不會受時間、地域之變化而改變。

（二）進步主義（Progressivism）

二十世紀的科學快速發展，促成實用主義（Pragmatism）哲學的興起。實用主義包含經驗主義的思想，重視個人的經驗和科學態度與方法。從實用主義的觀點來看，只有實際的經驗才是實體；眞理並非永恆不變的，眞理只有在某時某地的功能下形塑出來；價値端視有用與否而定，可經衆人討論與評價而決定。因此，認爲有永恆、普世的眞理與價値存在。

實用主義哲學應用到教育領域中即形成進步主義的教育哲學觀。進步主

義者提倡以兒童爲中心（child-centered）的理念；堅持學校教育必須顧及學習者的個別差異、需求與興趣，以培養「完整兒童」（whole child）爲終極的目的。進步主義者，如教育學家John Dewey，重視孩子自身的經驗，認爲孩子是學習的起始點，是中心，也是最終目標（end），孩子的發展與成長就是教育的目的，因此提出「教育即生活」和「做中學」之教育理念，影響二十世紀的教育甚深。由於進步主義者並不認爲眞理是恆久、普世不變的，因此進步主義者不主張使用固定學科或經典名著作爲課程內容，主張教育的內容應該與學生的周遭社會以及生活經驗有關聯，學生應學會從探索解決問題的方法過程中去得到學習；認爲課程的本質是跨學科的，並重視學科與教材在教學互動中所產生的結果與知識。對進步主義者而言，學校應該教學生如何批判思考，而不是思考什麼；教師的角色，是學習的輔助者或學習者商議的對象；學習則是學習者主動參與、發現和經驗他們所生存的世界；學習者與環境都不停改變，交互作用與經驗的結果，也會一直變化。因此，課程發展與課程的改變是必然的。

在教學方法上，進步主義者不主張以傳授式的方法來教育學生，而是以學生個別需求和興趣來考量，提倡以「科學的方法」引導學生學習，培養學生解決問題的技能，包括五步驟：確認問題、形成假設、蒐集資料、分析資料、導出結論；此外，進步主義者鼓勵合作式的團體學習活動，而非競爭式的個別學習；教師在教學的過程中只是扮演學習的促進者；學生必須主動學習，爲自己的學習成果負責。由於進步主義者認爲學習的成果都是學生自我成長而形成，沒有外在標準可用以規範，而課程評價的目的只在讓學生了解自己進步的程度，因此課程實施後不主張以制式的測驗來評價教育成果，而主張以描述性的方式來表示評價結果。

（三）精粹主義（Essentialism）

精粹主義也是結合前述之理想主義和實在主義而形成之教育哲學裡的一

派，和永恆主義不同的是更突顯教育的社會性功能，強調社會的維護。認為教育的目的就是在傳遞文化遺產，教育的功能是「為未來做準備」，因此課程目標主要著重在認知與智能上的學習，學習學科課程是為了往後的職業和生活。精粹主義者認為教師的工作就是將片段的知識內容變得有邏輯性、聯貫性，並預先設計好學習者所要學習的內容與步驟（課程）。精粹主義提倡「指定─研讀─背誦─測驗」（assign-study-recite-test）的教學方法；教師將科目中固定、有次序的事實傳授給學生，而學生則一點一滴地累積與學習，循序漸進至精通該科目。精粹主義課程的核心為三R（讀、寫、算）和有組織的學科課程，重視學生在基本技能與學術學科上的學習。

（四）重建主義（Reconstructionism）

重建主義之教育哲學興起於十九世紀早期的社會主義與烏托邦的概念，認為進步主義者太過強調以兒童為中心的教育，並主張應該更強調以社會為中心的教育。重建主義者注意到進步主義所忽略的種族、階級、貧窮、失業、多元文化、性別等社會問題，以及污染、地球資源浩劫等環境問題，認為教育應積極改造社會，使社會適應於民眾。重建主義者認為社會不停地改變，因此課程也必須改變，以適合新的社會、經濟與政治環境。重建主義並且特別強調教師角色的重要性，認為教師有能力創造社會的新秩序，肯定了教師在教學過程中的不可或缺性。重建主義倡導的課程內容包括：公民教育、環保教育、多元文化教育、平等與未來教育等，教導學生使之能夠尊重、欣賞其他的文化，與世界各國的人相處。

然而也有部分重建主義者認為學校是社會用來控制、壓迫學生的、複製社會階級製造更大不公平的工具，教師傳遞各種規範、觀念和意義，以課程來塑造和控制人類的生活。以社會公平的角度來看教育與課程時，因為社會上經濟資源分配的不公平，所以文化資源的分配也有類似的不公平現象，使得學校變成文化與知識的分配者，進而產生控制他人的權力（Apple & King,

1977; Ornstein & Hunkins, 2004）。從這派學者之觀點衍生出來之課程內容比較偏向於以解構性觀點來看待社會問題的內容爲主。

上述的教育哲學派別，可更簡化爲傳統和非傳統的兩大教育哲學觀點：

（一）傳統的教育哲學觀點

傳統的教育哲學觀點包括永恆主義和精粹主義。持傳統教育哲學觀點者認爲，教育的目的在使人變得更加美好，心智的訓練是教育中最重要的目的；學校是此學習的最佳場所。

（二）非傳統的教育哲學觀點

非傳統的教育哲學觀點包括進步主義和重建主義。傳統的教育哲學觀點行之久遠，強調理性的方向，而非傳統的教育哲學觀點則逐漸轉移到人的本質上，強調經驗的重要性和改變的必然性。教育的重點不再是學科內容，而是加強實際生活上解決問題的能力。

在教學過程中，應該教什麼一直是大家所關心的話題，在確定了教育觀點之後，課程的內容自然就會應運而生。從非傳統之教育哲學觀點來看，課程絕非是一種自然存在的知識。在教科書中所呈現的知識，是政策、經濟、社會、文化等活動之協調的結果，要把教育和政治分開是一種神話（Apple, 1990, 1993）。舉例來說，像是語言的學習，教育本身的理想是希望不隱含任何政治意味在內的，但是實際上卻很難做到這一點。當有關單位將某種語言定爲社會或學校統一的語言時，只是將政治和經濟影響力的複雜性隱藏於被認可的課程組織中。例如：將英文視爲國際語言時，其他語文的地位就低了一級了。

因此，以非傳統的教育哲學觀點來看，課程真正的本質是社會和歷史因素所建構的，它以特別的方式連結了知識的力量。課程的功用在於對特定歷史和經濟加以認定並給予特權，一旦被納入課程的內容，該知識就取得優勢

的形式，它會以一種不經意或在特意的狀況下忽視或使次要團體的聲音安靜化的方式讓優勢的文化再製下去（Aronowitz & Giroux, 1991）。統整以上非傳統的教育哲學觀點，可以提供我們另一個思考角度，使我們聚焦於一些值得注意之議題上，像是學校的政策是否對優勢文化有所助益、抑或是學校是否成為反抗優勢文化的一股力量，以及教師的角色是否擁有影響改變的力量等。

在教育場域裡，教育工作者可能抱持單一的哲學觀點，也可能是持綜合性的、折衷性的觀點。想要了解一個學校或是教師是基於哪一種教育哲學之觀點去實行教育工作，是可以透過很多方面來觀察的。Wiles和Bondi（2007）提出可以透過十五個面向，迅速地觀察到一個學校或是教師的教育哲學為何，其項目分別是：⑴社區參與；⑵學校建築和空間；⑶教室空間；⑷組織知識；⑸學習材料的使用；⑹教育哲學；⑺教學策略；⑻教師組織；⑼學生組織；⑽規則和規律；⑾維持紀律的作法；⑿學習過程的報告；⒀行政管理態度；⒁教師角色；⒂學生角色。透過這十五個面向的觀察，可以看出一個學校或是教師的教育行為背後的信念與哲學觀點。廣義之課程發展是包括這十五個面向的，各面向的說明如下：

（一）社區參與

藉由學校參與社區活動的情形，可看出該學校所抱持的教育哲學觀。若學校將教育視為是由學校握有最大主導權、決定權去實施教育之時，學校便會避免讓社區有參與學校活動的管道或機會，如此一來，便限制了社區對學校實施教育的影響力，另一方面，少了社區的影響，也可能更能確保學生達到學校所預期的學習結果。反之，若學校認為教育在提供學生多元發展的機會時，學校便會設法支持並鼓勵社區有參與學校活動的管道或機會。這樣的作法考量了讓社區的聲音進入學校，讓它有機會影響學校的辦學方向，或是協助學校特色的營造。

（二）學校建築和空間

學校建築與空間的運用是觀察學校之教育哲學觀最外顯可見的指標。以進出的容易度、建築物的舒適度、交通動線的控制型態、空間使用的優先性、校園地面空間等五個項目來評估學校的教育哲學觀是屬於較為「結構性」還是較偏「彈性」的。以進出的容易度為例，結構性的學校會限制社區民眾的出入，以作為控管校園環境和人員的手段，這類型學校的特徵在於所有的建築物多半只有一個出口，並通常在放學後鎖住建築物出口、廁所以及備用空間。這類的線索向外來的訪客、教師與學生透露的訊息即是學校不是下課後該留下來的地方，使用校園建築物要在一定的時間以及規範下才能使用。

（三）教室空間

教室空間的組織、動線規劃以及歸屬感通常也隱含了學校的目的。Wiles和Bondi（2007）以教室的組織（如：桌椅安排）、教室中的行動（學生自由決定行動的程度）、教室空間所有權（開放師生自由使用空間的程度）來觀察學校的教育哲學觀。以教室的組織為例，教室中的座椅若是排排坐形式者，則意味著教室的教學多以講授方式進行，學生是聽講者，沒有太多與同學互動的機會。而教室的組織方式通常也與教室中的行動以及教室空間使用權有連帶的關係。若教室的座椅是以小組（幾個人圍坐一桌）的方式安排，則學生在教室的行動便會較有彈性，能彼此相互討論，或是走動到其他組進行討論，如此一來，學生的教室空間使用權便會提高。

（四）組織知識

Wiles和Bondi（2007）將組織知識的方式分為五種：

1. 區塊式設計：預先決定目標，明確界定每一個基本知識技能的區塊範圍，由基礎區塊循序漸進、按部就班學習更複雜與專業的區塊，偏離事

先處方好的順序皆不被允許。學生沒有選擇權，以課程或教師為中心。

2. 分支式設計：此設計依然強調基礎知識的學習，但提供學生對必須精熟的知識與之後的學習路徑做有限選擇，讓所有學生的學習經驗不完全相同。

3. 螺旋式設計：已學過的知識在日後學習過程中，會以較複雜的形式被重新回顧。雖具某些彈性，但依然控制教導與學習的內容。

4. 任務式設計：預先決定學習目的，但學習內容與呈現順序可彈性調整。

5. 過程式設計：知識內容是學習過程的一個媒介；例如進行閱讀活動時，不管你閱讀的內容是什麼，「閱讀」依然能被進行。這個設計不管在目標、內容呈現順序與知識使用上，皆有高度彈性。

（五）學習材料的使用

　　不同的教育哲學觀，在學習材料的選擇與使用情形上存在極大差異；這個面向可以從學習材料所提供的感官刺激、媒體種類與放置場所三個部分進行測量。當提供的學習媒體種類少、且其帶來的感官刺激屬性固定、放置場所僅限一般教室，則偏向結構性；相反地，如果提供的媒體種類多、能讓使用者操作時浸融其中，並將所有物體視為學習材料，就具高度彈性。

（六）教育哲學

　　這個面向可從教學型態與歧異的接受性兩部分加以說明。教室中，教師完全控制所有資料與過程，是具高度結構性的教學型態；開放學生自由交換觀念，則最具彈性。另外，愈能尊重與允許學生在外表及行為上的歧異，亦愈具彈性。

（七）教學策略

　　教室中使用的教學策略也暗示了教育哲學觀的存在，由觀察教師激發動

機的技術及師生互動距離便可加以窺探。當教師採取高壓統治,威脅與恐嚇學生使其產生順從的學習動機,給學生的限制最大;而師生互動的距離,還包括雙向溝通的程度,以及教學是否符合學生多元學習風格亦能反映其教育哲學觀。

(八) 教師組織

這個面向的指標有二:教師角色與教師組織。以教師角色來說,教師是個只教導特定學科的專家角色?或是能跨越學科限制、教導不同年齡階段的角色?教師是只能孤立地處於單一個教室裡,或是能與其他教師進行合作與協同教學、設計課程?舉例來說,當教師被鼓勵能與其他教師進行合作與協同教學時,所反映出的教育哲學觀便認為教師並非知識的權威,知識是可以在以共同合作、相互討論的模式下所激盪出來的。

(九) 學生組織

編班的標準與班級人數是觀察學生組織型態的指標。隨著教育理念的開放程度,學校編班的標準便會以興趣、需要、能力、學科與年齡作為編班依據。而對班級應有人數的看法,愈以學生為中心的教育哲學觀便會以強調滿足學生個別化需求為思考班級應有人數之考量,而非依教室的大小來決定班級人數。

(十) 規則和規律

墨守歷史成規的學校,最具結構化;規則少且皆可協商者,溝通上最開放。

(十一) 維持紀律的作法

不管學生犯什麼錯,都施予同等懲罰,而不考量情節輕重者,其反映出

的教育哲學觀則屬高壓型態；而沒有繁瑣之衡量違規行爲與懲戒辦法者，則較有彈性。

(十二) 學習過程的報告

能以多元、創新、貼近學生學習現場的評量方法，取代傳統以數字符號（如八十六分或百分等級80%以上）來說明學生表現情形，可顯示學校在評量上更重視學生個別性，重視的是過程的學習而非測驗的分數高低。

(十三) 行政管理態度

行政風格決定學校氣氛，而哲學觀點則決定行政風格。透過觀察行政人員做決策的方式與溝通媒介可反應出其教育哲學觀。當決策的過程是高度集權與獨裁的模式，顯示出學校是呈現嚴密的控制關係；若決策過程中無權威的指示或組織成員能有參與決策的機會，則呈現出較爲人性、開放的哲學觀點。在溝通部分，有的領導者從未親臨現場，師生對他的認識僅限於其肖像，則可能反映出其具有權威、階級、有距離的教育哲學觀；反之，若領導者能眞誠關懷師生，願意敞開辦公室大門面對面溝通，便多少反映出學校重視人本主義的教育哲學觀。

(十四) 教師角色

這裡指的是教師的角色知覺。當你詢問教師「你教什麼」時，他的回答是只教授事先處理好、特定的知識內容，或是廣泛地傳達他認爲有價值的事物給學生，這種範圍的差異即代表了教育哲學觀的不同。

(十五) 學生角色

透過詢問「你在教室裡怎麼學習」，可以了解學生對自己的角色知覺。機械式地抄寫黑板上的資料，或是做感興趣的事務，這兩者即顯示結構與彈

性的兩個極端。

由上述可知，教育哲學觀可以透過學校教育的不同向度反映出來，身為教育工作者，不妨多思考自己所抱持的教育哲學觀，亦可觀察在不同學校環境下所反映出來的教育哲學觀以及其對學生的影響。

第二節　社會學基礎

一、社會學與教育的關係

社會學是研究人類群體生活、團體組織，以及社會的一門學問。廣義而言，社會學的範圍包括政治、經濟、文化（如：倫理與價值觀）、社會組織（如：家庭、社團等）、社會變遷等領域，分屬各個領域的種種社會現象與趨勢，塑造出社會的形貌，透露出社會的需要。在不同的時代與地區，人們有不同的社會生活，其社會的需要也就不同。由於社會文化是人類心智發展的素材，因此教育的目的、內容與方法往往隨時空變化、社會文化的不同，以及社會的需要不同而有所差異。例如：在農業社會生存需要的是務農的技巧與野外求生的能力，因此教育的目的在於使人們能生存於自然環境中；而資訊化社會需要的是電腦素養與價值判斷能力，因此教育的內容便包含各種電腦與網路的使用能力，其課程目標也包含學習分辨資訊與知識、判斷資訊的真偽、培養良好的價值觀等。

反觀，當教育反映出社會目標、社會價值，以及在該社會中生存所需的能力之時，教育也於形塑未來世界的過程中扮演重要的角色，影響未來的經濟、政治、社會、民主以及科技發展。社會與教育之間緊密地互相影響彼此。

二、社會學與課程發展

社會學對課程發展的影響可由幾個層次來看，最巨觀的是全球社會的影

響，其次是國家社會的影響，再其次是地區性的影響，而後是社區與學校的影響，最直接的是班級的影響。課程與學校、社區、國家、全球的社會與文化，是緊密相連的，每一個層次都有該層次之社會、文化因素影響著課程。因此，我們若以學校作為基本的教育單位，則不僅每個學校所處的社會文化不同，甚至學校本身都有各自的文化脈絡，使得每個學校的每個課程應該是獨一無二的。這就是近年來「校本課程」產生的背景因素之一。

由於社會與教育會互相影響，因此課程除了被社會影響之外，也同時影響著社會。我們若以學校作為教育的基本單位，則傳遞知識與文化進而形塑社會則為學校的主要任務。社會重建主義者更認為學校是促進社會改革的主要推手。這個介於社會和課程之間的互動關係，便成為課程發展的基礎。

國家教育政策擬定者必須了解社會與文化，並清楚教育要將社會形塑成什麼模樣，而訂出國家整體的教育目的，作為學校發展課程的宗旨；學校教育應該符合當時、當地人們的生活方式與想法；課程發展者也必須了解，學校對於周遭社會環境之變遷應如何反應。特定時代、特定社會中的教育者在發展課程時，必須參考社會學理論、社會趨勢以及實際上的社會現象之影響，探討當前及未來社會的需要，才能配合社會變化而發展出合適的課程。

教育是社會運作下的產物，同時也影響著社會。課程發展必然包含社會學基礎，從政治、經濟、文化、未來學、社會問題及生態環境之變遷與發展等領域都有具體影響課程發展的實例。以下將分別陳述各項舉例說明社會因素對課程四要素——目標、內容、方法、評鑑——的影響，以具體說明課程發展的社會學基礎。

（一）政治學與課程發展

有社會的地方就會有政治的存在，也會反應在課程裡。以政治型態為例說明：政治型態的不同，會有不同的課程。

在目標上，專制獨裁的政府以教育作為訓練對國家忠誠意識的工具，或

提供政府所需的人才，若政府需要發展科技，則教育目標即著重於科學素養的培養；在民主政治下發展的教育，對於多元的意見具包容性，目標在培養人民的民主素養。

在內容上，專制獨裁政府對課程內容嚴格限制，會選擇頌揚政府的內容，而限制批評政府之主張與作為的內容；教育的內容受政府操控；民主政治下的課程內容，包含的範圍廣泛而多元，只要遵循法律規範，內容的選擇是有彈性、可由教育者決定的。

在方法上，專制獨裁社會的教育，教師是由上而下單向地灌輸觀念以及制式的課程內容，使用的教學方法偏向講述式的方法；而民主社會的教師則鼓勵學生發表意見，培養批判思考能力，以及在團體中合作溝通的民主精神與運作方式，不受威權束縛，所使用的教學方法偏向討論式、探索式、實驗操作等方法。

在評鑑上，獨裁政府的課程是由政治所操控的，其對課程的評鑑也是以宣傳所欲達到的政治目標為目的，非針對教育本身來做評鑑；而民主開放的社會則追求對課程之客觀有效地評鑑，以作為改進課程時之依據。

（二）經濟學與課程發展

以社會的經濟型態為例說明經濟學與課程發展間的關係。在農業社會中，課程的目標是培養務農能力以及習得有關自然環境之知識；而工業社會需要更多科技人才，因此課程目標上會更重視學科能力的培養；在知識爆炸的資訊社會中，各種知識不斷產生，課程的目標便不在於培養各科目的知識，而在於培養獲取所需知識的能力，也就是自主學習與判斷思考的能力。

在內容上，農業社會的課程內容較重視農業上實用的動植物、自然資源、環境與人、農耕與畜牧技能等知識；工業社會則需要更多的科技知識、貿易交流的知識，課程內容的複雜度與廣度增加；知識經濟時代的課程內容，必須包含基本學科、道德與人格教育、促進思考與判斷力發展的內容，

以及培養運用知識與因應社會快速變遷之能力的內容。

　　在方法上，社會的經濟狀況必然影響教育的方法、技術、設備，以及課程的組織與型態。富裕的社會享有充足的資源、良好的設備，能提供較好的硬體設施、教學器材、文具材料等給學生，課程進行的方法必然與貧困而缺乏資源的社會所選用的不相同。資源缺乏者，會有更多的學生共用少量的設備，需發展出對有限資源更靈活的運用方法。例如：沒有購買球棒的經費，就自己削木頭製作球棒；貧困的社會若無法提供先進的資訊設備，則學生便難以藉由電腦網路來學習，這個方法上的不同，甚至會導致學習內容上的差異。

（三）文化與課程發展

　　文化是社會所含的價值、信念與規範，是人類生活方式之總和。教育的目的之一即為傳遞與保存文化，因此文化的內容不同，課程內容必然有差異。例如：中國文化講求子女對父母孝順與奉養的責任，則其課程內容就會有孝順之品格教育；而西方文化不認為奉養父母是子女成人以後的責任，因此其課程內容就沒有孝順這樣的議題。

　　在評鑑方面，文化也有很大的影響。例如：西方文化認為學生上課時沉默，是因為缺乏知識而不敢發言，因此教師可能以學生舉手發言的頻率作為對學生學習參與度或學習成果的評斷標準；而中國文化認為「沉默是金」，因此教師較不會用學生發言之多寡作為評分的指標之一。

（四）未來學與課程發展

　　社會發展的過程中，社會的條件會改變、文化會變遷，經濟型態、政治思想可能都有變化，因此社會對教育的需求也會隨之改變。歷史上重大的社會變遷事件，都引起教育方面的變化，例如：戰爭導致教育的內容趨向於重視科學、數學的發展，以提升科技能力與研發武器的能力；台灣為培養具有

國際視野的人才,在教育上便重視英語能力的培養。

學者們注意到實際上影響教育與課程的社會因素,即爲社會變遷的未來趨勢。Parkay和Hass(2000)針對美國與加拿大社會,提出十項社會變遷的未來趨勢,作爲發展當前課程的社會學基礎:

1. 種族與文化的多樣性漸增。

2. 自然環境資源分配不均、消耗快速。

3. 倫理與價值觀的改變。

4. 家庭結構與家庭之意義的變化。

5. 微電子科技的革命性發展。

6. 工作的內容和型態隨資訊科技進步而改變。

7. 講求性別間、種族間、文化間均等的權利。

8. 犯罪和暴力增加。

9. 目標和意義的缺乏。

10. 全球互依(global independence)情勢的趨向。

Chien(2007)提出三項影響課程發展的當前及未來社會發展趨勢,分別是全球化、在地化與資訊化。綜合各趨勢之社會現象,可歸納出各趨勢的特性。全球化社會的特性包括:多元化、兩極化、主體與認同的不確定性、矛盾關係與兩難情境之面對;在地化社會的特性有:因全球化而產生的在地主體性之追求、尋求認同感與歸屬感之定位;資訊化社會的特性則爲:開放/解放、多元、瞬間、包容與尊重、創新、乏權威性、權威的需要、競爭。這些特性影響了課程的發展。

1. 全球化對課程發展的影響

全球化的社會趨勢是從經濟貿易的全球化開始發展的。國與國之間的貿易往來,使得商品、貨物傳遞於國際之間,文化也隨經濟互動而傳播到其他國家。例如:迪士尼的卡通是美國的產品,但是在台灣,迪士尼的電影

（如：小美人魚、海底總動員等）在幼稚園與小學中，幾乎每個兒童都瞭如指掌，電影情節中所隱含的文化內涵，也就不知不覺地傳遞給台灣的兒童。

全球化的影響層面非常廣泛，除了影響經濟、文化的交流以及資訊流通之外，也促進人口流動（旅遊及跨國移民等）、政治互動（如：歐盟），以及解決有關全球性的環境、衛生問題之跨國聯合組織（如：聯合國、世界衛生組織WHO等）的成立。全球化促發人們產生全球意識，重視全球性的疾病與衛生問題、全球環境變遷與自然資源分配不均的問題等，將視野擴大到全球來思考生活的問題。幾乎所有當前的社會變遷，都與全球化有關。

歸納這些全球化的現象，可整理出幾個特性以及它們對課程發展的影響——說明如下：

(1)多元化

全球化促進了全球性的經濟往來、人口流動，使跨國旅遊、跨國移民人口增加，加上交通工具的發展與資訊傳播科技的進步，使得人際之間的時空距離縮短、人們接觸異國文化的經驗增加、思想交流的機會與頻率提高，進而促進社會價值觀和信念的多元化。

此現象在教育上的影響之一是形成對多元文化教育之重視。在課程目標方面，包含認識不同的文化、尊重與包容文化差異等；對課程內容的影響，則是可廣納各國、各地的文化來作爲教學素材，內容可廣納不同的知識和意見。

(2)兩極化

兩極化的特性主要表現於貧富差距，是經濟全球化所帶來的現象之一。貧富差距的影響牽連到教育上，便成爲教育機會的不均等、知識素養的差距等。例如：現在有錢的家庭可以供給小孩各種學英文的機會（如：上全美語幼稚園、參加暑假遊學團、出國當小留學生、請英文家教等），但是窮人家的孩子就欠缺這些機會，導致英文成就雙峰現象。又如，跨國移民人口增加後，所形成的教育問題。

　　社會的兩極化特性拉大了最極端兩個族群的距離，因此增加了課程發展的困難度與挑戰性。因應兩極化的社會特性，教育者在發展課程時，在課程目標上，應更加重視文化、族群、教育機會平等性之提升，以及對多元文化的包容與尊重。在內容上，不能只用一套制式的教材來教所有的學生，現在比以前更需要配合兩極端學生之學習程度來規劃合適的內容。在方法上，需以尊重和包容的態度接受處於極端處之學生的需要，非以單一而線性的知識灌輸方法來教學；需要在實際互動過程中情境塑造、提供多元學習方式。

(3)主體與認同的不確定性

　　全球化一方面拉近了不同文化間的距離，逐漸產生一些共享的價值與行為模式，另一方面也突顯了文化的個別差異，讓人們更依賴某種社群的符號體系，如宗教、風俗習慣、民族意識等；個體在這種共享和差異化之符號體系裡擺盪、尋找與建立自己的身分認同（顧忠華，1997）。究竟個體歸屬於哪一個社群？社群與社群之間的界限是如何決定？個體如何跨越界限以進入不同的社群？在全球化的趨勢下，個體對於自己的位置、隸屬的社群等定位是不確定的。但是在這種不確定的狀態下，卻有一確定的處境，就是在資訊化的強化下，複雜的互動型態多元化後，文化殖民的問題就成為教育界的認同與定位問題。如同Bartlett、Evans和Rowan等人所言：「一般來說，全球化不只是不同國家之間的軍事戰爭……而是符號、象徵、語言和文化的殖民。最後，它變成了一個認同的課題，意即人們開始進行自我認同的方式，主要是以超越傳統文化疆界的方式為主，並與全球實體進行連結。」（Barlett, Evans, & Rowan, 1997）。這個問題也同時引出在地化的認同與定位的問題，如Evans所言，民族國家落入一種兩難的情境，他們想要進入世界，但世界卻會侵略他們（轉引自Edwards & Usher, 2000）。這個特性呈現到教育領域時，教育內涵已經無法像以往教育的單純性，意即無法單純地告訴學生他的定位或是主體性應認同的對象。配合著多元性的存在，學生認同與定位問題的教學，是教育工作者需要審慎思考與處理的重要議題之一。

(4)矛盾關係與兩難情境的面對

　　全球化是全球趨於同一內涵的行動普及於世界各地，在全球化的普遍性存在的同時，各區域或地方又紛紛追求異質性或多元性的展現，而形成在地化的特殊性。全球化與在地化兩種特質是同時存在的，因此產生了矛盾的社會特性，例如：社會顯得既與同質性又多元性、既普遍化又特殊化等特性。

　　在教育上的影響，以學校教育為例，多元化社會趨勢鼓勵多元文化之體驗與多元思想之交流，但是學校教育是一套制式的知識系統，因此教育者在顧及學校制式的知識系統之主體性、建立同質主流知識的同時，也必須兼顧學生個別的文化背景、多元需求和個別差異。在這樣的情況下，課程目標既要包含系統化知識之追求，也要納入多元化之教育目標；課程內容方面，要給予學生同質的學習，也要兼顧個別化的教學；課程的實施方法既強調以分組、合作、討論與分享等方式進行，促進學生之間的意見交流，但也要給學生獨自發展的空間；課程的評鑑不能只用單一的方式，既要尊重學生個別評量方式的選擇，又要在全球化的處境下，以標準化的評量方式去檢驗個體和組織之教育成效在全球裡的表現情形如何。例如：十年前各大學的排行榜多以該國國內各大學間做比較；現在則是以「全球百大」來看各大學在全球大學間之排次的方式去評量。

　　此外，全球化的社會加上資訊傳遞與交流的便利，各行各業都會有無國界、無障礙（如：關稅、文化、教室空間）、無學門知識之規範（如：強調學術上的創新，不要被既有知識規範住）的解放感；然而同時還是會有「實體」存在之局限感。既開放又局限的特性展現於教育上的實例有：虛擬學校、虛擬教室、網路學習的開放，使得學生可自由選擇學習的時間，與適合自己程度的學習內容，並與全球其他空間的人互動，因此開放了此類課程的內容與實施方式。然而，某些地區受到硬體設備缺乏或不夠進步的影響，或者對世界其他地方文化不夠了解的影響，就形成運用虛擬學校時的局限。課程發展者必須注意到全球化帶來的學習環境、內容、方法的開放性，也必須

清楚其局限性，才能發展適合的課程。

不僅如此，在全球化的影響下，人與人之間的交流機會，無論是在實體世界或是在虛擬世界裡均較以往來得頻繁，這使得彼此間的關係拉近了許多、密切了許多；但另一方面，由於知識大量而快速地生產與傳播，人們在追趕新知之際，易忽略人與人之間實質上的關係，這又使得人際關係變得疏遠。在教育方面，人際關係既親近又疏遠的社會特性引發教育者深思：到底教育的終極目標是什麼？教育若欠缺了感情與關懷，縱使可以加速生產知識，知識又會如何被使用？如何能達到其造福人類的終極目標？在課程發展時，教育者應該因此而更重視情感與品格教育的目標與內容。

2. 在地化對課程發展的影響

Robertson曾提出：「全球化是一個相對自主的過程，其核心動力包括普遍性的特殊化和特殊性的普遍化之一體兩面的過程。」此一體兩面的過程之前者：「被界定爲普遍性的全球具體化，已成爲尋找全球性的基本教條（global fundamentals）的理由。」而後者則是：「指尋求特殊事物，以及尋求愈趨細密的認同方式之全球普遍性。」（Robertson, 1992: 177-178）。全球化使社會的範圍擴張到全世界，此時在地化興起，動力來自於希望突顯地方性之社會、文化、產業的特色。當一個社會只強調全球化的追求，就可能會受到全球系統中的強權思想、文化、經濟等所支配；若能配合在地化之主體精神與自主反省的覺醒與行動，就能在同質化的過程中，也向全球散播在地的特殊價值與在地異質化的象徵意涵。

在地化的影響使得教育方面開始強調在地主體性之追求。以台灣爲例，現在台灣社會強調台灣文化、社區與鄉土文化的形塑，因此學校教育的課程目標就增加了認識台灣多元族群的文化，內容上則納入了鄉土教材以及台語或客家話的學習等。方法上也有改變，如辦理鄉土語文競賽，鼓勵學生學習與運用母語。以全球區域爲例，在Google宣布將於網路上提供世界前五大英

語世界圖書館所收藏的一千五百萬本書籍文件後，法國爲了反制美國在網路上的文化霸權，於是聯合英國、德國及西班牙政府，開始籌措將全歐洲各國文學作品放在網路上的龐大經費。法國總統並發表聲明指出：「將知識數位化的運動在全球如火如荼展開，法國與歐洲擁有龐大的文化遺產，必須在此運動扮演決定性的角色。這是一項維護知識散播與文化多元發展的根本挑戰。」（吳直耕，2005），這個圖書數位化的事件就是一個全球化與在地化互動後所形成的結果。

　　同時，因爲在地化與全球化兩股力量相互作用的結果，教育應該重視學習者所面臨的認同感與歸屬感之定位問題。例如：在新台灣之子（即外籍婚姻之婚生子女或移民之子女）受教育的過程中，夾在學校之主流文化與父母所賦予的家庭背景文化之間，其認同感與歸屬感之定位是必然遭遇的問題。學生在兩個不同文化的影響下，可能建立多重的認同（multiple identities）、雙重的自覺（double consciousness），同時有片面歸屬感（fragmented belonging）的可能性（Suarez-Orozco & Suarez-Orozco, 2001）。就像一個移民美國的台灣人，可能會認爲自己既是美國人也是台灣人；而在台灣的外省人，也可能會認爲自己既是中國人、華人，也是台灣人（這就是種多重的認同與雙重的自覺）；一個人可能以加入專業協會來滿足自己在工作上的歸屬感，而以加入教會團契來滿足信仰上的歸屬感（這就屬片面歸屬感）。

　　教育過程中應注意學生受在地化與全球化的影響而面臨認同感與歸屬感的定位問題。因此，在課程上，就需要在制式的主流學校思想文化之外，加上能讓多元族群與文化的認同融入課程內容裡；方法上，教師也要顧及學生們多元的文化背景，營造具有歸屬感的班級氣氛，而不是排拒主流文化以外的其他文化。在以新台灣之子的教育爲例，若教師不具有多元文化教育之素養，不了解學生的個別文化背景，不懂得如何發展能包容、尊重新台灣之子的課程，忽略新台灣之子對班級、學校，甚至台灣社會的認同感與歸屬感的定位問題，必然會影響學生之學習成就。

3. 資訊化對課程發展的影響

在資訊科技日漸發達、科技產品與生活用品大量使用資訊科技之後，資訊化成爲另一個社會發展趨勢。資訊化使得通訊快速方便、不受限於空間距離，而透過資訊網路，訊息交流、跨文化的資訊流通也更迅速、頻繁。由於各種資料的資訊化，使我們能利用電腦連結網路就查到圖書、文獻資料。人們的生活因爲資訊化而產生巨變，例子不勝枚舉，其特性及對教育的影響更是巨大。本段提出資訊化社會的幾項特性及其對教育的影響：

(1) 開放／解放

相對於傳統社會的緩慢與穩定，資訊化社會不斷地、快速地推陳出新的觀念與想法。由於資訊設備的普及，更擴展了不同意義同時存在之發展空間。以線上學習爲例，不僅是學習條件上的開放／解放（如不受時間、空間的限制，想學習就上網），同時也是教師角色、學生角色、課程設計、教科書選擇和教與學之觀點上的開放／解放。傳統社會裡線性化的文本、傳遞式的教學觀以及教師是專家的定位形象等，轉變成多元路徑與非線性形式的學習。我們的教室從傳遞資訊的空間變成主動查詢與創始的空間；教師角色從在教室裡由上而下的課程傳授者，轉變爲以學生爲中心的學習網絡之營造與提供者；學習者可以自主性、開放性地追求學習的目標，並綜合、詮釋、理論化與創造新的知識，使自己變成知識生產者。這種開放／解放的結果，使學習者成爲文化快速變遷的主要推手（Edwards & Usher, 2000; Weis, Benmayor, O'Leary, & Eynon, 2002）。

(2) 多元

資訊化社會帶出無限虛擬世界與世界觀的可能性，實體世界和虛擬世界可以同時而多元地存在的可能性。這個特性不僅促發學習者方式、學習時間、學習內容多元的可能性，同時也促使課程與教學上更多元性的產生。

(3) 瞬間

在資訊化社會中，知識快速地產出，加上開放與多元的特質，社會變得

瞬息萬變。學習者吸收到瞬間呈現在其面前的知識，他們也在當下創造出瞬間存在的知識。

(4)創新

在開放、多元與包容的條件下，創新是被鼓勵與容易產生的特性。

(5)缺乏權威性

當資訊可以開始運作並自由使用時，只要學習者認同即成為學習上的認同，不易受到傳統外在知識權威的管制或形塑，亦即只論言辭的力量、理念品質，而不論發表者之身分，及以何種媒體為憑藉。在網際空間的虛擬社區內，自我引導和自我監控的實踐，能促使合理或有價值的知識以不同形式來展現與利用，但也破壞了知識與資訊間的界限及權威性（羅曉南，1997b；Edwards & Usher, 2000）。

(6)權威的需要

一方面因為資訊成長之速度遠大過於人所能提供之瀏覽的時間，因此權威性的指標，可讓學習者快速地找到所需要的資料；另一方面因為資訊化社會帶出各種世界觀的繁衍和無限多虛擬世界或真實世界的並存，使得學習者對何為「真」、何為「是」、何為「好」等問題難以判斷，此時形成某種程度上對權威性指標的需要。例如：學術研究者會到登錄為SSCI的期刊中搜尋文獻資料，SSCI權威性的建立，可以節省人文社會學門之學者找到想要的資料所耗費的時間，同時能在某種程度上保證品質。

(7)競爭

資訊化、全球化社會在快速與瞬間的特性下，個體間、組織間、國與國間的競爭更形劇烈。在競爭的過程中，容易落入為達目的、不擇手段的可能性，此時價值觀與倫理道德問題的重要性將更為突顯。

在教育方面，資訊化的特性促進課程內容朝向多元化發展，使課程目標更著重於尊重與包容相異的意見和文化；在課程實施方法上，鼓勵學生創新和提出想法；資訊化也使課程發展者意識到價值觀的教育以及思考與判斷力

之培養的重要性。

綜合全球化、在地化與資訊化等三項社會發展趨勢的特性，以及它們對教育的影響，可歸納出幾項在當前社會中最應強調與重視的教育內容（Chien, 2007）：

1. 多元化背景知識的學習

在目前的社會下，知識的創新與理解已經走向科技整合的面貌，學習者以單一領域的專長知識去面對快速變遷的社會是會不足的，容易在瞬間就被淘汰了而不知原因何在，因此多元背景知識的豐富化是必要的。倘若教師還不會使用基本的電腦文書處理，或是上網搜尋資料建檔，那麼在進行學校行政或是教學時，必會遭遇挫敗或是困難。又目前台灣外籍配偶的子女教育問題浮現，教師若沒有基本的多元文化觀念，對於學生的背景文化不了解，那麼其班級經營和教學過程必然會有問題產生。

2. 素養的教育

對於未來不可知的知識發展方向，以及知識發展量與速度上的增進，以目前只強調「學科知識」（subject knowledge）上的教學與學習是不足的，唯有培養學習者各學科之素養（subject literacy）才能因應社會之需要。所謂學科素養是指抽象程度較高、能代表該學科的核心「概念」。例如：以歐洲的教改為例（如：荷蘭、英國），他們希望國民教育中包含兩個基本目標，第一個目標叫作 "literacy"，就是「文學素養」或「人文素養」，亦即除了「聽」、「說」、「讀」、「寫」與「使用文字」之外，還要懂得「欣賞」。美國的教改則重視「科學素養」的培養，其核心概念為「探究」（inquiry），意即「對日常生活周遭的各種現象，能夠去觀察、描述、記錄它，而後主動地使用這種對生活的觀察而發現自己想做的事情，或定出自己的問題來。」接著形成假設、蒐集資料，並做出結論；最後還要把結論與別人溝通，與知識界溝通。探究是建構知識的過程，因此科學素養的教育就是透過探究而培養

孩子建構知識的能力（行政院研究發展考核委員會，2003）。

3. 健康的價值觀

　　當前的社會趨勢使社會形成多元化的特性，也產生出許多兩難與矛盾情境，考驗個人的價值判斷。因此，凡是含有「關懷」道德的種種特定價值觀，如「平等與公正」、「權利與責任」、「對弱勢者的保護」、「人性尊嚴」、「人與人連結的重要」等觀念與價值觀均應在現今教育歷程與內容中占重要之份量（行政院研究發展考核委員會，2003）。品格教育（character education）更成爲新顯學，各國都在大力推動，期望從小培養學生良好的品格，提升國民素質，增進國家人才在未來的競爭力。例如：美國大力推動品格教育，包括道德教育、公民教育、人格成長等三大領域，美國總統布希特別把2002年推動品格教育的預算提高三倍；英國從2002年8月開始在中學裡實施公民教育；澳洲教育當局則要求學校把公民教育放在跟英文、數學同等重要的地位；日本的教改報告書指出：「日本能否培養出在道德情操和創造力上都足以承擔起二十一世紀的年輕一代，將決定未來的命運，當務之急是要加強學校的道德教育。」新加坡在1990年就由國會通過「五大共同價值觀」——國家至上，社會爲先；家庭爲根，社會爲本；社會關懷，尊重個人；求同存異，協商共識；種族和諧，宗教寬容——作爲新加坡道德教育的準則（周慧菁，2003）。這種全球重視品格、公民、道德教育的趨勢，已經說明了在現在與未來社會中培養健康價值觀的重要性。

4. 終身學習之觀念與態度

　　由於社會快速變遷，隨時都有大量新知識、新技術、新產品被創造出來，淘汰舊物的速度也很快；資訊科技營造出知識瞬間存有與不斷創新的情境，人們必須不斷學習以適應變化快速的社會，因此，人們應積極培養與建立終生學習的觀念和習慣，如九年一貫課程所欲培養學生之帶著走的能力、主動探究與自主學習的精神，以及思考的習慣與解決問題的能力等等。同

時，由於現代的資訊科技已發展到能讓學習者超越原有之上學時間與空間之限制，並配合自己的程度與需要來學習。因此，教育者應該發展課程、設定目標，讓所有的人，無論年輕或年老，能夠在任何想學習的時候、任何他們所選擇的地方，學習他們所需要的學科知識與技能。

5. 家庭倫理的重建與宗教信仰的培養

　　社會變遷使家庭結構改變，社會道德與價值觀的改變，也使得家庭倫理逐漸變化。當前社會趨勢使人們遭遇認同感與歸屬感難以自我定位的問題，唯有透過家庭倫理的重建、社會道德的重整與宗教信仰等教育以及尊重與包容之胸襟的培養，來尋得自我歸屬感及心靈安身立命的場域（羅曉南，1997）。

（五）社會問題與課程發展

　　許多社會問題會影響課程發展，以美國為例，青少年墮胎、未婚懷孕、毒品氾濫、單親家庭增加、愛滋病傳染等，皆為當前嚴重的社會問題。美國教育目的之一就是要減少這些社會問題，因此其課程內容增加了處理上述問題的相關知能之內涵。

（六）生態環境與課程發展

　　工業革命帶來經濟與社會的劇烈變遷，也使全球環境變化加速。且由於醫學發達，全球人口也快速增加，對水資源以及其他天然資源的消耗速度，比自然補充的速度還要快速。由於工業活動所導致的二氧化碳等溫室氣體排放量增加，全球暖化的現象也愈加快速，過去一萬年來全球氣溫才升高約2℃，然而科學家預測，至2050年地球平均溫度又將升高2℃（行政院環保署網站，2007）。全球暖化將使全球各地產生異常氣候狀況，引起洪水、暴風雪、乾旱、暴雨等等天災，甚至會引起洋流改變、漁場轉移等結果。此外，許多動物、植物在人類無節制的取用下，瀕臨滅絕，愈來愈多的物種從地

球上消失。在自然資源的取用方面，石油與天然氣快速消耗，必須盡快發展
其他替代性能源；而水資源在貧窮落後的國家已經十分珍貴，未來乾淨無污
染的水也將成爲已開發國家的珍貴資源，資源分配不均與枯竭的問題，也將
如人類對環境的污染一般，以各式各樣的方式影響日常生活、經濟活動、政
治與戰爭，以及社會文化。

　　全球環境變遷對教育以及課程發展的影響，最主要的部分在於內容，例
如：有關能源、環保、生態等等課程內容，資源分類回收的日常活動，節約
水電的觀念等等，都成爲未來課程主要內容之一。此外，也影響了課程實施
的方法，如教學時所使用的教材教具的改變，用寶特瓶取代花盆來種植植
物、以回收的材料作爲美勞創作的素材等都是具體的實例。

第三節　心理學基礎

　　了解幼兒如何學習是發展幼兒教育課程重要的一環。探討不同幼兒學習
之理論能有助教育者從不同的角度去了解幼兒是如何學習及如何認知這個世
界，教育者所發展的課程及施予的教育才能符合幼兒的需要，幼兒才能獲得
眞正的學習。Naughton（2003: 7-92）提出三個主要學習理論典範，分別
是：(1)學習是順應自然或是文化（conforming to nature and culture）；(2)學
習是從自然與文化之互動所產生的一種變化（reforming through interaction
between nature and culture）；(3)學習是從自然與文化互動下所產生的一種轉
化（transforming culture and nature）。本節即以此三個理論典範爲例說明不
同學習理論之典範對課程發展的影響，作爲心理學與課程發展間之關係的一
個詮釋。

一、學習是順應自然發展或是文化

　　自然及文化的因素在幼兒學習中扮演的角色是無可否定的。幼兒在成長

過程中，其本身的身體發展及周遭的環境，皆影響著發展。幼兒為了生存，與生俱來便有學習的能力，例如：會以哭泣來吸引成人的注意、會發脾氣來獲取想要的東西。主張「學習」應「順應自然發展」者，稱之為成熟論，其認為學習是受環境所主導的，生長於不同的環境，學習成長的結果會有很大的差別。主張「學習」是「順應文化」者，強調環境是影響學習的主要因素，又可分為兩個派別，分別稱之為行為學派及社會學習學派。

（一）學習是順應自然發展

隨著年齡的增長，人生理上不斷的變化是一種自然的定律。嬰孩由爬行到走路；少女乳房長大及月經來潮；皮膚隨著年齡的增長而日漸衰老，皆是人體生理改變的必經階段。成熟論者認為人一出世便預設一個生理改變的時間表，而這個時間表控制了人們學習的進度。個體之身體要有某種成熟度，才能學習到某種知識或技能。換言之，生理上的成熟促使學習能力上的成熟。

1. 成熟論

成熟論者代表人物Arnold Gesell（1880-1961），認為人的生理決定了日後的發展，成長過程中是毋須經過訓練或實習的，人體內在基因的力量推動我們去不斷學習、不斷成長。

（1）主要論點

從嬰孩進入這個世界便順應一個天然的時間表，這個時間表是三百萬年生物進化的產品。嬰孩出世已擁有與生俱來的智慧，知道自己的需要，及準備好的程度，成人需要從嬰孩身上獲得介入時的指引。

生理的改變對幼兒發展具有重大的意義，例如幼兒認知能力的成熟是來自生理上的成熟，他們對整體的自我評價能夠影響其行為及與其他人的關係。

成熟在幼兒學習裡扮演重要角色，學習是由先天內在力量而來，因此成

人愈少干預這自然的定律，幼兒的學習效果便愈理想。成熟論者鼓勵教育應該順應自然，幼兒的學習能力便能提升。

(2)成熟論對課程發展的影響

　　成熟論認爲人內在生理因素已決定我們日後是怎樣的一個人。持此觀點者認爲，最能夠引領幼兒的教育方法是自然教育法，教育者透過細心觀察幼兒，了解幼兒的成長需要，從而提供相應的協助。早期的經驗能夠提升或減少幼兒的潛能，所以提供幼兒一個愉快的早期學習環境經驗是很重要的。

　　教育者應該順應自然的定律，一步一步協助幼兒進入不同的成長階段，當中需要透過不同的方法，仔細地觀察探討幼兒與生俱來的學習特質，包括身體上、情緒上、思想上及心理上的特性。重視個人的主觀經驗及個人內在歷程，強調幼兒在自我觀念上自覺改變的需要及內在動機，所以學習不應是強迫的；相反地，需待幼兒各方面準備好才施教。因爲成熟論者相信人生具有追求自我實現的潛力，所以千萬不要干預這定律，適當時候才提供協助。有需要時，甚至改變環境去迎合幼兒的需要。以下從幾方面探討此論點在教學與課程發展上的主張：

　　課程——應依從一般正常發展模式爲原則，這可參考發展心理學大師之理論，如Piaget或Erikson，了解幼兒之成長發展，針對幼兒的能力而發展合適的課程。雖然每一個幼兒均依同一成長階梯，但每一個幼兒也是獨立的個體。所以課程必須符合幼兒之個別發展需要，因應幼兒的個別需要而發展課程。尊重幼兒人格，讓他們自由學習及選擇，以他們爲教學活動的中心。對於成熟論者而言，學習過程比教授已設定的課程內容重要，如幼兒在競賽中輸贏並不重要，最重要的是他們學會與人合作，重視群體生活對個體發展的重要性。幼兒可能被突如其來發生的事情所吸引，這是幼兒學習的好機會，教育者應因幼兒的興趣及改變而修改課程。

　　時間——在計畫學習活動時間表時，應順應幼兒本身的生理時鐘而設計，全以幼兒爲本。讓幼兒調整自己的睡覺及進食等時間，不要盲目依從已

訂的時間表。幼兒可以按照自己的步調去發展,而毋須匆忙,應該讓幼兒在一個舒適及安全的環境下自然地成長。幼兒有其自願、自由、自動性。

人——教育者的工作是細心觀察自然給我們的啓示,依照自然給我們的指引而發展課程,如當幼兒開始長牙,即代表他們預備吃一些固體食物。教育者應在幼兒需要幫忙時,才施以援手,避免干預幼兒的主動性。此外,教育者要耐心等待,直至幼兒準備好才給予教導,不要操之過急,細心地觀察幼兒,了解何時介入才是好時機。教育者應一切以幼兒爲中心,預備爲幼兒改變學習環境,而非改變幼兒去適應環境。

空間——幼兒的學習環境應容許幼兒自由活動、自由地探索。環境是幼兒第二個教師,所以,環境的設計是不容忽視的。能刺激幼兒的好奇心及滿足他們需要的環境,絕對對幼兒學習有幫助。

內容——Rousseau提到學習活動應就幼兒的能力而設計提問,鼓勵幼兒依靠自己的能力去解決問題,及訓練幼兒相信自己解決問題的能力。在活動過程中,幼兒是在不斷地發明一些新方法,甚至科學。Rousseau精要地道出課程內容的特色,幼兒是依賴及無知的,他們像個空容器似的,等待著被填滿。他們會依從自然的發展階梯而成長,但若幼兒行爲偏離這發展階梯,是需要成人的糾正。

(二) 學習是順應文化

人類與環境息息相關,是不可分割的。環境包括社會文化、地理、人、習俗及語言等等,這些因素皆影響幼兒學習。行爲主義及社會學習理論兩派認爲人類學習是受到外在環境直接影響。前者認爲成人給予的鼓勵或懲罰會塑造幼兒的行爲,幼兒會按成人的指引做出相應的改變行爲;後者認爲幼兒透過觀察及模仿其他人而學習不同的行爲。

1. 行為主義

行為主義者之代表人物包括蘇聯的Ivan Pavlov（1849-1936）、美國的John Watson（1878-1953）及B. F. Skinner（1904-1990），他們相信人類學習是受社會及環境影響，例如：透過成人獎賞（如讚美或物質）鼓勵幼兒某種行為，這些美好的回報能夠鼓勵幼兒重複這個行為。

幼兒從經驗中了解到不同行為的後果，而學會符合適應環境的行為。所以，成人在幼兒學習中扮演主導的角色，因為他們可以透過獎賞和懲罰來干預幼兒做出某種行為後的結果。所以，教育者應明確地訂立行為目標，然後按照計畫提供刺激學習的環境，及在過程中，強化幼兒理想行為，從而達成學習目標。

(1)主要論點

傳統的行為主義者認為幼兒學習是受到環境影響，當中人的因素扮演重要的角色。同時，他們也認為人應該順應社會文化。成人擔當教育幼兒的任務，避免幼兒偏離社會的規範。透過正面的「獎勵」去鼓勵好行為，另外透過「懲罰」去減少偏差行為。例如：當幼兒準時休息，父母擁抱幼兒，而「擁抱」這個好的感覺（獎勵）鼓勵幼兒重複「準時休息」這行為（目的行為）。

(2)行為主義對課程發展的影響

行為主義對教育工作者有很深遠的影響，教育者透過正面的獎勵，如貼紙去鼓勵幼兒好的行為。相反地，透過懲罰去減少或消除偏差行為，如安排特別座位給鬧情緒的幼兒坐，讓他冷靜下來。教育者適當地選擇合適的獎勵工具，並給予適當指導是重要的。不要假設幼兒知道什麼是合適的行為，教育者有責任建造一個理想的學習環境，如果想要美勞桌每次只能容納兩位幼兒，於是在桌邊應該只放兩張椅、兩套蠟筆盒等的具體實物讓幼兒知道每次只有兩位幼兒可以使用這張桌。

行為主義認為教育者須具備以下看法：相信人類是可以決定自己的前

途，不論隨之出生背景，均有能力掌管自己的生命；外在及社會環境能夠影響人的學習；所有人不論年齡均是按這個模式學習；正面獎勵可推動正向的學習；學習是可以控制的；只要有適當的鼓勵，人是可以學習任何事物的。以下從幾方面探討此論點在教學與課程發展上的主張：

課程——學習是有順序的，因此，課程應由淺至深及按部就班地去發展。學習也是獨立的，每一個幼兒均有他們的學習節奏，不應強迫幼兒依從別人的學習速度。所以，課程的發展應該是可以讓幼兒自學的，如提供正確答案，讓幼兒按自己的學習進度而進行。以獎懲原則強化幼兒好行為，減少偏差行為。

時間——學習的進度與時間須小心地策劃，學生遵循已定的時間表去達至某個學習目標；學習目標是按照個別的能力與需要而訂定；時間表由成人決定。

人——在教學活動中，教育者控制情境，幼兒是被動學習的。主要角色是給幼兒制定清晰的學習目標，首先必須清楚知道學生的需要，及他們在不同階段的成長任務，從而提供支援及協助幼兒完成任務。教育者須善用獎懲原則，鼓勵幼兒完成工作，另應多安排學習機會給幼兒。

空間——幼兒的學習環境設計應按照成人訂立的學習目標而規劃，並對獎勵式的學習有幫助。

內容——成人主導整個學習，包括訂立學習目標及學習的內容，一般多採用傳統科目。

教育者與幼兒的關係——此派觀點認為，教育者是全能，掌握所有知識者，並主導整個學習過程。而幼兒是依賴的、不文明及頑皮的。他們需要教育者的幫忙及引導，學習由教育者所安排的科目。

2. 社會學習理論

社會學習理論是行為主義的分支，延續Skinner的理論，主要理論提倡

者是加拿大的Albert Bandura（1925-）。社會學習理論對幼兒學習社會角色及行爲提出具深遠影響之論述。Bandura認爲人類的學習是透過觀察，從而模仿別人的行爲、態度及情緒反應。他提出三合相互關係（triadic reciprocity）的概念，指學習過程是在環境、認知及行爲互動下形成，即先要細心觀察一件事件，如演繹事件的人的態度及事件的特色等，再配合觀察者本身的想法及過往經驗等（外在環境），經過內化，保留在記憶當中（認知），最後在適當的情況下，特別在獎勵的刺激下，觀察者會重演該行爲（行動）。

(1)主要論點

　　行爲主義強調獎勵對學習的重要性；社會學習理論則認爲學習涉及思想的過程。學習是透過觀察及模仿其他人而來的，此行動是有利與其他人相處及融入社交圈子，這是社會化的過程。學習性別角色是典型的例子，幼兒透過觀察成人的行爲，從而模仿被社會接納的性別角色。

　　Bandura認爲學習新的行爲是透過觀察而來，在他的理論中主要有四個部分：

　　第一：注意——學習者學習並不是被動的。當他們注意到一些行爲，他們只會留意一些重要的線索，而忽視那些不相關的刺激／資料。

　　第二：保留——觀察的圖像及資料會儲存起來，成爲自己的知識，並做日後使用。

　　第三：製造——儲存圖像會轉化成爲適當的行爲。

　　第四：行動——學習者展示的行爲可能與觀察的行爲有差異，因爲他經過內化，才將行爲展現出來。

　　此理論說明環境及學習者認知的重要性，因爲學習者是需要評估自己做出該行爲的結果。

(2)社會學習理論對課程發展的影響

　　由於學習不是單純的抄襲行爲，當中須要透過獎勵去推動期望行爲。這種獎勵是重複觀察到別人相同的行爲。所以，幼兒教育者需經常示範一個好

榜樣，及展示順應社會的行為，例如：分享、幫忙及合作給幼兒模仿。以下從幾方面探討此論點在教學與課程發展上的主張：

課程——課程要帶有社會價值觀念的信息，如幼兒需要知道什麼行為是社會接納的。模仿的對象不單只從課本裡找到，也可以從生活裡活生生的真人示範，如教師樹立一個榜樣給幼兒，更可以是故事裡、電影裡，或者是遊戲裡的人物角色。但無論是什麼類型的教材，在選擇時皆應小心審查及選擇，因為它必須展示一個模範給幼兒模仿。

時間——給予足夠時間讓幼兒觀察成人，也要提供時間讓幼兒把行為記下及練習，這樣可確保幼兒能夠切切實實地模仿其行為及技術。幼兒愈多機會接觸某行為，他們愈有機會重複該行為。另外，教育者要把握機會，透過活生生的例子，配合解釋，讓幼兒更能理解成人行為的動機。例如：教師向另一位教師說：「請問可以借我這把剪刀嗎？」並向幼兒說：「這是別人的東西，所以在使用之前，必須經由物品的主人的同意。」

人——此派觀點認為教育者的身教是非常重要的，他們應該時刻表現正面的行為，並對該行為做出正面的評價，例如：為強化分享這個好行為，教育者在分享他的東西時，應表現樂意的態度。如果教育者與幼兒的關係愈深、關係愈好，幼兒愈有機會重複教育者的行為。此外，教育者也需要制定清晰的學習目標，而其行為也應與該目標配合，身體力行教導幼兒。留意平日不自覺的行為，確保只展示合適的行為讓幼兒去模仿。總結來說，此理論認為幼兒毋須刻意接受直接的教授，因為環境便是他們學習的教師。

空間——幼兒的學習環境能讓幼兒觀察成人，成為他們的模仿對象。

內容——學習目標是由成人決定的，所以成人能控制學習內容。此外，由於成人平日的行為也是幼兒學習的對象，所以學習的內容間接被成人所控制。

二、學習是從自然發展與文化之互動中產生的一種變化

1. 建構理論

　　建構理論者之代表有瑞士的Piaget（1896-1980），前蘇聯的Lev Vygotsky（1893-1934）及美國的Jerome Bruner（1915-），他們強調人類心智的發展與學習是人類主動與環境交互作用的歷程。認為有效的學習是透過實作，實實在在動手去做，體驗學習的過程及結果，而並非單純依靠閱讀或聽課去學習。Piaget相信人不是一個被動吸收知識的個體，他的內在是具有主動學習的能力，不斷尋求新知識，然後再推論、發掘及總結，最後轉化成為自己的知識。Piaget的一個著名的實驗，發現幼兒以為盛水的容器高度改變，水的體積也會隨之而改變；正反映幼兒企圖將過往的經驗應用在新的事物上面，過往堆積木的經驗告訴他，積木堆得愈高，它的體積便愈大，於是便出現了這個知識建構上的差誤。而Vygotsky及Bruner一方面認同個體內在求知的力量，同時也強調外在社會及人際互動環境因素配合的重要性與關鍵性。學習語言便是一個很好的例子，人出世時已有學習任何語言的能力，但學習某一特定之語言時就須視乎外在環境的配合。

（1）主要論點

　　Piaget以「同化」和「調適」兩作用來說明認知發展歷程；同化是將新經驗納入原有的認知結構中，意即以原有的認知結構來協調環境中相類似的新經驗。而在遇到不同於原有認知結構之新情境與新經驗時，則以調適作用來改變原有的認知結構，而發展出新的認知結構以適應新經驗和新環境。換言之，人類學習是透過不斷建構的過程，將新知識不斷建基在舊知識基礎之上。知識的學習是需要透過個體本身內在思維上的運作，每一個人均有其獨特之內在地圖或固有的基模，幫助我們處理資訊。人類須從社會裡學習，去建造自己的新知識，同時也需時間做內在建造，整理自己的資料。所以學習者是需要主動攝取知識，與已有的知識結合及選取，將它們成為自己的知

識。

　　Piaget並提出「均衡」作爲認知歷程中認知結構與新經驗之間的協調。

　　Piaget將認知發展分爲三個主要階段：

①感覺動作期（Sensorimotor）零至二歲。

②前運思期（Preoperational stage）二至七歲：

　・前概念思考（Preconceptual thought）二至四歲。

　・直覺思考（Intuitive thought）四至七歲。

③運思期（Operational stage）七至十六歲：

　・具體運思期（Conrete Operational thought）七至十一歲。

　・形式運思期（Formal Operational thought）十一至十六歲。

　　而Vygotsky相信外在環境在幼兒學習中扮演重要的角色，透過外界的刺激及導引，讓幼兒學習新知識及運用新思想方式。Vygotsky所謂的外在環境，指的是社會性（人際互動）環境。而這種外界環境的刺激往往是透過語言作爲媒介來傳導的。Vygotsky又提到在成人適當的指導下，幼兒可以達到更好的成績，使內在潛力發展得更好。所以，成人需要先了解幼兒的程度，然後把新知識建構在幼兒已有的知識上，這能使學習發揮至最好狀態。在文化與個體認知的互動下，提升幼兒解決問題的技能，從而刺激認知發展。

　　Bruner強調幼兒學習一定要透過與外界接觸，從外界與內在認知的互動下產生。比如在生活遇到的難題，運用過往的經驗去嘗試解決，可能成功，也可能失敗，但這新體驗已經儲存起來，對日後成功解決問題的機會大大提升。總結來說，學習是一個主動的活動，幼兒主動追求知識，不斷嘗試，對於他們來說遊戲便是他們一個最有效的學習工具。

(2)建構理論對課程發展的影響

　　相信學習是主動的過程，是幼兒自己主動去經歷這個過程、實驗、接觸及操控他們所處的環境。解決問題及從錯誤中學習是認知發展重要的一環，

而內在認知的整理則是學習的關鍵。幼兒教育者應給予幼兒足夠的時間去探索，從而建立自己的知識庫。提供一個鼓勵思考的環境是重要的，特別是多提出「開放式」的問題，以協助幼兒發展。以下從幾方面探討此論點在教學與課程發展上的主張：

課程——採用實物及多元化的教材，讓幼兒更切實地探索世界，如認識水果時，可讓幼兒運用五官去接觸真實的水果，包括看、觸及嗅。

時間——給予幼兒時間去探索實物，不但透過五官去探索該物件，更應鼓勵以不同方法去探索及認識該物件。

人——教育者在學習過程中應扮演一個引導者的角色，引導幼兒探究他身邊的事物，而非單純的知識傳授。由於建構理論相信新知識是建構在舊知識之上，所以教育者在介紹新知識給幼兒之前，應評估幼兒的程度，確保幼兒有一定的基礎才教授的新知識。同時，定期進行評估，跟進幼兒的進度，確保課程與幼兒程度配合。採用幼兒為本的學習法，以幼兒的興趣及需要而出發。並須提供刺激及挑戰幼兒，從而誘發其思考，如發問思考性問題。最後是強調與幼兒一起學習，並非單向式教育，是互動的。教育者在學習過程中應扮演一個引導者的角色，引導幼兒探究他身邊的事物，而非單純的知識傳授。

空間——幼兒的學習環境應支持自我探索及實物操作，學校及教室的環境是鼓勵幼兒去主動發掘身邊的事與物，教育者並不需要經常的指導。

內容——教學內容重視個人的經驗和科學態度與方法，強調針對個人及個別思想發展而設計，就幼兒個別需要，以發展相關的課程。此外，重視認知發展的過程，多於內容知識本身。鼓勵幼兒獨立思考問題，主動追尋答案，而非依靠成人提供的標準答案。在課題選擇方面，應以幼兒為中心，根據他們喜愛而發展課程內容。內容並與幼兒的周遭社會以及生活經驗有關聯，讓幼兒學會從探索解決問題的方法過程中去得到學習。課程內容又應該是多元化的，提供幼兒選擇，讓他們發掘自己的興趣。課程的本質也是跨學

科的,並重視學科與教材在教學互動中所產生的結果與知識。

2. 心理動力學(Psychodynamics)

心理動力學者之代表人物有奧地利的Sigmund Freud(1856-1939),英國的John Bowlby(1907-)及德國的Erik Erikson(1902-1994)。此派理論認為喜愛、慾望及情緒具有巨大的力量推動人去學習。例如Freud相信人的喜悅驅使人去滿足基本需要,在喜愛原則下,內在需要驅使人去吃飯、去愛及被愛,從而滿足內在需要。由於人在不同階段均有不同的需要,所以,這是個不止息的循環——感到需要,然後去尋求滿足,最後因達到需要而感到滿足。需要的滿足與否引致不同的情緒反應,而情緒的發展會觸發其他方面的發展,如認知及社交。此派理論詮釋人的「思想生活」與「感覺生活」之間的互動關係,如何影響幼兒學習。

(1)主要論點

此理論強調情緒在幼兒學習中扮演重要角色,Freud相信潛意識與意識構成一股巨大的力量,從而影響我們的性格發展。他認為幼兒早期經驗對他日後的性格有莫大的影響。他將幼兒早期發展分為五個階段:口腔期(一歲)、肛門期(一至三歲)、陰莖期(三至五歲)、潛伏期(小學生)及生殖期(青少年),每一個階段均有不同的生理需要必須滿足。若某階段之成長的需要未能滿足,就足以影響他日後與人的關係及成長構成的影響。此缺憾會影響他的情緒,而情緒會直接影響他的思想,及性格的建造。例如:幼兒在肛門期時,若父母過分控制幼兒的用廁模式,幼兒未能達到自我控制的自主權,此缺憾可能促使他日後對自我決策的能力缺乏信心。

而Erikson則較關注外界在幼兒性格成長扮演的角色,認為幼兒透過與外界的接觸完成人生八個成長任務。他將人格發展分為八個階段,每一個階段各有一個中心問題(發展危機),個體在每個階段中所歷經的社會心理與

自我的發展結果，可能為正向或負向的。Erikson提出人格發展的基本假設：⑴人格發展受到先天決定的發展規則與個體之社會經驗互相作用的影響；⑵每一階段的人格發展都會影響其後各階段的發展以及個體的一生。他的發展理論為系統性的，每一個階段皆為下個階段的基礎，必須完成才能導入下一階段的發展。他的八個發展階段如下：

①信任或不信任。

②自主或羞愧、懷疑。

③開始發展或罪惡。

④勤奮或低劣。

⑤認同或認同混淆。

⑥親密或疏離。

⑦生產或停滯。

⑧自我統整或絕望。

　　Erikson的理論帶出一個重要的概念是，當幼兒能成功完成人生任務之後，他能成為一個可靠的、獨立的及有能力的個體，他的健康情緒生活促使他的思想生活也健康發展。

(2)心理動力學對課程發展的影響

　　幼兒教育者協助幼兒完成不同的成長任務，促使他們情緒得以健康發展及成為一個獨立的個體。包括協助幼兒安全地與家庭分開，明白自己是一個獨立的個體；給予幼兒信心及安全感，從而建立他們對人的信任；容許幼兒有某種程度上的獨立，如提供選擇機會；鼓勵幼兒探索；容許幼兒自我表達；讚美幼兒的成就。該派理論相信只要提供機會，幼兒是可以正面地解決他們內在的衝突，從而提高學習的能力。與建構理論一樣，心理動力學派強調遊戲對幼兒學習的重要性。以下從幾方面探討此論點在教學與課程發展上的主張：

　　課程──教材能夠容許幼兒可進行自由遊戲（free-play），如他們可選擇

自己歡喜的活動及玩具。幼兒也可以自由地表達自己,如透過美術及戲劇方式去抒發幼兒自己的情感。此外,教材應該是開放式的,鼓勵多個答案,運用不同的方法去解決問題,從而提升幼兒解決問題的技能。

時間——時間的安排須以幼兒為本,何時學習或學習多久全是由幼兒自己去決定,如幼兒因為聽了一個剛剛從芬蘭旅行回來同學的經歷,突然對聖誕老人產生興趣,這便是幼兒學習聖誕老人及其他相關資料的好時機。此外,應給予幼兒非常長的自由遊玩及探索時間,讓他們探索身邊的事物,及按幼兒的節奏而安排活動。

人——教育者在教學當中,主要扮演協助者的角色,而幼兒則扮演主導角色。須重視學習中人的因素,以尊重幼兒為出發點,以其認定幼兒是整個學習活動過程的主體,以幼兒為本為原則,事事考慮幼兒的利益。提供充分的機會讓幼兒自由遊戲及表達情感。

空間——幼兒的學習環境應該支持幼兒在安全的情況下自由地表達自己及自由地活動。並容許教育者從旁指導幼兒,而毋須提供直接的指引。

內容——教學內容是按幼兒的喜好而設計,如幼兒剛參觀完理髮店,對頭髮產生興趣,於是課題便圍繞頭髮來討論。

3. 神經科學理論(Neuroscience)

神經科學理論者有David Hubel(1926-)及Torsten Wiesel(1924-),他們專門研究神經網絡的運作,認為人的腦部神經網絡是由先天及後天的互動下而成。早期腦部成長及發展非常迅速,所以早期正面與負面經驗,包括營養及情緒經驗等,皆能影響腦部日後的發展,如學習的能力、情緒的控制及疾病等。

(1)主要論點

此理論研究神經系統在生命早期的運作,包括神經形成及重整。腦部早期的發展是涉及神經細胞之間的聯繫,這些聯繫是透過感官系統所獲得的刺

激下製造出來的。當多個神經細胞聚集在一起時，在腦部裡的某一個功能便形成。

　　神經科學理論家認為早期腦部發展是神經細胞之間聯繫的關鍵時刻（critical period），即在出世後的數年內，若腦袋沒有接收足夠的刺激，那麼神經細胞日後難以再聯繫一起，腦部功能因而受到限制。專家就早期刺激對腦部發展的影響，在動物及幼兒身上進行很多實驗及研究。其中一個動物實驗中發現被困在一個充滿刺激籠裡面的老鼠比被困在一個非常潔淨及無趣的籠裡面的老鼠展示較複雜的行為。另有其他研究指出，對於沒有被提供玩樂或者與外界接觸機會的幼兒來說，他們的腦袋體積會較同年齡的正常幼兒少20%至30%，這反映早期刺激及經驗對幼兒腦部發展有莫大的影響（Nash, 1997: 1）。

(2)神經科學理論對課程發展的影響

　　由於神經科學理論重視腦部早期發展及其發展對認知發展的影響，所以非常關注早期教育，幼兒教育者應多鼓勵幼兒主動發問及探索身邊的事物，一點一滴建立自己的知識及智慧，以及讓腦部有全面的發展。此外，由於幼兒早期經驗是關鍵的及獨特的，所以提供一個正面、關懷、充滿刺激及互愛的健康環境能有助幼兒腦部發展；相反地，若幼兒在一個充滿壓力及負面的環境下生活，他的腦細胞及神經細胞之間的聯繫是會相繼減少，從而影響腦部功能的發展。神經科學理論認為幼兒的學習是透過刺激，促使神經細胞之間的聯繫。假如幼兒在關鍵時刻接受足夠的刺激，及其處於正面的環境，幼兒學習能力會發揮得最好。以下從幾方面探討此論點在教學與課程發展上的主張：

　　課程——按幼兒腦部的發展而設計，提供刺激從而激發神經細胞之間的聯繫，並傾向選擇幼兒熟識的東西作為教材。

　　時間——小心計畫幼兒的學習時間表，並將施予幼兒的壓力減至最少，因壓力會抑制腦部的活動能力。特別是幼兒的早期階段是腦部發展的關鍵時

刻，應善用這段時間給予幼兒適當的刺激。

人——幼兒教育者應與幼兒建立正面及互信的關係，讓幼兒感到安全及開心，能愉快地學習及吸收知識。在日常生活中幼兒教育者減少向幼兒施予壓力，讓他們輕鬆愉快地學習。幼兒教育者並應多與幼兒接觸，與幼兒建立安全及互相信賴的關係，在幼兒的關鍵時刻協助其學習。

空間——幼兒的學習環境應盡量將施予幼兒身上的壓力減至最少，並善用幼兒的關鍵時刻，教室及學校的環境設計提供充分的刺激，從而刺激腦部發展。

內容——教學的內容是按幼兒腦部發展需要，把握關鍵時刻，提供腦部刺激。

三、學習是從自然發展與文化之互動中的一種轉化

此模式所強調的主張是人可轉化或改變自然及文化的，而非單向受自然或文化的左右。學習是從自然與文化的互動中的一種轉化，是一個新興的思維。相信人是有能力掌握自然與文化帶來的轉化，人的因素在這個轉化過程中扮演主導的角色，所以即使細小的幼兒也有他們獨特的意見與想法，絕對不能漠視。幼兒在學習過程中，扮演積極及主動的角色，他們是有能力去建構自己的智慧。所以在幼兒教育過程中，成人需要帶領幼兒多角度思考，培養獨立思考的能力。

1. 社會建構理論及後現代理論（Social Constructionists and Postmodernists）

社會建構理論被譽為「新幼兒社會學」（Prout & James, 1990），因為它肯定社會文化在學習過程中扮演的角色，強調幼兒有需要理解社會文化建構，及對人類思想塑造的影響。質疑現存的所謂真理／專業看法皆只是權力鬥爭的一個工具，好似當某派別推崇的真理被接納，即代表該派別的支持者擁有權力去決定正確與否，也有能力去影響人的行為。在幼兒教育方面，被

接納的真理多來自有權力的組群，特別是西方國家。

而後現代理論則嘗試推翻人類現存一般對世界的看法，提出新角度去觀看世界，例如：後現代理論者認為科學雖然帶給我們真理，但更大程度上它帶給當權者利益。後現代理論就現代人的世界觀，提出種種的批判及質疑，並主張將這種批判思維引入到課程發展，融入現存的課題當中。認為幼兒與成人之間差異的原因不是先天的，而是後天文化所造成的。這個差異會隨著地方、時間、性別、種族及社會階層而改變，正因這個不穩定性，要建立一套完全理解幼兒的理論是不可能的。所以，教育者是不可能依賴專家的建議而了解幼兒及幼兒發展。

社會建構論及後現代理論者相信幼兒有能力理解社會的運作及其影響性，而且他們的智慧能夠提供我們另類思想方法。該派理論者Erica Burma更挑戰幼兒教育裡經常運用「發展」這一詞來形容幼兒是不恰當的。因為她認為「發展」這一詞裡暗示了幼兒是弱者，需要成人的協助，顯示幼兒與成人的不平等地位。建議應該視幼兒為一個「將成為成人」的個體，即擁有與成人同等的權利。

(1)主要論點

社會建構理論及後現代理論者認為幼兒發展的研究正是社會文化建構的反映，因為當描述幼兒發展時，正是反映我們對文化的理解角度及偏見。幼兒在不同地方及時期成長，及他們的性別、種族及階級，皆會導致他有不同的發展。所以，當描繪幼兒發展特性時，會發現不同研究背景會得出不同的研究結果。另外，該派理論相信幼兒有建設自己知識的能力，及貢獻社會資源及生產能力，而不是社會上的負擔。

(2)社會建構理論及後現代理論對課程發展的影響

這理念開闊人類的思想領域，特別關注對幼兒的看法及趨向更公義的社會。教育工作者的看法應具多元化、彈性及批判性，從而將現行的世界觀重新檢視，開闊更多思考的可能性給新一代。

　　幼兒在與成人的互動及合作下，建立自己的看法，包括權力的關係。教育工作者應重視幼兒的看法，視其為另類思考的方法，而非是種低等級的看法。開闢更多思考的可能性給新一代，培養他們追求一個公平公義的社會。以下從幾方面探討此論點在教學與課程發展上的主張：

　　課程——課程對幼兒來說是有意思的，鼓勵幼兒之間的合作。此外，課程也容許不同思考的可能性及方法，擴展幼兒視野及促進思考。應加強培養批判的思維。

　　時間——時間表是與幼兒一起決定的，因為幼兒的建議應被尊重。時間安排須提供幼兒探索及思考不同解決疑難之可能性的機會。

　　人——幼兒與教育工作者的地位是平等的，並主要以合作模式學習。教育者著重以對話形式啟發幼兒思考，鼓勵幼兒用不同的方式探索世界。非常重視幼兒的看法，鼓勵多向思維式的思考。

　　空間——幼兒的學習環境應容許以不同的方法去探索及看世界，如提供不同的工具研究石頭的特性。鼓勵合作學習法，如有足夠的地方容納一大班學生共同創作。

　　內容——課程的內容應是由幼兒與成人一起決定的。探討的課題相當廣，甚至社會公義及平等問題也列入課程之內。此外，內容應該是多元化的，並提供不同及多角度讓幼兒認識及去看這個世界的機會。

第三章
課程發展基本概念：
課程發展之定義、特性與模式

第一節　課程發展的定義與取向

一、發展的定義

　　「發展」一詞，可以作動詞，亦可作名詞。按《韋氏字典》（*Merriam-Webster Online Dictionary*）的解釋，「發展」當動詞用時，意表逐漸演進或弄清細節、成長或提升能力、從原本的位階移動到能提供更多有效能機會的位階，隱含從簡單功能到複雜功能之改變，從不完善或較低階的狀況變為較完善、較高級者之意。而名詞的「發展」，則為動詞發展的過程或結果，或是逐漸改變而成長和進步的狀態（Merriam-Webster Online Dictionary, 2005）。

二、課程發展的定義

　　課程發展一詞，英文為"The Development of Curriculum"或是"Curriculum Development"。前者意指課程演進的過程，及課程之縱向歷史性的演變；後者指的是課程的編製與修訂，所表示的乃是課程橫向結構之發展。由於發展含有逐漸生長、擴充或進步以趨完美境界之意，因此課程發展之目的即在發展出一種理想的課程，而其功能則在於實現教育目標。

「課程發展」常與幾個名詞互相混淆，例如：課程計畫（Curriculum Planning）、課程修改（Curriculum Improvement）、課程變更（Curriculum Change）等。課程「計畫」則僅指創造課程時編寫教材的歷程，只占了課程發展之思考與規劃階段，是為了教師與學生在學校實施課程所做之預備；課程「修改」指的是在相同教育目標之下，修改或擴充原有的課程，而使其更進步，但不修改其基本概念上的設定；課程「變更」則意指課程的基本設定之改變，如目的之變更，則課程也隨之變更。廣義之「課程發展」是指創造課程時的完整歷程，包含課程製作、實施及再回頭修正課程所經歷的各階段（課程設計階段、課程發展階段、課程評鑑階段等），是循環性的演進過程，本書書名「課程發展」之定義乃採廣義的角度解釋。狹義的「課程發展」之定義是著重在課程要素（目的、內容、方法與評量）之選擇與組織，本書提到課程發展各階段的發展階段時，所採用的即屬狹義的定義。

三、課程發展的取向

若就課程發展之動力來源而言，大致可分為三種取向（approach）：(1)行政模式（administrative model）：其課程發展動力在以貫徹政策為導向；(2)草根模式（grass-roots model），其動力來自於社會，注重社會的參與；(3)示範模式（demonstration model），其動力來自於研究與發展的工作，偏於知識的導向。

第二節　課程發展的特性

不論課程發展人員個人的喜好、觀點或哲學取向為何，在發展課程的過程中都需要導引的原則，才能有效率、有意義地發展課程。這些原則來自於實驗結果、經驗累積、傳統信念和普通常識，即使在講求科學證據的現代社會，在教育領域中仍舊有許多經驗、常識或信念無法以科學證明。因此課程

發展原則除了來自於全然的事實之外，也由部分事實以及假說推論而得（Oliva, 2005）。這些指引原則也就形塑出課程發展及其過程的特性。

整體而言，課程發展至少有下述十二個特性：

一、課程發展是不可避免且必須的

現代社會變遷快速、大量知識不停地推陳出新，價值觀和道德觀的改變、家庭型態的變化、女性主義的崛起、疏離與焦慮的社會現象、國際局勢的變化、科技的發展與應用，課程的目的、目標和內容也都隨之不斷地改變，使得學習方式亦趨多元化。課程不再是一成不變的科目與分門別類的知識而已，課程必須要依社會脈絡、教學情境和學生的需要而修改，必須不斷地反映情境之需要，更新知識，才能使得學習者在了解與處理變動社會中的議題後，能得到因應不斷變動之社會所需要的能力。因此課程發展是必須且不可避免的。

二、課程是時代的產物，隨著時代與社會的變化而逐漸改變

教育是人類社會活動之一，會因為社會、時代的改變而改變；課程是教育的一部分，當然也會隨著社會發展而逐漸變化。例如：受到電腦網際網路發展的影響，二十世紀後期的課程發展便將網際網路的應用納入，發展出遠距視訊教學之教學方式，以及重視資源與知識之蒐集和選擇的課程內容等。又如：在全球化社會中，課程發展會更重視多元文化教育、全球環保教育，以及價值觀和倫理道德的教育。除此之外，當代的哲學思潮、心理學理論和政治、經濟情勢等，也影響當代的課程發展。因此，不同的時代遂有不同的課程。

三、課程發展是系統化的

課程發展應該全面考量並且建立一套有計畫的程序，也就是課程發展的

模式。這部分將在後續的章節裡有更深入的探討。

四、課程發展涉及的面向是全面而廣泛的

　　課程的範圍包含許多的部分，發展課程時不能只有見樹不見林，只注意到某一學科、能力或是重點的學習，而是要以廣泛的、全面的、宏觀的角度來整合每一部分的課程。從廣泛的角度來看課程發展，其可能不只是直接影響到課程綱領的改變，教師的教學、學生的學習、家長的參與，同時也可能會間接影響到整個社會。

五、課程發展是從現有的課程出發，在脈絡中發展

　　課程不應該突然的、大幅度的改變，課程的發展必然建立在已有的課程基礎之上，必然應依其發展脈絡進行改變。

六、課程發展是一項合作性的團體活動，需要眾人的參與，也唯有所有參與者產生改變時，課程才可能有所改變

　　課程發展的過程中，每一項主要的變革都需要廣泛的參與和支持，不能只由課程專家、教師小組或是教務人員獨立完成。從校長、主任、教師、學生，甚至包括家長和社區人員等每一位參與者，都是改變的媒介。大家共同參與、影響著課程發展的基本原則、目標、遠景，同時參與者也受到發展過程的影響。唯有課程改革所涉及到的人，尤其是校長、教師和家長對課程的改變或改革有同感，認同改變的方向與做法，否則課程的改變或改革是不會成功的。這部分本書第八章中有深入的探討。

七、由上往下與由下往上兩個推動課程發展的策略都是必須的

　　由上往下的策略意指由中央、縣市政府或是學校的領導者來推動、帶領課程發展；由下往上則是由班級教師或者與學生一起發展課程，進而帶動整

個學校的課程發展。

八、課程發展依循的是相關且合理的教育原理

　　課程發展過程中，任何改變都應該依循相關而合理的教育原理。對於課程問題的解決方案，應該基於方案之教育效力的證據而非參與者喜好的趨向，且應經過一段試驗期才決定解決方案，而不是由專家提出來後即直接推動、執行。應該有系統的循序漸進式改變，而不是以邊走邊修，不斷嘗試錯誤方式去做課程發展的工作。

九、課程發展基本上是選擇與決定的過程

　　課程計畫者在發展課程的過程中，需要在許多事項上做選擇，包括：

1. 在各個學科中選擇。如：課程偏重藝術、美學、音樂、舞蹈、文學等學科領域，較少關於自然、生物、數學方面的內容，即為學科取向的選擇。不同的決定遂決定了學生在各領域中不同程度的學習經驗。
2. 在競爭的觀點當中選擇。例如：某校的英語課程是採取能力分組或者原班教學？若選擇能力分班，那麼適合各班程度的課程標準在哪裡？應包含哪些課程內容？
3. 重點領域加強或重點對象的選擇。如：是採精英教育還是普及教育？是加強學生較弱、較差的學科或能力，還是加強學生較優勢、較好的學科或能力？
4. 方法上的選擇。如：是否在教室中設置各種角落讓幼兒自由探索？或者將各班設為學習區，讓幼兒在更大的環境中探索與學習？探索後要以靜態方式展示作品，或者以學習心得發表的活動方式來分享經驗？
5. 學校與班級組織方式的選擇。如：一個班級人數應該是多少？師生比應該多少才合適？學校要分幾個班級？是否要混齡合班？
上述的問題都屬課程決定的範疇與內涵。

十、課程發展需要豐富的資源支持，包括經費、材料、時間、專門知識

課程發展需要許多條件配合，除了課程參與者人員投入之外，還需要教學時所需要的教材、教具等資源的投入；發展課程也需要時間，包括教師觀察課程進行情況與省思記錄的時間、課程參與者討論課程發展的時間、設計與準備教材的時間，以及教師專業進修的時間等；課程發展人員也需要具備與課程內容、課程與教學等相關的專業知識。

十一、課程發展是一項充滿挑戰的旅程，而不是已羅列細節的藍圖

課程發展的過程中，隨時可能出現困難與問題，因此課程發展不是線性的過程而是動態、多元性的過程。

十二、教學與行政領導者在課程發展過程中扮演著重要的角色

此特性在本書第八章中有深入之探討。

第三節　課程發展模式

廣義之「課程發展」是指創造課程時的完整歷程，包含課程製作、實施及再回頭修正課程所經歷的各階段（課程設計階段、課程發展階段、課程評鑑階段等），是循環性的演進過程。這個歷程的程序，學術界裡有不同的創見，遂形成不同的課程發展模式。本節的重點就在介紹這些模式的內涵與提出者的見解，內容分為模式的意義、特徵與功能、課程發展模式和對各課程發展模式的評析三大重點。

一、模式的意義、特徵與功能

(一) 模式的意義

　　黃炳煌（1996：169-170）對模式之意義的探討與評析中提到：根據Pratt（1980: 458）的看法，模式乃是「一種簡化的象徵或比喻，用以協助吾人去想像一種更為複雜之實體的結構，以及組成實體的各部分之間彼此的關係，以及部分與整體之間的關係。」Unruch（1984: 124）則認為，模式乃是「基於一種明述或隱喻的基本假定或命題（rationale）而形成的一套計畫、原則和效標，且以一種值得嘗試或複製的統一的概念架構而被呈現。」Beauchamp（1975: 25-26）認為：「模式即是比喻（analogies）。模式的建構即是代表某些現象及其彼此間關係的一種方式，但是模式並非現象本身。就功能上而言，模式是以一種高度緊縮和例示性的方式去象徵事件（events）和事件間的互動關係。」Oliva（2005: 126）認為：「模式是種行動之指引的基本形式。」

　　總而言之，模式（model）可說是一種「概念性的架構」（a conceptual framework）或一種「理論性的組織體系」（a theoretical scheme）。我們說它是「概念性」的東西，因為社會科學上所用的任何一種模式都是表徵性的東西，它並不是社會「實體」（reality）或社會「現象」的本身，而只是它們的化身、縮影或意象。我們說它是一種組織體系，因為任何一種「模式」或「系統」皆由兩個部分所組成：一為「要素」（elements or components）或「變項」（variables）；二為這些要素或變項之間所存在的「關係」（relationships）。模式可說是由一組變項所組成的結構，而這些變項與變項之間，則具有特定的關係（洪鎌德，1977：128）。

　　和「模式」極為類似，而常被混為一談的便是「理論」此一概念。簡單的說，模式乃是對於被假定存於理論之中諸種關係的一種「圖式的表徵」（a

schematic representation）；而「理論」則是「一套相關的概念、命題和定義，藉著對變項間關係的詳加敘述，提出對現象的一種系統性觀點，而其目的則在解釋和預測現象」（Kerlinger, 1973: 9）。兩者之間的不同之處有：(1)模式中所包括的命題仍停留在「假定」和「自明之理」的層次，而尚未達到「法則」和「原則」的層次；(2)模式比理論更為具象化、更為靜態化，因為模式只描述構成要素彼此之間的相對位置，但卻不描述其變化的歷程；(3)模式的功能重在協助吾人看出「實體」究竟包含了「哪些東西」，而不在企圖解釋「為什麼會這樣？」或「究竟會變成怎樣？」。換言之，模式的功能重在「描述」；而理論則除「描述」之外，尚重「預測」的功能（黃炳煌，1987：77）。模式與理論雖然有別，但兩者卻密切相關。因為雖然模式不是理論的本身，但它可以協助理論家辨識現象（或事實），以及現象與現象間的關係，從而導致理論之建立（黃炳煌，1987：77）。因此，有些社會科學家視模式為「通往理論之途的中間站」。也可以說，模式乃是尚未完全成熟的理論（黃炳煌，1996：170）。

(二) 模式的特徵

一般而言，模式有如下的幾個特徵（黃炳煌，1996：171）：

1. 表徵性：所有模式都是表徵性的，它只是實體或現象的一種象徵，它並不反映實體的本身。
2. 整體性：模式是由諸多變項和變項與變項之間的關係所組成，這些變項之間存有邏輯上的相互關聯性。因此，只要某一變項發生變化，它便會引發其他所有變項之變化。總之，模式具有整體性——牽一髮而動全身。
3. 邏輯性：所謂內在的邏輯性是指模式中所包含的諸種變項（或元素），其彼此之間存有的特定邏輯關聯。是故，變項之建構與排列應依邏輯的規則而行，而絕不容許其彼此之間存有矛盾。

（三）模式之功能

模式是用以考察現象和實體的一種頗爲有用的概念性工具。大抵而言，模式約有如下幾種主要的功能（黃炳煌，1996：171）：

1. 簡化（simplification）的功能：模式之建立係先識別出某一複雜的社會現象中所包含的重要變項，然後再理出變項與變項間的關係及其因果關聯。透過這種概念化作用（conceptualization），我們便可執簡馭繁地去分析、解釋或解決極其複雜的社會現象或問題。
2. 導向的功能：Borich即曾說過：「模式乃是一種方法論上的工具，用以導引探究的方向或集中探究的焦點。」
3. 組織或統合的功能：透過變項之辨認以及變項與變項之間邏輯關聯性的建立，模式可將紛雜的現象加以統合，終而組成一完整的體系。
4. 啓發的（heuristic）功能：上面已提過，模式可說是「通往理論之途的中間站」，介於純抽象和實體之間。由於模式所具有的開放性，它可隨時被修正，以便更接近實體。藉著模式的幫助，我們可以衡量一個理論中的經驗命題之正確性，或一個理論的普遍類化性（generalizability）。如果我們發現模式和實體之間存有相當的差距，則我們自當加以修正，甚至完全放棄原有的模式而另行建立一新的模式。模式即具有這種「自我發現」的功能。

二、課程發展模式

（一）Tyler 課程發展模式

Tyler之課程發展理論是以課程上四個主要問題的解決爲其中心（Tyler, 1949: 1），此即：

1. 學校教育所尋求的教育目的是什麼？

2. 為了達到這些目的，學校應提供哪些學習經驗？

3. 如何有效地組織這些學習經驗？

4. 如何評價教育目的是否達成？

這四個問題除了表示出Tyler課程的基本要素——即「教育目的」、「學習經驗」、「學習經驗之選擇與組織」和「評價」之外，也呈現出構成課程的四個步驟，即：(1)敘述目標；(2)選擇學習經驗；(3)組織學習經驗；(4)評價。用圖來表示則如圖3-1。

敘述目標 ──→ 選擇學習經驗 ──→ 組織學習經驗 ──→ 評價

圖3-1　Tyler課程發展步驟圖

Tyler的《課程與教學基本原則》（*Basic principles of curriculum and instruction*）（1949）一書，就是在理論上與應用上針對這四個步驟一一予以闡述與說明。下面就依上述四個步驟將Tyler的理論做一簡單的闡述：

1. 敘述目標：Tyler在其理論中最強調的就是目標的確立與敘述，因為在他的理論中其他的三個步驟都是根據目標而發展出來的。關於教育目標的獲得，Tyler認為有三個來源，即：(1)對學習者本身之研究；(2)有關校外當代生活的資訊；(3)學者專家們的意見。從這三個來源所獲得的目標，只能算是「可能的目標」，這些可能的目標需透過教育哲學和學習心理學的過濾與審查，才可能確定其是否為適當的教育目標，如以圖來表示目標獲致的程序，則如圖3-2。

圖3-2　Tyler目標所獲致程序圖

根據確定的教育目標，就可去選擇能達到此目標的學習經驗。爲使學習經驗選擇者能切實了解目標的意義，Tyler乃提倡使用行爲目標的方式來敘述學生的外顯行爲，俾使目標更具體、明確，以提供課程選擇與評價的客觀標準。

2. 選擇學習經驗：有了適當的教育目標以後，就以五大選擇原則來選擇出適當的學習經驗。此五大選擇原則是：

⑴練習原則：即提供給學生的經驗必須要使學生有達到目標所需的練習機會。學生只有在眞正面對待解決的問題時，才能獲得眞正的知識，因此教育經驗的選擇必須予學生有練習的機會，以切實地達到教育目標。

⑵興趣原則：學習經驗的選擇必須顧慮到學生的需要與興趣。

⑶準備原則：學習經驗的提供必須顧慮學生的能力與程度。

⑷多樣性原則：應選擇可以達到同一教育目的之不同的學習經驗，以符合學生個別差異上的需要與避免學習經驗的單調化與刻板化。

⑸經濟原則：盡量選擇可以同時達到數項教育目的之學習經驗。

Tyler除了提出選擇學習經驗的五大原則外，還指出在一般的教育目標下，應選擇：⑴有助於學生發展思考能力的學習經驗；⑵有助於學生取得資訊的學習經驗；⑶有助於發展學生社會態度的學習經驗；以及⑷有助於興趣發展的學習經驗。這幾點乃是Tyler所提出在應用時所應注意的一些事項。

3. 組織學習經驗：Tyler提出了組織學習經驗的三個主要效標：

⑴繼續性：指的是對於學習經驗中所包含的重點在組織時應予以「直線式」的重點強調。

⑵程序性：此與繼續性有關，但範圍超乎繼續性。程序性原則所強調的乃是每一繼起之學習經驗固當建立在前一學習經驗之上，但在組織時卻應對同一素材做範圍更廣、深度更深一層的處理。

⑶統整性：乃指學習經驗「橫」的聯繫。學習經驗的組織必須能做到協

助學生逐漸獲得統整的觀點，並能將其行政爲與其所學的重點加以統一或聯貫。

4. 評價：評價旨在測定教育目標在課程與教學方案中，究竟被實現了多少。Tyler指出評價的種類應有三種：

⑴前測（按：此爲筆者借用測驗領域中之名詞，以傳Tyler之意，「測」本意爲測驗，此處借來表示一切評量的方法）：行之於教育方案實施之前，藉以了解學生在開始學習新經驗前所具備的能力和狀態，做爲日後比較之用。

⑵後測（按：同前）：行之於教育方案結束之時，將此項評量結果與前測結果相比較，就可了解學生進步的程度；將此項評量結果與預定之目標比較，方可了解教育目標被實現的程度。

⑶追蹤評量：行之於教學完成了一段時間後，藉以了解學生所一度獲得的學習效果是否仍舊存在。

Tyler認爲凡是能協助教師測知教育目標達成程度之任何方法皆爲適當的評價方法，此可包括：紙筆測驗、觀察法、晤談法、問卷調查法、蒐集法、記錄的參考等。

至於評價的程序，依Tyler的理論，可歸納成如下的四個步驟：(1)界定目標；(2)識別出可提供機會，讓學生表現良好行爲的種種情境；(3)決定所用的評價工具（如無適當的、現成的評價工具可用，則應自行編製或設計評價工具）；(4)評價結果的分析與解釋（Chan, 1977: 3）。

上面敘述的以圖示之，即如圖3-3。

（二）Taba課程發展模式

H. Taba課程理論中的基本要素也是四個：即目標、學科、組織與方法和評價。四者之間的關係，可由圖3-4了解之（Taba, 1962: 425）。

Taba認爲傳統課程工學最顯著的缺陷在於：將課程發展歷程兩極化，理

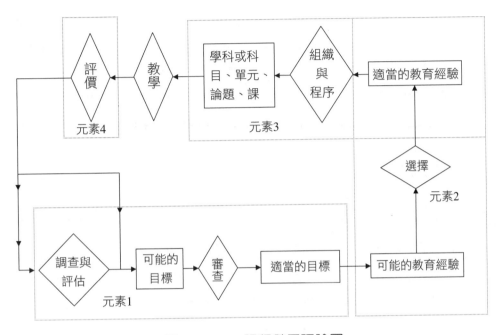

圖3-3　Tyler課程發展理論圖

資料來源：Chan, B. Y. (1977). After Tyler what? A current issue in curriculum theory. *Educational Journal.* HK: Chinese University.

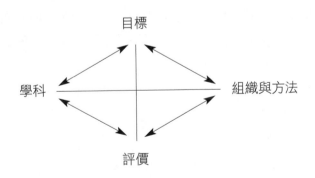

圖3-4　Taba課程基本要素及其之間關係圖

資料來源：Taba, H. (1962). *Curriculum development: Theory and practice* (p. 425). NY: Harcourt Brace & World, INC.

論與實際間存在著一道鴻溝。因此，Taba乃建立了課程發展的一個架構，期望藉著此架構中的程序以縮短理論與實際間的距離。Taba的課程發展架構包括三個主要階段：(1)課程計畫階段；(2)課程設計階段；(3)課程改變階段。

1. 課程計畫階段：這部分所包括的內容，依其步驟之排列如下：

⑴需要的診斷：系統化的診斷應包括下列幾個步驟：

①確定問題。

②問題的分析。

③假設的陳述與資料蒐集。

④驗證（Taba, 1962: 239）。

診斷的方法除了一般使用的正式評量工具外，Taba還指出許多非正式的方法，如：開放式問卷、討論會的紀錄、社會計量法等。

⑵目標的擬訂：Taba指出敘寫目標時的效標有五點：

①目標的敘寫應包括預期目標的種類及其具體的表現行為。

②複雜的目標必須以分析性、明確性的語句來敘寫，以避免語意的不明或混淆。

③目標的敘寫應力求清晰，以區別各種學習經驗所要求的不同行為。

④目標應具發展性，因它是課程發展的一個引導，而不是終點。

⑤目標應切合實際，只有可能轉換成課程和教室經驗的才可被包涵在目標內。

目標的範圍應具廣泛性，足以包括學校所應達到的各類教育成果。而對於行為目標的類型，Taba分為五種：即知識、技能、價值與態度、反省性思考和敏感性與情感。

⑶內容與學習經驗的選擇：Taba將課程之內涵分為內容和學習經驗兩項。知識——如概念、事實的學習——可由內容的實施而獲致；而技能、反省性思考、態度等則除了經由內容的實施外，尚需透過其經驗才能獲致。因此，Taba在其課程理論中將內容與學習經驗劃分開來。

Taba提出了選擇內容和學習經驗的幾個效標：

①內容之效度與重要性：即課程必須反應出當代的科學知識，且需與所選的基本觀念有關。

②內容與社會現實情況之一致性：課程必須為學生提出在現在與未來生活的世界中，所應具備的知識。

③內容之廣度與深度的平衡。

④內容能達到廣泛性的目標：課程的提供應是為達到教育目標而設，因此其內涵應能達到所有預定的教育目標。

⑤學生經驗的「可學性」與「適切性」：學習經驗的選擇應注意其能否為學生所習得以及是否適合學生的經驗。內容適合學生的需要與興趣：課程的選擇應適合學生的需要與興趣（Taba, 1962: 263）。

Taba指出內容有三個不同的層次，一為中心論題，次為重點觀念，再次為具體的事實。上述的效標應用在不同的層次時，應做不同比重的考慮，例如：因應學生的興趣而顯現的彈性，在選擇明確的事實上比在選擇基本觀念時要來得重要；深度的效標應用在觀念的了解上比應用在界定許多事實上要更具意義性；涵蓋性在選擇基本觀念時比在選擇事實時重要。

(4)內容與學習經驗的組織：下面所提的效標，有的適用於內容的組織，有的適用於學習經驗的組織，有的兩者均適用，此為Taba強調應注意的地方。

①累積性：其意義與Tyler之程序性同意。

②統整性：乃指學習經驗「橫」的聯繫。學習經驗的組織必須能做到協助學生逐漸獲得統整的觀點，並能將其行為與其所學的重點加以統一或聯貫。

③符合邏輯上與心理學上的要求：基本概念與學科的出現順序應符合知識上的邏輯順序與心理學上的發展順序。

④多樣性：不是所有的學生都可經由相同的方法、相同的活動型態、

相同的媒介傳播工具去獲致最高效果的學習。因此，在組織課程時，所採用的活動型態、方法、傳播工具應盡量採用多樣的種類。

(5) 評價：其效標為：

①符合目標：評價是以課程目標為其基礎，因此其評價範圍、對象應與目標相一致。

②廣泛性：在此具兩層意義，一指評價工具應盡量採用各種不同的工具，不要只有單一如紙筆測驗去蒐集評價的資料，如此評價的結果才具有效度與信度。再者，廣泛性是指評價的領域不要只限於知識領域，應對思考、社會態度、道德價值等領域也加以廣泛的評價。

③具備充分的診斷價值：評價的結果應能顯示出層次的差異，並以文字敘述在過程中所發現的優劣點和成果的良莠。

④效度（validity）：主要是指評價的工具應具效度，如此評價的結果就會有效度。

⑤評價性判斷的統一：由於評價所採用的工具是多樣的，評價的對象是廣泛的，因此，在做評價判斷時應將所有範圍、評量結果集合在一起，做統整性的判斷。

⑥繼續性（continuity）：評價不是課程發展的終點，而是應繼續不斷地評價，以促進課程不斷的改進（Taba, 1962: 316）。

2. 課程設計階段：這部分包括課程組織的類型和課程設計概念的架構。

在課程組織的類型方面，Taba提出的有科目本位的課程、廣域課程、活動課程和核心課程。

在課程設計的階段中，主要是在界定各元素的意義、元素間的關係及在操作時所考慮的行政組織狀況與組織工具、原則。在這歷程中，Taba提出一課程設計的模式，見圖3-5（Taba, 1962: 438）。

這模式說明四件事：(1)課程決策的要點；(2)要點間的應用；(3)要點間的關係；(4)及其效標（Taba, 1962: 438）。

所欲達成之目標

根據下列資料的分析來決定　　　分類之依據　　　　層次
1. 文化及其需求　　　　　　　1. 行為的類型　　　1. 教育總目標
2. 學習者、學習歷程和學習原則　2. 內容領域　　　　2. 學校目標
3. 人類知識的範圍及其獨特性的　3. 需要領域……　　3. 具體的教學目標
　　功能
4. 民主的理念

選擇課程的經驗

依據我們對下面幾個領域之　　　　　　　　　　受下列因素影響
了解而加以選擇
1. 知識的性質　　　　　1. 領域　　　　　　1. 學校的資源
2. 發展　　　　　　　　2. 內容　　　　　　2. 其他教育機構所扮演
　　　　　　　　　　　　　　　　　　　　　　　之角色
3. 學習　　　　　　　　3. 學習經驗
4. 學習者

可用以組織課程的幾個中心

受制於下列的要求　　　　　組織的中心　　　　　影響與受影響
1. 學習之繼續性　　　　　　1. 科目本位　　　　　1. 學校組織
2. 學習之統整性　　　　　　2. 廣域課程　　　　　2. 運用人員的方法
　　　　　　　　　　　　　　3. 活動課程　　　　　3. 證明學習是否發生的
　　　　　　　　　　　　　　　　　　　　　　　　　方法
　　　　　　　　　　　　　　4. 心中討論……

範圍與程序的體系（scheme）

決定的依據　　　　　　　　領域　　　　　　　　受影響於
1. 學習範圍的要求　　　　　1. 內容的範圍與程序　1. 組織課程的各種中
　　　　　　　　　　　　　　　　　　　　　　　　　心
2. 繼續學習的要求　　　　　2. 心靈運作範圍與程序

圖3-5　Taba課程設計模式圖

資料來源：Taba, H. (1962). *Curriculum development: Theory and practice* (p. 438). NY：
　　　　Harcourt Brace & World, INC.

3. 課程改變階段：在這一階段中包括了五個步驟：

　⑴製作「試驗性單元」（producing pilot units）：數組教師進行實驗而製
　　作出試驗單元，期以教室內的實驗，提供實驗性的資料，以補充課程
　　發展理論、原則上的不足。製作試驗單元的步驟，即前面介紹過的：
　　①需要的診斷；②具體目標的擬定；③選擇內容；④組織內容；⑤選
　　擇學經驗；⑥組織學習習經驗；⑦評價。

　⑵試用「試驗性單元」：試驗單元雖經參與設計者驗證過，但若欲推廣
　　使用，則需在不同的教室與情境下加以試驗，以建立它的效度與可教
　　性，並設下所要求能力的上限與下限。實驗所提供的資料，可作為修
　　改或選擇適合各式各樣的學生的內容與活動的參考。

　⑶修訂與統整實驗單元：根據實驗報告所得的資料，將實驗單元加以修
　　改，以適合於各種類型的教室需要。同時，各個單元在理論上應予以
　　統整，使其建立在一致的理論上，而呈現出其連續性。

　⑷發展出一個架構：這個步驟主要是將實驗的單元，建構成一整體性與
　　一貫性的課程，而後再以課程的理論去加以陳述。

　⑸設置與傳布新課程單元：新課程設置之後，應予以傳布出去。學校行
　　政人員、教師等均是宣傳的對象。藉著研討會的舉辦、在職教育及其
　　他方式，使學校行政人員、教師等了解新課程的理論、教學技巧等，
　　使得新課程得以充分地、理想地實施。

（三）Beauchamp的課程發展模式

　　George A. Beauchamp以系統分析觀點來看課程的系統，因此其課程系
統的模式便包括三個主要的要素：⑴輸入；⑵維持系統所需的內容與歷程；
⑶輸出。茲分別簡介如下：

1. 輸入：資料的輸入在於提供內容與歷程所需之能量，有了這部分資料
　　的輸入，才能有第二部分活動的進行，因此這部分是構成課程的原

料。輸入的資料包括：教育的基礎、社會的特質、學校在課程事務上之經驗、社會與文化的價值、人格等。

2. 維持系統所需的內容與歷程：這部分是課程系統的主要部分，在使系統運轉和發展功能，它包括了五個階段：

   (1)第一個階段是要先決定課程的「範疇」（area or scope），亦即要先弄清楚這次的課程決定的層級，是僅限於一校？整個學區？或是擴及全國的分級？

   (2)第二階段即是要確定參與之人選。這些參與人員可能是課程專家、學科專家、教師代表、學區的專業人員以及一般的社會人士。此階段會受另一階段課程決定之層級所影響。

   (3)第三個階段是要確定課程規劃的組織與程序。Beauchamp又把此一階段分成五個步驟：①組成課程委員會；②評估現行措施；③研擬新的或替代性課程內容；④訂出「決定何者應納入課程」的一些規準；以及⑤設計和撰寫新的課程。

   (4)第四個階段是課程實施。

   (5)第五個也是最後一個階段即為課程評鑑。這裡所謂的評鑑至少應包括四個層面：①評鑑教師如何運用課程；②評鑑課程設計；③評鑑學生的學習成果；以及④對整個課程系統加以評鑑。當然，從評鑑所蒐集到的資料最後還是要用來改進整個課程，以維持課程發展的繼續性。

3. 輸出：為課程系統作用的結果，其最顯著的成果，就是一套有計畫的課程。此外，教師和其他人員因參與課程系統的設計和實施所增進的知識、改變的態度和實施與評價設計的課程之諸活動，都是此一系統的成果（Beauchamp, 1975: 112）。

上述課程系統三部分的內容，可以圖3-6表示之（Beauchamp, 1975: 113）。

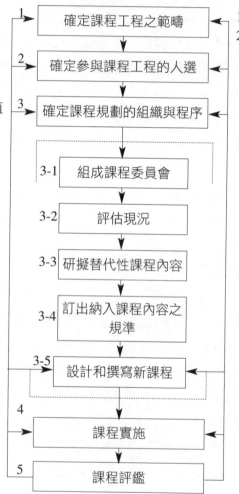

| 輸入 | 維持系統所需的內容與歷程 | 輸出 |

輸入

1.教育的基礎
2.社會的特質
3.有關人員的人格
4.課程經驗
5.各科材料
6.社會與文化的價值

維持系統所需的內容與歷程

1 確定課程工程之範疇

2 確定參與課程工程的人選

3 確定課程規劃的組織與程序

3-1 組成課程委員會

3-2 評估現況

3-3 研擬替代性課程內容

3-4 訂出納入課程內容之規準

3-5 設計和撰寫新課程

4 課程實施

5 課程評鑑

輸出

1.課程
2.參與者的：
　(1)增進知識
　(2)改變態度
　(3)對「行動」所下
　　之決心

圖3-6　Beauchamp課程系統的模式圖

資料來源：Beauchamp, G. A. (1975). *Curriculum theory* (3rd ed.) (p. 112). Wilmette, IL: The Kagg Press.

（四）Kerr課程發展模式

　　John F. Kerr認為課程有四個基本要素，即目標、知識、學習經驗和評量。這四個基本要素相互之間的關係可以圖3-7示之（Hooper, 1973: 182）。

圖3-7　Kerr課程基本要素及其間之關係圖

資料來源：Hooper, R. (1973). *The curriculum: Context, design & development* (p. 182). Edingburgh: Oliver and Boyd.

　　圖3-7所陳示的簡明課程模式的價值，乃在為新課程的編製提出了四項基本的問題，即：什麼是課程的目標？應採用何種科目？應提供何種學習經驗與學校組織？如何評量其結果？此一模式的本身只提出構成課程理論的適當來源，而未指導有關目標、內容的選擇方法或教學方法。因此，Kerr另外又提出一個課程理論的模式，如圖3-8（Hooper, 1973: 184），此模式性質偏屬於實際操作的模式而非一偏於概念性的模式。

1. 目標：此模式指出目標的主要資料來源有三：一為學生的發展階段、興趣與需要，二為學生可能遭遇到社會情境與問題，三為學科的特性。

　　至於目標的領域，Kerr係依據Bloom等人的分類法，把它們分成認知、

課程發展
理論 與 實務

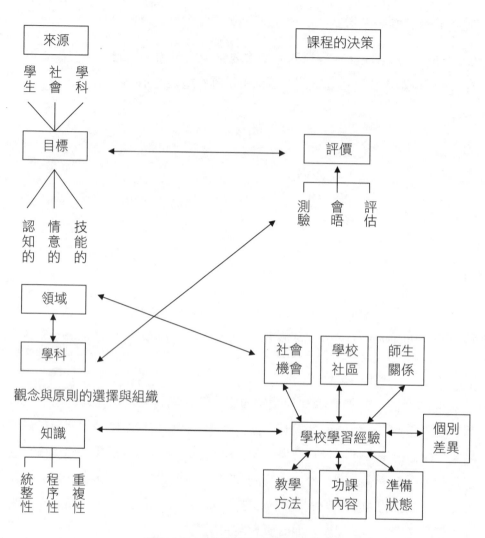

圖3-8　Kerr課程理論之模式圖

資料來源：Hooper, R. (1973). *The curriculum: Context, design & development* (p. 184). Edingburgh: Oliver and Boyd.

情意與技能三種。從最簡單的事實知識記憶到抽象理論的了解與批判，均屬於認知的範圍；興趣、態度、價值觀、鑑賞能力的培養等均屬於情意的範圍；而動作技能的培養則屬於技能的範圍。

2. 評量：Kerr指出：「目標與評量是相互依賴的。沒有目標，評量將失去方向（或對象）；透過評量可以更精確的界定目標。評量所使用的方法包括測驗法、會晤法、觀察法、調查法、訪問法等。」（Hooper, 1973: 188-189）。

3. 知識：知識也就是內容。在Kerr的模式中此項要素所提出的主要問題是如何去選擇與組織課程內容，以達到教育的目標。知識是由各學科綜合而成的，而各學科乃是爲了達成教育目標所排列出的教材。至於有效組織知識的原則，Kerr共指出三點：即統整原則、程序原則和重複原則（此原則即爲Tyler指的「繼續性」原則）。

4. 學習經驗：乃指學習者與所安排的環境之間的交互作用，而所謂課程乃指學生「在學校的計畫與指引下」所獲得的經驗。因此，課程包括了由學校所安排的：⑴社會機會；⑵學校社區的特性；⑶師生間的關係；⑷由於個別差異和準備度（readiness）的不同所產生的變動；⑸每一課的內容（lesson content）；⑹教師的教學方法。

（五）Nicholls課程發展模式

Nicholls（Audrey Nicholls & S. Howard Nicholls）兩人認爲課程的基本要素除了Tyler所指的四個要項之外，應再加上「情境」此項。在情境一項下尙包括五小項，即：⑴教師；⑵學生；⑶學校所坐落的環境；⑷學校建築、設備與材料；⑸學校氣氛（Nicholls & Nicholls, 1978: 22-31）。

1. 教師：Nicholls指出：「……若能善加運用教師本身所具的才幹、興趣、嗜好、能力於其專業科目上，就易達到所預定的教育目標……教師不僅是情境的一部分，且就某個範圍而言，更是情境的控制者。……

每個教師都應提供資料以促進課程之發展，同時應視課程發展為其專業的責任，而積極地參與其工作。」

2. 學生：Nicholls又指出：「基本上，每一個學生都是一個獨立的個體。……學生由於以往的經驗、生理狀況、人格型態、性情、學習態度、學習方式等均缺乏一致性，因此，學校所提供的在任一學習經驗，對不同的學生來說，皆具有不同的意義。受過專業訓練的教師們，在教學與課程發展的歷程中，需考慮到學生間的差異……。」

3. 環境：Nicholls同時指出：「學校所坐落的環境，亦是課程設計時所只注意的一個因素。環境中影響學生的兩個最大因素是，學生的家庭和同儕團體。在家庭因素方面，家庭的大小、學生在家中的地位、學生與父母的關係、父母對教育的態度、父母對子女的期望水準、父母健在與否等，均會影響學生的學習。同儕團體對學生的影響也很大，尤以在青春時期的影響為最。教師可藉同儕團體間的關係來提高學習的動機和成就水準。……學生的背景能提供教師與學生間的接觸點，並能提供許多新的學習起點……。」

4. 學校的建築：學校的建築、設備、空間和材料亦需列入考慮範圍之內。凡有關「如何有效的加以運用？」「其間利弊為何？」「使用的可能性如何？」等等，都是在課程發展的歷程中應考慮的事項。

5. 學校氣氛：所謂學校氣氛是指整個學校所持有的價值觀、態度與存在的種種關係間所形成的一個總合。因為它具有無所不在的特性，因此會影響課程的每一層面，即：目標的選擇、內容、方法和評價。在課程發展過程中，對學校氣氛的每一層面需一一加以評估，如學校努力的目的為何？在教育實施上哪一層面最具價值？師生間的關係是否對學校目標的達成最具貢獻？教學方法是否適當？Nicholls課程的架構如圖3-9。

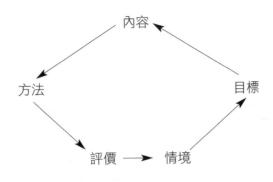

圖3-9　Nicholls課程的架構圖

資料來源：Nicholls, A., & Nicholls, S. H. (1978). *Developing a curriculum: A practical guide* (2nd ed.) (p. 21). London: George Allen & Unwin.

在實際應用課程發展的五個程序時，Nicholls特別指出下面兩點：⑴在程序上，不一定必須一個步驟完成之後，才能進到下一個步驟，它可以不斷地或經常地向前進行或向後進行；⑵在起點方面，也不一定要從情境開始，教師和課程設計人員等，可因興趣與需要來決定起點。

（六）Oliva課程發展模式

Oliva模式（Oliva, 2005: 138-141）如圖3-10，包括十二個要素，圖中長方形框代表計畫階段，圓形框代表操作階段。Oliva的模式之中，I至III談的是教育目的、課程目標以及目標之來源；從VI到XI談的是教學目標、教學策略與教學評鑑；而XII談的是課程評鑑。Oliva模式不但指明模式中的各個要素，而且又能點出其彼此間的關係（不但是直線的關係，且有循環的關係，一如XI之回歸到VI再從VI至XI，屬於教學發展過程的循環關係，以及VII之回歸到III再從III到VII，屬於課程發展過程的循環關係）。

要素I：課程發展的過程由要素I開始。課程發展者首先擬定教育目標、課程之哲學、心理學原則，這些目標乃源自於對社會需求、個體需求的信念

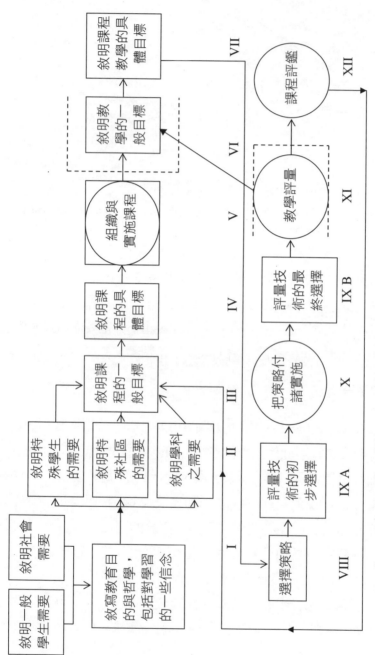

圖3-10 Oliva之課程發展模式圖

註：I-IV與VI-IX屬於計畫階段；V屬於計畫和操作階段；X-XII屬於操作階段。

資料來源：Oliva, P. F. (2005). *Developing the curriculum* (6th ed.) (p. 139). Boston: Allyn & Bacon.

而來。

　　要素II：此為分析學校所處地區的特殊社會需求以及學校欲安排之特殊課程需求。要素I及要素II皆強調課程發展應考量社會及個體的「需求」，其差別在於要素I強調的是對於大環境及個體的普遍、一般性之需求，例如幼教課程以培養良好生活習慣為課程目標，便是一項整體的、符合社會需求及兒童發展的目標。要素II則聚焦在特定的區域與個體，例如，為處偏遠地區之學校的幼兒，其語言發展能力可能較都市地區的幼兒來得緩慢，該校的課程便可能以加強幼兒聽、說、讀、寫之基本能力為課程目標。

　　要素III和要素IV：將要素I及要素II對於課程的目標、信念及需求清楚地呈現出來。

　　要素V：組織課程內容、規劃並建立課程架構。

　　要素VI和要素VII：進一步擬定教學目標。

　　要素VIII：在擬定教學目標後，選擇在教室中進行課程的教學策略。

　　要素IX A：教師在進行教學前事先擬定評估學生學習成效的方法。

　　要素X：將擬定好的教學以及評量策略實踐出來。

　　要素IX B：在經過要素X的過程後，回頭再檢視並修正原訂的教學／評量策略。

　　要素XI：針對教學完整過程（包含教學目標）進行評估，並做修整及調整。

　　要素XII：針對整體的課程進行全面的評估，在此便會回溯到開始的課程目標進行評估與檢視。

　　由上說明可知，Oliva模式結合了課程發展要素（要素I-V和XII）以及教學設計（要素VI-XI）兩大部分，為課程發展人員提供一個完整的課程發展流程概念。

（七）Wiggins和Mctighe的「逆向設計模式」

Wiggins 和 Mctighe（2005）認爲傳統課程設計通常缺乏對於「課程目標」的重視，使得課程設計出現兩個問題：一是以活動（activity）設計來思考課程設計，以爲課程設計就是活動設計，如此縱使設計了許多有趣、好玩的活動，但可能無法讓學生得到系統化且有意義的學習；另一則是認爲教科書就是課程，教師與學生的教學活動完全依賴教科書，將教科書視爲學生該學的所有範圍，按章行事，照表操課。此時教科書被視爲是課程大綱，學生所思考的、教師所教的都以教科書爲主，且必須在學校所規定的時間完成，此種取向的課程設計，就像是以旋風式的方式旅遊般，缺乏審愼思考因應自己園所和教師之教育理念，而加以修飾、增刪的措施。

Wiggins 和 Mctighe（2005）針對傳統課程設計的缺失，提出了逆向設計模式（backward design）。此模式將課程設計分爲三個主要階段（如圖3-11），說明如下：

1. 確立欲達的學習結果：此階段的首要工作乃是確定課程的目標，以及該

1. 確立欲達的學習結果

2. 提出令人信服的學習證據（評估指標）

3. 計畫學習經驗及教學活動

圖3-11　Wiggins 和 Mctighe之「逆向設計」課程發展階段圖

資料來源：Wiggins, G., & Mctighe, J. (2005). *The understanding by design* (p. 18). Virginia: Association for Supervision & Curriculum Development.

目標需符合國家、政府層級對於課程的標準以及期望。何種課程是學生需要知道？需要做到？以及哪些內容是值得被了解的？學生所被期待的學習結果爲何？這些問題皆是此階段應釐清的重點。

2. 提出令人信服的評估指標：此階段的重點主要是提出令人信服的證據以證明學生的學習已達到預期的課程目標。如何知道學生眞正了解課程內容？Wiggins 和 Mctighe認爲當學生能夠說明、能詮釋、能應用、能有自己觀點、能知道重點、具有自我的知識時，才是眞正的了解。在此階段，他們鼓勵教師以及課程設計者在設計課程時應如同自己就是評鑑員般的思考（think like an assessor），如此換個角度的思考方式，將能幫助教師或是課程設計者能夠設計出讓學生眞正了解並展現預期之目標的課程。

3. 計畫學習經驗及教學活動：在澄清課程的目標以及決定檢視學生展現學習成果之證據的指標後，此階段的重點乃是開始著手擬定最適合的教學活動計畫。在此階段，需要澄清幾項關鍵性的問題：

⑴什麼樣的知識、概念以及技巧是學生眞正需要以及符合預期目標並可有效展現的？

⑵什麼樣的活動能夠整合學生需要的知識、技能與情意態度？

⑶什麼是最值得教的？爲了達到預期目標，該如何教才是最好的方式？

⑷什麼是最適合用來達到預期目標的教學資源？

Wiggins 和 Mctighe針對學習經驗的組織與設計提出課程設計應思考的 "WHERE TO"要素，各要素的說明請見表3-1所示。Wiggins 和 Mctighe認爲一個完整的課程設計、單元活動設計應將此六大要素包含進去。

Wiggins 和 Mctighe的「逆向設計」模式，與傳統課程設計模式不同之處乃在於傳統課程設計的步驟爲先設定目標，擬定活動（學習內容），最後才是評量學生的學習成果。而「逆向設計」模式則是先確定好學生該有何種學習成果，接下來才是決定可以達到這些學習成果的內容與教學方法。由此

表3-1　課程設計之 "WHERE TO" 要素表

要素	內涵
W（Where & What）	幫助學生了解此單元欲往的方向以及什麼是被期待的。幫助教師了解學生來自何處（先前知識及興趣）。
H（Hook & Hold）	吸引所有的學生以及保有他們的興趣。
E（Experience & Explore）	使學生有能力，幫助他們體驗與探索關鍵性的議題。
R（Rethink & Revise）	提供學生省思和回顧他們所了解的事物及所進行之工作的機會。
E（Evaluate）	允許學生評量他們的工作以及此份工作所代表的意涵。
T（Tailored）	因材施教，符合不同學生的需求、興趣與能力。
O（Organized）	組織並持續進行有效學習。

資料來源：Wiggins, G., & Mctighe, J. (2005). *The understanding by design* (p. 22). Virginia: Association for Supervision & Curriculum Development.

可見，課程「逆向設計」模式相當重視課程對於學習者的「責任」，也就是說，課程的實施應該要能確保學習者能真正了解自己該學什麼、學了什麼，並能有合適的方式表現出來。Wiggins 和 Mctighe的「逆向設計」課程模式，擺脫過去課程設計的思維，點出課程設計可能落入重活動而輕目標的泥淖，澄清了課程設計本身應有的特質。但是此模式所強調的學生對於學習內容的「理解」（understanding），以及期待學生展現他們所「理解」的學習內容，筆者認為較適合用來進行以單元（unit）為單位的課程設計，彰顯出此模式特別強調活動及單元目標及學習成果的特色。

（八）黃炳煌（廣義）之課程發展模式

國內方炳林（1974）、黃政傑（1993）及其他機構（指國立編譯館所採用的教科書編輯過程，謂之「舟山模式」；板橋教師研習會課程發展模式，稱之為「板橋模式」；教育部人文及社會學科教育指導委員會所採行的課程

發展歷程，謂之「南海模式」）均曾提出課程發展模式。黃炳煌（1996）書中對國內提出之課程發展模式有完整的介紹與精闢的分析，筆者若再介紹與分析國內模式無法超越黃炳煌一文，因此，如欲對國內學者有關課程發展模式之創見有更深入之探討，除了看其原著外，可參考黃炳煌（1996）一書。本書因為黃炳煌教授所提之模式是國內最晚提出且有綜合國內各家之觀點，因此此處以他的為國內課程發展模式之代表，為文介紹。

　　黃炳煌綜合理論之分析，再加上國內客觀環境或實際需要之考慮，認為廣義的課程發展程序應包括：⑴規劃；⑵設計；⑶發展；⑷實驗；⑸實施；⑹評鑑等六個階段。彼此之間之互動關係，可以下列模式圖示之（見圖3-12）。

　　黃炳煌（1996）將課程發展模式中每個階段的區別做了說明。課程「規劃」與課程「設計」的區別在於課程「規劃」偏重於外部條件的考量，例如：課程委員會組成、課程發展經費來源、課程發展時程安排等，是屬於較初步、綜攬全局、政策性的計畫。而課程「設計」偏重於課程發展之內部要素的安排。例如：課程目標、課程內容、課程組織的類型、課程進行的時間、課程所需的資源等皆屬於課程設計的範疇，相較於課程規劃，它是屬於較細部、專業性的計畫。此外，課程「設計」與課程「發展」的區別在於課程設計具有可獨立性（可獨自一人完成），課程發展則是需要多人合作而成；課程設計較屬於橫向、平面式的（如：教具或教學媒體之設計），而課程發展則屬於較縱向、立體式的（如：教具或教學媒體的製作）。為了避免課程在真正推行時出現問題，所以黃炳煌認為在課程發展的階段中，應包含「課程實驗」的階段，其目的是為了以更嚴謹、謹慎的態度面對欲推行的課程，在正式全面施行課程之前，透過科學的課程實驗方式，蒐集各方的意見與實施成果，進行再次修正，待課程更為完整、成熟之時，再全面實施，如此才不會耗費過多社會成本以及犧牲學生學習的權利。

　　黃炳煌之課程發展模式的階段一至四先是呈現一種直線，由上而下的先

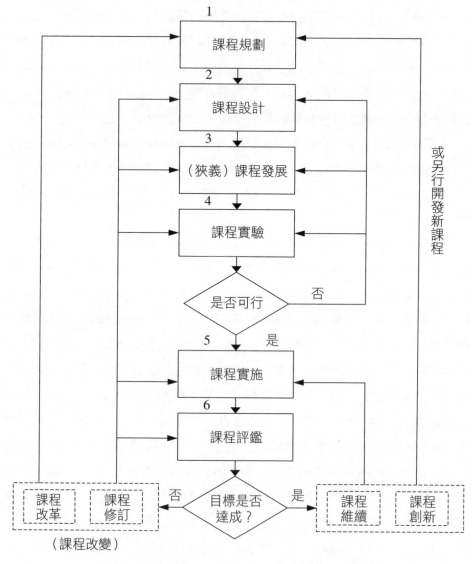

圖3-12　黃炳煌之（廣義）課程發展模式圖

資料來源：黃炳煌（1996）。載於**教育改革──理念、策略與措施**。台北市：心理。

後關係。但經過階段四的實驗階段後，未必會進入階段五的實施階段。當階段四的課程實驗結果發現課程仍存有問題，則需回去檢視階段一至四的過程是否有需修正之處。當課程實驗結果證明可行，則可以順利進入階段五之課程實施以及階段六之課程評鑑階段。課程評鑑階段的主要目的在於檢核課程目標是否順利達成？若否，則需要進行「課程改變」，如果只是部分目標未能達成，則需進行一些「課程修訂」即可，如果發現課程預定的目標根本完全無法實現，則需要進行大幅度的「課程改革」。課程評鑑的結果若可達預期之課程目標，則可以選擇繼續實施或維持原課程，或是為因應新需要，而另行開發新的課程（黃炳煌，1996：218-219）。

三、課程發展模式之評析

上面所介紹的八個課程發展模式，雖然八個模式各有其體系，但若詳加分析，則不難發現其實有許多雷同之處。說明如下：

（一）就構成課程之基本要素而言

Tyler理論中所提的是：目標、學習經驗、學習經驗之選擇與組織、評量四項；Taba理論中所提的是：目標、學科、組織與方法、評量；Kerr則提出：目標、知識、學習經驗、評量；Nicholls理論中所提的是：目標、內容、方法、評量、情境；Oliva理論中所提的與Tyler雷同；Wiggins 和Mctighe的「逆向設計」模式和黃炳煌的（廣義）課程發展模式，同樣包含了目標、內容（活動）、方法、評量。事實上，Tyler在其理論中，也曾考慮到Nicholls所提的情境中之諸要項，如：在目標來源中有「對學者本身之研究」一項，和透過「學習理論」的過濾來決定目標，此與Nicholls提出的「學生」一項是相似的。「教師」一項，筆者以為在教學理論中固可列為要素之一，但在課程理論中則可在發展程序中放置其他位，而不需列為要素項目。Beauchamp在其「維持系統所需的內容與歷程」階段中所提的，有課程

目標的決定、課程設計的選擇、實施的程序、評價與修訂課程程序的建立等。綜合來看，除了各家所用的名稱略有不同之外，其實質內涵實不出目標、內容、方法與評價四個要素。

（二）就目標資料的來源而言

Tyler指出三個來源，即：(1)對學習者本身之研究；(2)有關校外當代生活的資訊；(3)學者專家們的意見。由此三個來源所獲得的資料，須再透過教育哲學和心理學的過濾和審查，才能成為確定的教育目標。事實上，所謂：「對學習者本身之研究」與「學習心理學」這兩項，就是課程發展所必須依據的心理學基礎；第(2)項所指的就是課程發展所必須依據的社會學基礎；第(3)項所指的就是課程發展所必須依據的知識之基礎；而所謂透過教育哲學的過濾，實即課程發展所必須依據的哲學基礎。Kerr指出目標的主要資料來源有三，即：(1)學生的發展階段、興趣與需要；(2)學生可能遭遇到的社會情境與問題；(3)學科的特性。Oliva以及黃炳煌的課程目標與Tyler所提之目標的三大來源，大致上亦是相同的。Wiggins 和 Mctighe則是相當重視課程目標的釐清，其中包括課程目標與國家、政府教育目標的符合性、課程目標對於學習者是否有關聯以及具有意義。

（三）就選擇學習經驗的原則而言

Taba所提的「提供廣泛的目標」之原則與Tyler所提之「經濟原則」是同指一物；Taba所提之「學習經驗」的「可學性」與「適切性」原則與Tyler所提之「準備原則」是相同的；而Taba所提之「適合學生的需要與興趣」此一原則，則與Tyler所提之「興趣原則」相通。Wiggins 和 Mctighe針對學習經驗／內容的主張則較考量學習內容對學生的意義與價值。教師在規劃相關的學習活動、安排學生的學習經驗時，應不斷的思考此活動對學生的學習有何意義？學生是否有在活動中運用自己的心智、經驗，內化與轉化學習經驗的

機會（minds-on）？而非僅是複製教材或是學習活動的內容（hands-on）而已。針對眾多的學習經驗／內容，究竟該如何選擇？Wiggins 和 Mctighe建議教師或是課程設計者應先根據課程目標釐定學習評估指標，再根據此指標設計學習的內容及方法，也就是將對於學習者能夠學到什麼的期待，如何才能看見學習成果，以及該安排何種活動等，具體地擬定在課程計畫中。

(四) 就學習經驗之組織原則而言

Tyler、Taba、Kerr、Oliva、黃炳煌等五人所提之原則大致相似，這些原則就是連續性、程序性與統整性。而Wiggins 和 Mctighe則針對學習經驗的組織與設計提出較具體之課程發展時應思考的 "WHERE TO" 要素（見表3-1）。

Tyler的模式，最受人批評的地方有：⑴未提學習情境對課程的影響；⑵評價應在每一階段均予以實施，而非等到最後的階段才實施評價；⑶對Tyler所倡的行為目標，亦有指其缺點者等。其餘的幾個模式，雖大部分都說明了課程的基本要素及其彼此間的關係，有的更在每一要素下說明了完成其要素的效標或原則，但Beauchamp、Kerr和Nicholls此三種模式均偏於純理論的探討，而欠缺謀取實際應用的結合。他們均未提出詳細的發展程序，而只在每一階段中做分割性、靜態性的探討，至於每一部分應如何與另一部分連接？每一階段內的工作步驟為何？均未加以說明或探討。而Wiggins 和 Mctighe的「逆向設計」模式，筆者認為較適合用來進行較低層級之課程的發展，如：以單元（unit）為單位的課程發展。如此一來，理論與實際轉化的最清楚可行者，應屬Taba和Oliva的模式了，筆者以為，Taba和Oliva的模式最能將理論上的探討應用到實際問題上去。

第四節　不同層級課程發展模式之提出

　　課程發展的工作涉及到行政層級、課程發展之面向等問題，這些問題將會在第四章中做說明。基本上，就權責角度來看時，課程發展可以分四個層級：中央層級、地方層級、學校層級和班級層級。每個層級之課程發展任務與特性不同（第四章有更深入之說明）。愈上層級的，愈需花更多的時間去整合各種觀點，以形成一種整體性、明確性的願景；愈下層級的則是愈需考慮的課程面向愈多、愈具體、愈貼近情境脈絡，各層級間的關係在課程架構上的巨觀與微觀位置如圖3-13。不同國家、區域有其不同的教育體制與課程發展之政策，因此各層級之課程決策之權限也會不同，圖3-13大致說明不同層級課程發展範圍間的關係。教育體制內的教育方案形式很多種，可以以廣域領域方式設計，也可以以學科方式設計，有的教育方案基本雛型是中央訂定的，也有的授權地方政府；學校層級根據上一層的規劃加以落實成科目或是教育方案；班級教師即根據科目設計單元／主題及各單元／主題下之活動。本節針對課程發展之不同層級提供其發展的模式。

　　筆者參考自己碩士論文時所提之課程發展模式（簡楚瑛，1981）、黃炳煌、羅文基和簡楚瑛（黃炳煌等，1988：84）、黃政傑（1993：224-226）上述諸家之學說和黃炳煌（1996）所提之課程發展模式，提出如圖3-14至圖3-16（a和b）之課程發展模式。

一、中央及地方層級

　　課程發展一般模式可分計畫、設計、發展、實施和評鑑五個階段，評鑑階段係對其他每個階段都予以回饋。

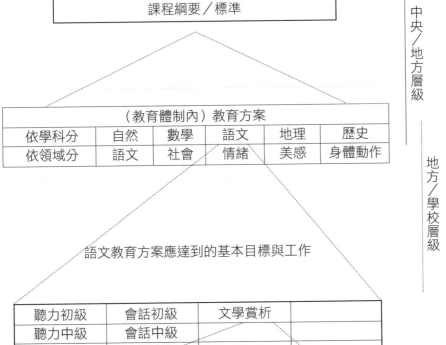

圖3-13　課程架構之巨觀與微觀圖

修改自：Wiggins, G., & Mctighe, J.(2005), *The understanding by design* (2nd ed.) (p. 277). Alexandria, VA: Association for Supervision & Curriculum Development.

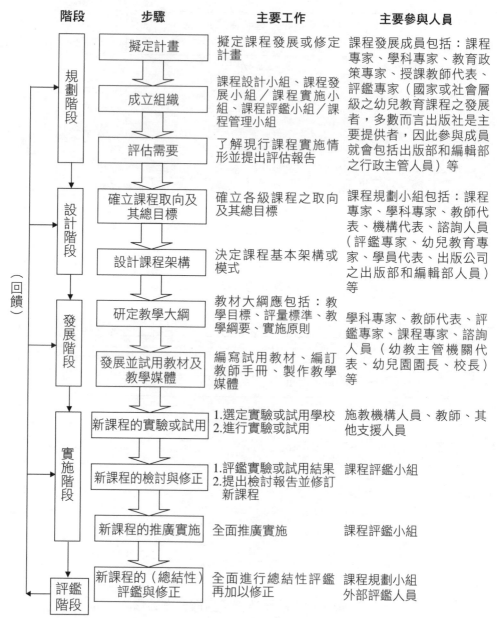

階段	步驟	主要工作	主要參與人員
規劃階段	擬定計畫	擬定課程發展或修定計畫	課程發展成員包括：課程專家、學科專家、教育政策專家、授課教師代表、評鑑專家（國家或社會層級之幼兒教育課程之發展者，多數而言出版社是主要提供者，因此參與成員就會包括出版部和編輯部之行政主管人員）等
	成立組織	課程設計小組、課程發展小組／課程實施小組、課程評鑑小組／課程管理小組	
	評估需要	了解現行課程實施情形並提出評估報告	
設計階段	確立課程取向及其總目標	確立各級課程之取向及其總目標	課程規劃小組包括：課程專家、學科專家、教師代表、機構代表、諮詢人員（評鑑專家、幼兒教育專家、學員代表、出版公司之出版部和編輯部人員）等
	設計課程架構	決定課程基本架構或模式	
發展階段	研定教學大綱	教材大綱應包括：教學目標、評量標準、教學綱要、實施原則	學科專家、教師代表、評鑑專家、課程專家、諮詢人員（幼教主管機關代表、幼兒園園長、校長）等
	發展並試用教材及教學媒體	編寫試用教材、編訂教師手冊、製作教學媒體	
實施階段	新課程的實驗或試用	1.選定實驗或試用學校 2.進行實驗或試用	施教機構人員、教師、其他支援人員
	新課程的檢討與修正	1.評鑑實驗或試用結果 2.提出檢討報告並修訂新課程	課程評鑑小組
	新課程的推廣實施	全面推廣實施	課程評鑑小組
評鑑階段	新課程的（總結性）評鑑與修正	全面進行總結性評鑑再加以修正	課程規劃小組 外部評鑑人員

（回饋）

註：如是層級各小組組織之編制會較大，地方政府之編制可以不必分成這麼多小組。

圖3-14　簡楚瑛課程發展基本模式圖

（一）計畫階段

計畫階段的步驟順序是草擬工作計畫、成立組織、評估需求和確立工作計畫。

每個步驟的主要工作項目有：

1. 規劃工作，包括：尋求相關理論或法令依據、檢討過去經驗課程發展得失和草擬初步計畫。
2. 評估需求，包括：評估社會需求、評估機構或單位需求和評估學生需求與特質。
3. 確立工作計畫，包括：檢討並修正工作計畫草案、評估工作計畫的可行性和確定工作計畫。

（二）設計階段

主要是設計課程方案，這階段的主要工作項目有：成立課程規劃小組、確立課程具體目標（選擇課程領域、科目或主題）、設計主題的時數及順序和評鑑、修正及確定課程方案。

（三）發展階段

發展階段的步驟順序是研訂教材大綱、選編教材、發展教學活動、發展教學媒體、發展評量工具和試用、評鑑及修正。

每個步驟的主要工作項目有：

1. 研訂教材大綱：研訂各領域、科目或主題的目標及內容綱要。
2. 選編教材：選用或編撰各領域、科目或主題的教材。
3. 發展教學活動：發展教學型態及學習活動。
4. 發展教學媒體：安排或規劃相關教學媒體教具。
5. 發展評量工具：編擬各領域、科目或主題的評量工具與方式。
6. 試用、評鑑及修正：進行試用並評估可行性。

（四）實施階段

實施階段的步驟順序是實施前的準備、進行教學和教學評鑑的進行。

每個步驟的主要工作項目有：

1. 實施前的準備工作，包括：進行教師協調、聯繫；辦理教師進修、研習；進行相關支援人員協調、聯繫和進行教學資源準備及教學情景的布置。
2. 實施教學，包括：按課程方案實施教學、督導教學和督導各項行政支援措施。
3. 進行教學評鑑，包括：評鑑學習的過程與學習成果和實施教學意見調查。

（五）評鑑階段

評鑑階段的步驟順序是評鑑課程方案及課程實施方案的成效和改進課程方案及課程實施方案。

每個步驟的主要工作項目有：

1. 評鑑課程方案及課程實施方案的成效，包括：評鑑學員學習成效、評鑑教師教學成效、評鑑行政支援成效和評鑑課程方案成本效益。
2. 改進課程方案及課程實施方案，包括：分析各項成效評鑑資料和根據評鑑結果修訂課程方案及課程實施方案。

二、校本層級

圖3-14是課程發展的一個基本模式圖，比較適用於班級或學校以上之層級的課程發展時的步驟；若是以校為本的課程發展，如果學校有能力要發展一套完全新的課程就可依圖3-14進行，但那既耗時、耗力，可能也未必可以發展出一套具統整性、周延性、銜接性的課程。通常以校為本的課程是在一

個已發展成熟之框架裡去做調整較為適合，這種情況下就較適合一個既有的課程模式（如：蒙特梭利的課程模式、娃得福課程模式等）或是一套完整之課程教材套為本，在既有的模式或教材套上根據自己學校希望有的特色去調整該套之課程，筆者建議其發展步驟可簡化如圖3-15。

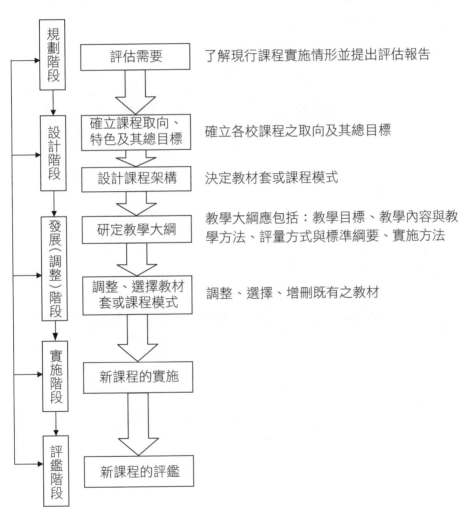

圖3-15　校本課程發展程序圖

三、班級層級

　　至於班級層級之課程發展之步驟可以如圖3-16-a和圖3-16-b，根據校級所訂之總目標以及採用之課程架構與教材以傳統順向發展或逆向發展的方式去發展教學活動，或是調整已設計好的教學活動。這部分在實務篇裡將會有更具體之策略及實例做說明。

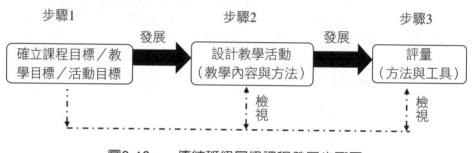

圖3-16-a　傳統班級層級課程發展步驟圖

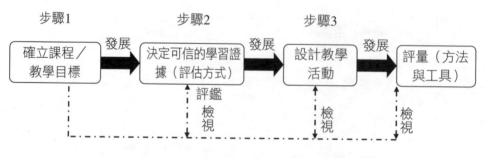

圖3-16-b　「逆向設計」班級層級課程發展步驟圖

第四章
課程發展層級與課程決定

　　課程發展初期是計畫階段，計畫階段可以分成好幾個層級，分別是國家、地方、學校與班級層級。理論上而言，層級愈高所提出之課程計畫愈抽象、愈涵蓋下層級之計畫、愈具指導性，但離學生愈遠。通常國家層級提出的是課程綱要，或稱之為課程指導方針、課程指引；地方層級依據國家層級之原則、根據地方之特性訂出施行細則；學校層級即以其想建立之特色建構在國家及地方層級之課程綱要及施行細則之上，訂出以校為本位之課程計畫；教師根據以上之綱要、施行細則及學校之理想去規劃教室層級之計畫。實務上而言，未必每個層級都會提出銜接上一層級，指導下一層級之課程計畫；也未必每個層級執行課程發展之成員會在課程計畫時去將較上層級的計畫予以銜接、聯貫。這就往往是課程改革成效不彰的主要原因之一。

　　現場教學的教師多數是參與班級和學校層級之課程計畫與發展工作的，會參與到地方層級之課程計畫的幼教教師就少很多了。國家層級的課程計畫多數是由課程、幼教和教育方面的學者、行政人員及少數的幼教現場工作者，例如：幼稚園園長、教師共同規劃的。

第一節　課程決定之層級概念

　　以下說明不同層級在課程決定上所應該負責的相關工作：

一、國家層級

國家層級的主要工作為擬定國家教育目標，擬定課程綱要以及課程目標、籌辦各項國定課程（如：教科書）的編制，上述工作，主要由政府部門（如：教育部）來統籌、規劃、執行、督導各項國家相關的課程決策。

二、地方層級

規劃不同區域的教育資源與經費，選擇與決定教科書、規劃學期重要學校行政之行事曆、籌辦師資培訓與研討會、籌組學校評鑑委員會、擬定或執行地方教育實驗計畫。

三、學校層級

學校需提供讓課程整合、發展的空間，也就是完整的支援系統。學校領導人（校長／園所長）則需要確保課程發展的決策能進入實踐的流程，檢視課程實施的過程中有無任何困難，並確定課程決定的過程與做出的決定都是經過大家同意且了解的。一般來說，學校課程發展委員會從事下列的工作（Oliva, 2005: 59）：

1. 新增／刪除／修正現有學校課程方案，包括各學科間的課程方案。
2. 進行學校教師、學生以及家長間有關課程的溝通工作。
3. 評估學校的課程。
4. 設計解決課程缺失的方法。
5. 規劃學校經營的使命。
6. 選擇學校可能欲使用的教科書。
7. 訂定特殊幼兒學習計畫。
8. 釐清學校與政府間的責任、任務與權利關係。
9. 批准學校事務（像是上課時數、教學觀摩等）。

10. 督導學生成就表現。

11. 增加學校自主權。

　　由上述來看，學校層級的課程決定工作主要是在促成及維繫校內課程發展與課程實施能夠正常運作，相較於教室層級，學校層級的課程決定是經由一個小組（如：課程發展委員會）經過規劃、實施、檢討的過程產生，其對象主要以校內師生為主。

四、班級層級

　　在教室層級中，教師需負責課程中活動的設計、選擇教學內容、選擇教學材料、蒐集學校及社區相關資源、修正教學內容、決定教學方法、建構教學計畫、實驗新的教學方法、建立學習及補救教學計畫、尋找適合每位學生學習的方法等。此外，教師還負有評估課程與教學的責任。課程評估的主要工作在於評估整個課程、過程及課程的產品（如：使用教材、教具等）；而教學評估主要的工作則在於評估學生在教學前、中、後的表現，以及評估教師的教學成效。教室層級的課程決定工作主要取決於教師，然而，教師平常所接觸的工作並不僅止於教室層級的課程決定工作。以一位教師在學校的工作為例，教師會準備課堂的教學材料（教室層級），也可能閱讀其他班級教師對於課後輔導教學的計畫，平時會參加學校提供的生命教育課程教學發表會（學校層級），負責縣政府教育局母語教材設計手冊製作（地區層級）、協助學校完成教育部提倡之促進弱勢子女閱讀計畫（國家層級）、設計促進環境保護課程計畫（全球層級）。所以，由上可知，教師在課程決定中扮演很重要的角色，一方面執行自己層級所負責的工作，另一方面，也有機會同時檢視、評估其他層級的工作。

第二節　課程決定之分析架構

　　課程決定除了有上述不同層級之變項外，還有決定之角度和項目的問題，表4-1是Klein（1991）提出來之架構，有助於課程發展與決定時之思考。

| 表4-1 | 課程決定之分析架構表 |

		課程決定的項目（curriculum elements）								
		目標	內容	資源與材料	活動	教學策略	評鑑	分組方式	時間	空間
課程決定的角度	學術的									
	社會的									
	正式的									
	學校的									
	教學的									
	運作的									
	經驗的									

一、課程決定的角度

（一）學術的角度

　　指的是學院裡面的專家學者針對課程所提出的理論，這個角度的決定距離學生的學習最遠，但卻在課程發展的過程中，具有相當的影響力，許多新課程的實施，是來自學者學術研究的結果。學術性角度裡面討論的是：考量許多原則之後，什麼樣的課程對學生來說最合適。

　　另一方面，學者的課程觀點常傾向於求新求變，因此雖然他們的意見在課程發展過程中受到相當大的重視，但也經常引來其他持不同意見者的激烈辯論。例如：近年來許多幼兒園引入「讀經」的活動，就引起學界許多不同

的聲音。

（二）社會的角度

　　指並不與學生的學習直接相關，但對教育相當感興趣的組織或團體，例如：企業、工廠、政治團體、宗教團體等所參與的課程決定。他們關心學生透過課程學到的是什麼，並且運用不同的策略，包括：提供教師具體的教材，讓課程的內涵與他們的需求或主張相符。這個角度與其他角度最大的不同點在於，這些參與者不是教育專業人士。

（三）正式的角度

　　正式層級的參與者是指對學校教育具有直接的責任或影響力，但卻不屬於任何一個特定學校的人或組織，例如：中央與地方教育主管機關、教科書出版商及各式教育組織，他們對課程的影響力極大。

（四）學校的角度

　　指學校裡面、單一班級以上的課程決定，例如：校務會議、學年會議、課程小組會議等。在學校進步的過程中，學校層級的課程決定是一個重要的觀察角度，但許多研究卻發現，學校是課程決定最被忽略的層級，重要或顯著的課程發展很少發生在這個層級。

（五）教學的角度

　　指教室裡面，教師在計畫課程的過程中所做出的課程決定。教學層級的課程決定是相當有力量的，因為唯有教師能夠決定哪些內容真正在課堂裡面執行，因此，如何透過相關的資源讓教師的課程決定能真正執行，來自其他層級的課程決定，需要更多的努力與思考。另一方面，教師除了被動地執行其他層級的課程決定之外，也應／會主動針對學生特殊的需求來設計課程，

以實現他自己對教育的一套信念。

（六）運作的角度

教師所做的課程決定，在課堂中執行以後，還可能因為師生的互動與課堂的情況等因素，必須當下做出新的課程決定，並因為這些當場做出的決定，創造出一個與原先所設定的情境非常不同的課程，這個轉向的歷程是相當值得記錄、研究的。透過教師以外的課堂觀察者，能夠較客觀地了解教室裡究竟發生了什麼事情。

（七）經驗的角度

經驗角度是指學生在課程中所做的決定，包括他對課程的預期、感受和最後的收穫。每一位學生都在課程裡面扮演主動的角色，他決定自己是否要參與、參與及吸收的程度，並且藉此形塑他自己的、獨一無二的課程經驗。

二、課程決定的項目方面

（一）目標

搭配著不同課程決定之層級的權責與功能來規劃時，中央層級應提出國家欲達到之教育目的；地方政府應在中央教育目的之規範下，發展具地方特色之較具體的目標；學校應在中央之教育目的、地方（政府）規範之教育目標下訂定出更具體的教學目標；教師應在上面三個層級之框架下，設計出各項活動目標及活動來。

（二）內容（content）

指師生在課程裡面的互動，包括：發生的事實、概念、過程、態度、信念、技巧、歸納等，是教師與學生在教與學時學習內容的考量。

（三）教學資源與材料

教學材料與資源指人們用來協助與促進學習的物品和機構，包括：能夠提供資源的人員、教科書、雜誌、電腦和軟體、錄影帶、錄音帶、遊戲、教具、學校設備、博物館等能夠提供教學資源的機構、家長的專長、社區資源等。

（四）活動

指學生在學習過程中所做的事，包括：聽、說、讀、寫、玩遊戲、角色扮演、使用電腦、教學參觀、做作業等。

（五）教學策略

指教師或教學器材在學生學習的過程中扮演的角色。他或它可以是詰問方法、提供資料、強化學生的回應、更改學習的方向等。教師教學策略的選擇，取決於特定教學情境中教師想要達成的目標為何（例如：是批判能力的培養或是知識的傳授）。

（六）評鑑

評鑑是了解學生究竟學到什麼的程度或方法，具體的內容包括：進行測驗、觀察、作業評分、分析學生的成品、訪談等。評鑑可以在任何時機進行（教學前、教學中、教學後）。

（七）分組（grouping）

為了增進學習成果而對學生進行的編組，包括編組的原則（根據學生的能力、興趣或自選的方式編組）與每一組的人數（一個人一組到全班一組）。

（八）時間與空間

進行課程決定之前，最基本、需要先行考量的客觀條件因素。

以上八個課程決定的項目，在決定的過程中，極可能受到來自不止一個決定角度的影響；相同地，在不同角度的課程決定當中，所考量的項目也是有差異的。

Doll（1989）認為，不管哪一個角度與層級的課程決定者，在做出決定之前，都在有意識或無意識的情況下，受到多種因素所影響，其中包括國家教育趨勢的歷史、個人對學校教育的信念與哲學觀、課程互動者之認知發展的情形與潛力、社會文化變遷帶來的世界新貌的影響等因素。這些因素雖然不一定會對特定的課程決定帶來直接的影響，卻無疑是課程發展與決定的隱形根基。

第三節　影響課程決定之因素

一、學校層級而言

影響課程發展及課程決定的力量來自四面八方，包括學校內、學校外，同時有正式與非正式因素。校外正式的因素包括：測驗局及委員會、專業的學會、民意調查、議會遊說者、學生、家長、商業及勞工組織、政府的管理者；非正式的因素則包括：特殊利益團體、教材出版商、傳播媒體、個別評論家、習俗與傳統、慈善基金會及政治意見。來自學校內在的因素亦可分為正式的和非正式的因素；正式的因素包括：組織本身的權威性、諮詢機構與行政人員、法律、學校管理結構、學區與學系的行政人員與教師、學校系統的文化型態、資源與設備、做決定的機制及教授的科目；非正式的因素則包括：教職員對課程與教學的觀點、正式課程運作的政治關係、習俗與習慣、

團體互動的社會關係、參與者的人格特質與能力、建立人際關係的技能及課程計畫的領域（Gay, 1991）。

Gay（1991）嘗試了解以學校作為視角時，影響課程發展的內外在因素有哪些，研究結果：外在因素的部分包括許多來自教育領域之外其他力量的影響，這意味著位處不同職業角色的社會大眾對教育議題的關心和發言；內在因素的部分則強調學校領導課程發展、做成課程決定的機制運作是否良好，這些因素對學校層級的課程決定來說，是相當重要的。

二、教室層級而言

教室裡的課程決定與學生的學習是最為接近的，所有對課程的想法唯有在獲得教師認同的情況下才可能獲得實踐的機會。從進步主義、學生中心的觀點看，得到教師認同以及實踐機會的課程想法之後，仍然需要等待來自學生的主動學習乃至於知識建構，才能在學生身上發揮真正的影響力。因此，教室裡做成的課程決定，在課程發展的過程中扮演極為關鍵的角色。

MacDonald與Leithwood（1982）從教師個人的觀點分析影響課程決定的因素，他們採用Maslow的需求理論作為分析的架構，發現影響教師課程決定的主要類別是教師的尊重需求，其中獨立、自由和彈性、有用感和成就感三項因素，分別在排行榜上占據二、三、四名的位置；另一個值得注意的發現是，排行第一的因素是愛與隸屬需求類別下之「學生」這一項（見表4-2）。顯見對教師來說，與學生的關係是否良好到足以藉著坦率的溝通了解學生的需求，以及透過特定的課程決定來肯定教師工作的價值，是最核心的影響因素。

Leithwood、Ross與Montgomery（1982）的研究發現有三十項會影響教師課程決定的因素（表4-3），其中可歸類為「上級或壓力團體的指示或意見」者有八項、「客觀條件的配合因素」占六項、「與個人利益或發展相關的因素」有四項、「外在環境的變遷因素」則有兩項。這樣的結果顯示教師的課

| 表4-2 | | 影響教師課程決定的因素：需求理論的觀點表 |

需求的類則	排行	訪談實例
自我實現需求		
自我的滿足	8	神采奕奕的工作態度；享受班級的空間
成長	13	對人性的了解
洞察力	10	學生克服學習的困難；幽默的互動
尊重需求		
對「教師」這個詞彙的認定	14	尊重「教師」及其專業
他人的認可	7	上級長官；同事；學生；家長
成就感	4	良好的評量結果；學生日後的成就
獨立、自由和彈性	2	允許自由的準則；容許未經計畫的學習
有用感	3	社會服務；為學生的未來鋪路
愛與隸屬需求		
學校	12	家庭的傳統
上級機關	15	校長就像朋友
同事	6	同事像朋友；團體共同計畫
學生	1	了解學生興趣；情感上的依附；師生溝通
安全需求		
日常事務	9	教室控制；不斷重複的經驗
公平的管理	11	更多的思考方向
待遇與職位	16	穩定的薪資與職位
組織的政策與協議	5	更好的教學指引；抗拒外在影響的策略

資料來源：MacDonald R. A., & Leithwood, K. A. (1982). Toward an explanation of the influ-ences on teacher's curriculum decisions. In K. A. Leithwood (Ed.), *Studies in curriculum decision making*. Canada: OISE Press..

程決定仍無法擺脫上級指示的壓力，並在課程實踐的過程中經常受到客觀條件的限制。

　　從教師個人的角度觀之，能夠滿足被尊重之需求是影響課程決定的主要因素，然而，若將影響因素的討論範圍從教師個人，擴大到學校與社會環境的層次，教師的課程決定便受到上級意見的影響以及客觀條件的限制。這意味著教師為課程發展勾畫出的圖像，會在與外在環境碰撞時而有所更改，這

表4-3	影響教師課程決定的主要因素表

排行	影響因素
1	過去的教學經驗
2	察覺學生的某些興趣或需求，可能透過自己的教學達到滿足
3	教師的態度、特殊興趣或是哲學觀
4	學生的因素
5	對教師角色的認知
6	上級的指示
7	資源的取得
8	學生可能面對的事件或是世界發展的趨勢
9	從演講、書本或雜誌取材
10	考試的結果
11	同校或同區域的教師
12	教科書
13	教育部的指示
14	學區的專業發展會議或是短期專業班
15	察覺自己的決定與學生的自尊、情感發展相關聯
16	學年主任、教學研究會的召集人
17	教育上的重要趨勢（例如：開放教育）
18	能夠提供資源者
19	部訂課程
20	家長關心的事或是當地報紙的報導
21	校長
22	校外的課程（例如：大學）
23	研究或計畫的發現
24	副校長
25	學區督學
26	其他學區的教師
27	察覺能夠幫助自己升職或保有工作的作法
28	察覺能夠幫助自己在同事間提高地位的作法
29	家長
30	壓力團體對教育改革的意見（例如：婦女運動、宗教團體）

資料來源：Leithwood, K. A., Ross, J. A., & Montgomery, D. J. (1982). Implementing curriculum innovation. In K. A. Leithwood (Ed.), *Studies in curriculum decision making* (pp. 245-267). Canada: OISE Press.

是教師所計畫的課程與實際運作課程之間必然存在之距離，也是Klein討論教學層次與運作層次的課程決定時所想要說明的要點，這段距離便帶出了教師實踐理想課程的議題。

第四節　課程決定與教師理想課程的實踐

　　Klein（1991）把教師的課程決定，分成教學的與運作的兩個層級，Klein並指出，教師在教學層級做出的課程決定，與能夠在課堂中付諸實現的課程決定之間，因為課程運作過程中不可預期的因素影響，而有一定程度的落差存在，兩者經常是不能完全吻合的。教學層級的課程決定，是教師自己量身訂做的一套課程實施計畫，也是教師原始理想課程的具體形式，從這個角度看，無法完全落實理想的課程決定（運作層級）是否只意味著教師理想課程的折損？或是，兩個層級間課程決定內容的差異，教師應該嘗試進行更深入的研究？是一個值得深究的課題。

　　近年來教師實務知識成為教育領域中新開發的研究主題，郭玉霞（1997）認為，教師實務知識的討論將師資培育領域的研究主題，從過往的「什麼是教師必須知道的事？教師應該如何被訓練？」等主題，轉移到「哪些是教師真正知道的事？」「教師知識透過什麼途徑獲得？」也就是說，許多研究者開始把學術關懷的焦點，從教學理論移到教學實務的層面，並且重視教學理論與教學實務間的關係。McKeon（引自谷瑞勉，2001）認為理論與實務間的關係可以分成四種，包括後勤（實務是理論的應用）、運作（由實務決定理論）、問題（理論介入實務並由實施中顯露出來）與辯證（實務是行動的理論、實務是理論的檢證，兩者若不相容，問題在理論上）。然而，許多學者不認為實務能夠直接從理論中延伸出來，教師的教學亦未必完全按照理論走（谷瑞勉，2001），理論作為實務的基礎則是必然的現象，因此，借用McKeon此分類法最值得注意的是實務經驗對理論的影響力，以及可以帶來

的貢獻。

　　透過實際的教學經驗，教師想在理論的基礎之上，建立一套經驗性、反省性、實用性與個人性的教學實務知識，而這個過程是具有時間性的，教學資歷的深淺，會影響教師建立實務知識的架構。進一步來說，教師進入教學現場之後，從已習得的教學理論知識所描繪出的課程理想，會不斷地受到個人化經驗的衝擊與碰撞，而教師有統合理論與實務經驗以維繫教學順暢的需求，並在這個過程中，汲取一般性理論難以取代的寶貴知識，重塑課程與教學的理想，這時的理想是兼具理論、實務與個人三方面色彩的產物。在運作層級與教學層級之間產生落差的課程決定，是教師獲取實務知識過程中的一種形式，因此，筆者不把教師未實現原來的課程決定與理想的折損劃上等號，而把焦點放在教師看待實務經驗與理論擺盪的方式，以及兩者間不斷辯證的過程。

　　實質的課程決定在課程發展的過程中扮演重要的角色，透過各式決定的做成，教師將抽象的課程思考化成實際的行動方案，這份方案受到外在環境因素與教師個人自我實現需求等內在因素的影響，這是教師教學層級課程決定的主要內涵。課程決定的運作層級討論的則是教師行動方案的實踐，當教師真正面對教育的現場，許多實務經驗向他蜂湧而來之後，教師需要處理的問題除了自身的需求與外在的環境條件之外，還有來自理論與實務間的矛盾與衝突，而具有反思能力的教師，通常能夠從矛盾中激發出精彩的辯證過程，最終發展出個人化的課程。

第二部分
實務篇

　　在理論篇各章裡所敘述的較偏於課程發展時應思考之理論性的知識。本篇從校本課程和班級課程之層級針對圖3-14、3-15、3-16-a及3-16-b所敘述之課程發展的五個階段裡之發展程序以及應思考之方向與重點加以闡述。

第五章
課程發展之規劃與設計階段

　　課程發展規劃階段最重要的工作為需求的評估，評估現行實施之課程是否有修改之必要。檢視的角度可以視中央或地方政府是否有新的課程綱要出現、本土社會與國際社會之發展趨勢所帶來之新趨勢對現行課程之影響，以及是否有配合學生發展特性及家長的期待。接下來的就是設計階段。

　　設計階段有三項主要的工作：一是課程取向及總目的的決定；二是課程架構的設計；三是課程描述、校準、管理與教師課程專業發展之設計。

第一節　課程取向及總目的的決定

一、課程取向的決定

　　無論是課程設計、課程決定、課程發展等工作，都需要對「課程」本身有清楚且持續的了解。課程係以對教育哲學、學科知識、學生興趣及能力、社會文化需求等不同取向之理論為課程基礎來源。不同的課程取向關係到對「課程」的詮釋，其中包括課程的運作、課程信念以及課程理想。Marsh 和 Willis（2003）認為理想的課程取向應包含以下幾點：

　　1. 可辨別其課程及課程發展程序的特色。
　　2. 有一套足以作為決策之參考依據的價值系統。

3. 有一套對於世界、社會與道德的批判性假設。

Eisner和Vallance（1974）將課程設計主要的思想和方向，分為五個取向，分別是：認知課程取向、科技課程取向、自我實現取向、社會重建課程取向、學術理性課程取向。簡述如下：

1. 認知課程取向：關注學習者認知技能的發展。課程主要在提供一套能夠發展學習者適用於社會的認知技能。

2. 科技課程取向：關注發展教學科技，並以有效率的方式，將課程提供給學習者。

3. 自我實現取向：關注學習者本身，主張課程應能促進學習者自我成長以及自我實現。

4. 社會重建課程取向：關注課程應承擔社會發展的責任，並能促進社會改革。

5. 學術理性課程取向：關注課程內容應包含經典、重要的學科知識，讓學習者獲得前人所創造的偉大學術思想和事物。

Posner（1998）則將課程取向分為程序性的課程取向、描述性的課程取向、概念性的課程取向、批判性的課程取向：

（一）程序性的課程取向

Tyler（1949）提出發展課程的四個基本問題：希望協助學生達成哪些教育目標？可提供哪些學習經驗使學生達成這些目標？如何將學習經驗加以組織以擴大學生們的累積性效果？方案效果如何加以評鑑？呼應這四大問題，Tyler乃提出課程設計與發展的四大步驟，依序為：選擇與界定目標，選擇與創造學習經驗，組織學習經驗，以及評鑑學習經驗效能。Tyler的課程取向是強調產生課程的程序及每一程序裡的重要工作內涵與評估指標。

1. 選擇與界定目標

　　Tyler指出三個知識來源可以解答教育目標的問題，此三者分別爲：學習者、當代社會以及學科專家。此來源清楚呈現三個基本的課程組成要素：個人、社會、科目知識。Tyler強調學校教育目標始於明確界定的目標，當目標明確，課程決策與組織也將更合理化。

2. 選擇與創造學習經驗

　　將學習活動經驗納入課程計畫中，並提供各種機會讓學生達成特定目標。Tyler認爲學習經驗讓學生有充足的機會去經歷及完成課程／學習任務，並讓學生在學習過程中獲得滿足感。

3. 組織學習經驗

　　Tyler強調學習經驗必須透過垂直組織以及水平組織，並以銜接性、連續性以及整合性爲衡量標準。他強調此三者必須被學習者所經驗，而不僅僅是作爲工具使用。

4. 評鑑學習經驗效能

　　Tyler強調評鑑學習效能的工作包括在學生學習過程中眞實性的評量，不僅止於紙筆測驗而已。另外，發展合適的評鑑工具是非常重要的，這關係於評鑑的有效性以及可靠性。

（二）描述性的課程取向

　　美國史丹佛大學教授Decker Wallker主要研究人們在發展課程中的想法與行爲。Wallker提出課程設計及發展包含了三個成分，即「立場」（platform）、「愼思過程」（deliberation）以及「設計」（design）。他認爲課程設計與發展的歷程，基本上就像是個描述性的過程，依時間先後程序自然發生，起於對於課程各種不同主張的立場，終於課程設計，其中的過程便是愼

思過程（黃光雄、蔡清田，1999；Marsh & Willis, 2003），見圖5-1。

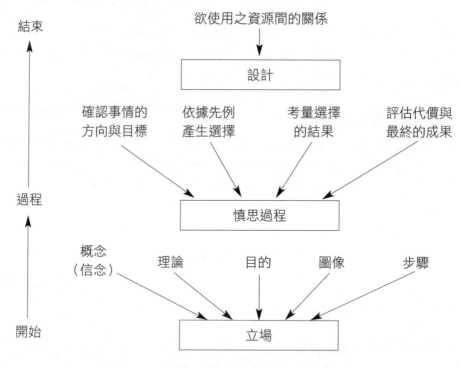

圖5-1　Wallker描述性的課程取向圖

資料來源：Marsh, C. J., & Willis, G. (2003). *Curriculum: Alternative approaches, ongoing issues* (3rd ed.) (p. 79). Upper Saddle River, NJ: Merrill/Prentice-Hall.

1. 立場

　　Wallker認為在從事課程發展的過程中，人們皆會以個人的信念及價值觀為主要參考依據。Wallker使用「立場」一詞藉以描述在課程發展過程中所產生的不同信念與價值觀是如何被建立的。立場是由不同的概念、理論、目的、圖像與步驟所融合而成，並透過系統化的審慎思考過程而產生。

2. 慎思過程

Wallker指出慎思過程包含「確認課程的方向與目標」、「依據先例，產生選擇」、「考量選擇的結果」、「評估應擔負的代價以及最終結果」。Brice（2000）以及Onosko（1996）指出，慎思的過程需要重要的溝通技巧以及行為的規範，例如：

(1)公正且條理清楚的辯論技巧。

(2)做選擇的能力。

(3)發問的能力與意願、調查以及反省。

(4)願意詢問他人所提出之假設。

(5)辨認引起爭執原因的能力。

慎思的過程主要是引導課程設計者將想法化為行動，這個過程可能是充滿挑戰且混沌不明的，但透過此過程能更釐清彼此不同的信念，關於課程設計時可能會發生的錯誤也會先在此過程中被一一辯證處理。

3. 設計

當課程發展成員對前述之立場有了共識之後，課程才得以進入實際的設計階段。課程設計包含了教學目標、學科內容、教學方法、教學資源以及活動設計等的設計。

(三) 概念性的課程取向

Goodlad和Richer（1977）的概念性課程取向主張課程設計包含三個不同層次，分別是教學層次、機構層次以及社會層次。其中每個不同層次的課程設計皆包含了課程設計、課程實施以及課程評鑑三個過程。概念性的課程取向主要關注課程如何設計、課程如何被決定、課程如何以最有效率的方式發展（Marsh & Willis, 2003）。

(四) 批判性的課程取向

Eisner（1979）視現實社會為協商的、主觀的、構造的以及多元的，主張課程應強調社會需要、社會改革以及承擔社會發展的責任，因此他對課程的論述是屬於批判性的課程取向。他的課程觀點包括如下：

1. 目標

在標準、目的與目標上需要有清楚的分別，標準提供教育的方向、價值；目的有著較具體說明的意圖；目標則是包含所有具體的說明。

2. 內容

Eisner強調課程發展需要考慮三個基本要素：個人、社會與科目本身。他重視學生興趣也重視社區需要。除此之外，空白課程在一般學校中也是重要的內容之一。

3. 學習機會的型態

Eisner認為應提供廣泛且多元的學習機會給學生，各種科目之間的內容應有系統地加以組織與整合。課程設計者與教師需負責將課程內容轉化為適合學生學習的形式，並將教學目的轉為較具體的學習內容才能有助於學生學習。Eisner認為批判性的課程取向乃是為了鼓勵學生有著多樣化的學習，課程設計發展者應提供學生各式素材與活動，並鼓勵學生從經驗中發展不同的學習成果。

4. 學習機會的組織

課程設計發展者應提供學生各式素材與活動，並鼓勵學生從中經驗並發展不同的學習成果。Eisner引用的觀點，強調非線性取向是為了鼓勵學生有著多樣化的學習。

5. 內容組織

各種科目之間的內容應嘗試以各種不同的方式進行組織與整合。

6. 表現與回應形式

Eisner指出學生不應被限制其展現學習成果的方式，鼓勵學生能有多元的管道進行溝通以及表達思想，並有選擇的權力，以不同的溝通、表達方式，傳達他們對課程的理解以及展現學習的成果。如此，不僅能拓展學生學習的視野，也能讓許多邊緣的學生獲得更多教育機會。

7. 評鑑過程的型態

Eisner認為，評鑑並非是在課程發展的最後階段才進行，它是在整個課程發展過程中自然產生的。評鑑乃是以綜合性觀點與多元的方法去檢視課程發展中不同階段的歷程。評鑑的過程，猶如將「課程」視為藝術品般，反覆的玩味、鑑賞，以整合的角度分析整體課程的理解、價值以及成果，這是需有獨到的藝術家眼光，也要有批判的思辨能力的。

課程發展者必須在課程設計階段一開始即需確立且明白表述自己對發展之課程的立場，是程序性取向、認知取向、科技取向、自我實現取向、社會重建取向、理性取向還是批判性取向。明確的表述不僅有助於課程發展過程中不同階段裡，不同背景之參與人員對整個課程架構發展之核心精神的掌握，同時有助於使用者在選擇教材與教學時的知覺性及做決定時的依據。

二、總目的的決定

（一）目的（goals）與目標（objectives）間的區別

在各個領域中，「目的」是指導該活動或是方案的最高準則，它提供了整體方案之設計、實施以及評鑑的方向。一般而言，目的通常反映了提出者的哲學立場，並在哲學與信念的基礎下，往下發展出不同層次的目標。例

如：課程目標、教學目標、活動目標。在教育領域中，課程目的與課程目標的具體化程度亦有所不同。Zais（1976）認為，「課程目的」（curriculum goals）指的是學校教育的結果，可以代表某一個學校或整個學校系統的目的（取自黃政傑，1991：191）。「課程目的」是長遠的時間才能達成，並非是可以在教室中數日或數個月即可評估而得的，例如：培養學生閱讀的興趣。課程目標（curriculum objectives）指的是教室裡平日教學的結果，可以在每日或是短時間運作的課程中評估到是否達成的成果，例如：學生能重述聽過的故事內容。Oliva（2005）認為，「課程目的」是以通則的方式所描述的一種課程意圖或是課程結局（end），沒有具體準則，是課程設計者期望學生在學校系統中所實現的最終目的。而「課程目標」則是以特殊、可測量的方式所描述的課程意圖或是課程結局。表5-1是課程目地與課程目標的定

表5-1　課程目的與課程目標定義與範例表

		課程目的	課程目標
定義	Zais（1976）	學校教育的結果，可以代表某一個學校或整個學校系統的目的。課程目的是長遠的，並非是可以在教室中短時間內能立即評估出成果的。	教室教學的結果，可以在每日運作的課程中被發現，也可以評估出預期成果達成與否。
	Oliva（2005）	以通則的方式所描述的一種課程意圖或是課程結局，沒有具體準則，是課程設計者期望學生在學校系統中所實現的最終目的。	以特殊、可測量的方式所描述的課程意圖或是課程結局。
範例		學生能展現出對家庭、學校和社區的責任感。	90％的學生能夠主動協助父母完成家事。
			80％的學生皆樂於參與學校各項活動。
			70％的學生能夠為社區服務做出貢獻。

義及範例，由表5-1可知，課程目標由課程目的而來，它更具體地解釋了課程目的，以及以可被測量、被觀察的指標描述之。

　　目的與目標在功能和範圍雖有差異，但在本質上卻沒有不同，其最終任務皆是體現最高宗旨，也就是教育目的。不同層次的目的彼此間乃是連續、延展、互有關聯的，並非單獨、片段存在的，要達到高層次的目標，必須先達到低層次的目標（見圖5-2）。

圖5-2　不同層次目的與目標之關係圖

資料來源：Oliva, P. F. (2005). *Developing the curriculum* (6th ed.) (p. 218). Boston: Allyn & Bacon.

（二）總目的的來源與決定

　　本書第六章第一節「課程目標之決定」所談的概念與內容雖可應用在中央、地方、學校、和班級各層級，但若談到總目的的時候，所敘述的方式、高度與深度就更抽象了。基本上總目的的來源更受社會發展之需求與趨勢、政治氛圍和當時之哲學思潮所影響。譬如，美國在經歷1933年經濟大蕭條之後，于1938年提出之教育總目的是：(1)自我實現；(2)人際關係；(3)經濟效率；(4)公民責任。而到了21世紀，受到後現代與批判理論等思潮的影響，各

種壓力團體，如特別族群團體、女性團體、身心障礙團體、環保團體等對教育之期待與觀點，使得教育總目的裡對於性別教育、多元文化教育、環保教育、特教之觀點也皆納入。

第二節　課程架構的設計

有多種方法可以去建構課程，課程可以是簡單至一張對學生某科目期望的清單，也可以詳細至每日的教案。當課程發展人員設計課程架構時需要考慮以下的問題：

一、學校的時間表是什麼樣貌？課程結構是否配合學校的時間表？

課程指的是在一個固定時間裡面安排的學習內容。所以，課程有兩個重要元素——時間及內容。在學校裡，時間即是指課表，不同時間，安排不同的活動。活動時間的分配與安排是課程發展的關鍵工作，因為投放時間的多少會直接影響內容的範疇及呈現的順序。一般而言，學校課程設計的時間表需要考量以下的因素：

（一）對學生發展的觀點

不同的課程皆有各自的教育中心思想，對於學生發展的觀點有不同的主張，因此其展現在課程時間以及課程內容上的安排便有所不同。基本上每一課堂時間長度的安排有兩個觀點：一派是認為幼兒的注意力能維持的長度為二十到四十分鐘左右，因此每一堂課的時間以不超過四十分鐘為宜；另一派的觀點是只要是學生感興趣的活動，其專注力是不會受到二十到四十分鐘的限制。同時，有的課程雖是大時段時間的安排，但在該時段裡，學生所從事的活動不是只有一個活動，而是由學生決定、選擇且從事相關之學習活動，因此主張課堂時間上的安排不應切割得太細。以下以學前階段常見之時間安

排方式說明之：

1. 短時段式的時間安排

　　這類型之課程特性是教師擁有較大的決定權，課程性質較結構性，教師在每一個時段應完成的教學內容通常是較為固定的。常見的課程模式如下：

（1）分科式的課程

　　主張應將學習內容分成不同的科目學習，在時間的安排上，認為學生注意力集中的時間不會超過三十至四十分鐘，因此上課時間的切割就以三十至四十分鐘為單位，課程內容便以分科（如：語文、數學、音樂、自然科學等）的方式呈現，可參表5-2-a及b的例子。

（2）娃得福課程時間

　　娃得福課程內容包含了歌唱、水彩畫、蜂蜜蠟捏塑、手工、故事、創意遊戲等，課程時間的安排由早上入園的晨頌開始，以三十分鐘為單位安排一日的課程，表5-3為其例子。

表5-2-a　分科式課程時間安排例表之一

時間	一日之活動內容
08:00 - 08:30	自由活動
08:30 - 09:00	晨操
09:00 - 09:40	各科學習活動（語文、常識、數學）
09:40 - 10:10	點心時間
10:10 - 10:30	戶外活動&自由探索
10:30 - 11:20	重點教學（自然科學、唱遊）
11:20 - 14:00	午餐&午休時間
14:00 - 14:30	整理儀容&戶外活動
14:30 - 15:00	角落教學
15:00 - 15:30	電腦教學
15:30 - 15:45	點心時間
15:45 - 16:00	玩具分享&幼兒放學

表5-2-b	分科式課程時間安排例表之二

時間	半日之活動內容		
	第一組	第二組	第三組
09:00 - 09:10	非結構性活動		
09:10 - 09:30	語文	算術	閱讀
09:30 - 10:00	點心&戶外遊戲		
10:00 - 10:20	算術	閱讀	語文
10:20 - 10:40	半結構性活動		
10:20 - 11:00	閱讀	語文	算術

表5-3	娃得福課程時間安排表

時間	一日之活動內容				
08:00 - 09:20	入園&戶外創意遊戲				
09:20 - 10:00	晨頌				
10:00 - 10:30	早點心				
10:30 - 11:00	水彩畫	蜜蠟捏塑	歌謠	烹飪／手工	歌謠
11:00 - 11:40	創意遊戲				
11:40 - 12:00	故事				
12:00 - 03:00	午餐與午睡				
03:00 - 03:30	午點心				
03:30 - 04:00	戲劇		布偶戲		創意遊戲
04:00 - 05:30	放學／戶外創意遊戲				

(3)高瞻遠矚（High/Scope）課程

　　高瞻遠矚的課程以「主動學習」為教學設計核心，主要的目標在於培養學生上小學應有的認知能力。教育的內容包含了十大類：創造性心像、語言和文學、社會關係、運動、音樂、分類、序列、數、空間、時間等。課程時間的安排大致分為以下幾類（可參表5-4之例子）：

　　①計畫─工作─回顧時間：乃一天活動中最長的時段。主要是由幼兒思考當天欲進行的事情，擬定計畫並與教師討論精進與澄清，將欲完成的工

| 表5-4 | 高瞻遠矚（High/Scope）課程時間安排表 |

時間	一日之活動內容
08:00 - 09:00	早餐與自由活動
09:00 - 09:30	大團體時間
09:30 - 10:30	計畫—工作—回顧時間
10:30 - 11:00	戶外活動與點心時間
11:00 - 11:40	小團體時間
11:40 - 12:00	大團體時間
12:00 - 01:00	午餐
01:00 - 02:30	唱歌&閱讀與休息時間
02:30 - 03:30	點心與戶外時間
03:00 - 04:00	故事&團體時間
04:00 -	放學&和父母計畫—工作—回顧時間

作目標具體化。時間約一個小時。

②小團體時間：將幼兒分為五至十人，安排讓幼兒透過實務操作解決問題的活動，時間約四十分鐘。

③大團體時間：成人與幼兒一同進行共同活動，例如：唱歌、律動、故事、遊戲等。時間約二十分鐘。

④戶外時間：大肌肉活動。

⑤轉接時間：點心、午餐、休息時間。

2. 大時段式的時間安排

這類型之課程特性是學生擁有較充分的學習選擇機會。學生在這段時間裡學什麼是可以在該課程架構裡自由選擇的。有人認為幼兒之專心時間約維持在三十至四十分鐘左右，因此大時段式的時間安排可能不適合幼兒的學習。事實上，對學生而言，並不是二至二個半小時都只做一件事，他們會依自己興趣轉換學習工作，而教師也要給予學生轉換學習工作的自由度。常見的課程模式有：

(1)蒙氏課程

　　蒙氏課程主張發展兒童內在主動學習的動力與潛力，一旦學生培養出興趣時，其工作時間是不宜隨便打擾的，因此在時間的安排上是以「大時段」方式規劃的（簡楚瑛，2005），時間的安排是以二至二個半小時作為一個區段，課程內容以蒙氏教具之學習與操作為主，表5-5為此型之例子。

表5-5　蒙氏課程時間安排表

時間	一日之活動內容
08:00 - 09:00	入園、自由探索
09:00 - 11:00	蒙氏教具示範與操作
11:00 - 11:30	討論&分享
11:30 - 02:00	午餐&午休
02:00 - 02:30	戶外活動
02:30 - 04:00	藝術課程&蒙氏單元活動、自由工作時間
04:00 - 05:00	綜合活動（玩具分享、故事時間）

(2)方案課程

　　方案課程是一種以目標導向的課程模式，其終極目的在於「解決問題」，培養學生解決問題的能力（簡楚瑛，2001）。在課程安排上，方案教學強調的是「步驟性」的學習過程，由「做中學」以達「培養解決問題能力」的目標。所以，在時間的安排上，方案課程有較大的彈性，一個方案有時可能持續一整個學期，有時則一週、一個月便結束。在每日作息安排上，則多以一個時間區段為單位（如：二至三小時），主要是避免讓師生因為過於片段的時間安排，影響了解決問題時的思考以及工作，讓師生能在充裕的時間中，有足夠彈性發展與探索問題之活動的進行，可參表5-6的例子。

(3)河濱街（Bank Street）課程

　　河濱街課程認為教育的目的在開展自我的表現。主張課程應體現「提升能力」、「獨立個體的認同」、「社會化」、「創造力」、「統整性」等五個主

| 表5-6 | 方案課程時間安排表 |

時間	一日之活動內容
07:40 - 08:30	入園&角落探索
08:30 - 09:20	主題團討、説故事、生活常規、生活分享
09:20 - 09:40	點心
09:40 - 11:30	主題探索活動
11:30 - 11:45	收拾整理&戶外活動
11:45 - 14:30	午餐&午休
14:30 - 15:00	點心
15:00 - 15:40	律動／體能／美語／音樂遊戲
15:40 -	放學

要教育目標。河濱街課程模式重視讓幼兒能有接觸不同活動的可能性，因此強調提供具不同功能的角落活動是其一大特色。在時間的安排上，河濱街課程每天的作息都有一定的順序，目的是為了讓幼兒有秩序的感覺，表5-7為其典型的時間安排方式。

（二）學校行政（行事曆）

學校除了教學活動的進行之外，尚有不同行政單位在進行不同的活動，例如：許多學校將週三下午訂為教師研習的時間，則週三下午的課程便可能需安排較不需帶班教師主導的課程。此外，像是開學、畢業典禮、寒暑假前後、戶外教學等這些固定或非特定的活動關乎了課程進行的開始與結束、資源的安排等，都需考量在課程設計的時間安排中。

（三）季節、特殊節日

課程內容包含了不同的主題，如何安排這些主題？每個主題需安排多久？季節（春、夏、秋、冬）和特殊節日可以是影響因素之一。例如：與水相關的主題較適合安排在夏天，與昆蟲、大自然相關的主題便可安排在春、

| 表5-7 | 河濱街課程一日作息表 |

時間	一日之活動內容
08:30 - 09:00	抵達／集會
09:00 - 09:30	遊樂場
09:30 - 09:45	
09:45 - 10:00	
10:00 - 10:15	討論
10:15 - 10:30	點心
10:30 - 10:45	單元活動（工作、體能、美勞……）&角落活動
10:45 - 11:00	
11:00 - 11:15	
11:15 - 11:30	
11:30 - 11:45	
11:45 - 12:00	
12:00 - 12:15	
12:15 - 12:30	午餐
12:30 - 12:45	
12:45 - 13:00	休息
13:00 - 13:30	
13:30 - 13:45	戶外活動&角落&分組工作
13:45 - 14:00	
14:00 - 14:15	
14:15 - 14:30	
14:30 - 14:45	故事時間
14:45 - 15:00	放學

夏季較合適，聖誕節活動安排在12月，中國農曆新年可安排在1月或2月附近等較合適（見表5-8）。

（四）人力分配

設計課程的時間安排上，尚需考量「人力」的分配。例如：活動若接近

月份	主題	季節配合	節日配合	學校行政
9月	上學了	秋		開學
10月	好朋友			
11月	健康寶寶			
12月	歡樂節慶	冬	聖誕節	
1月	地底下的秘密			
2月	創意工房		農曆新年	寒假
3月	春天來了	春		
4月	大家來種菜			
5月	好玩的沙	夏		
6月	夏令衛生			暑假時開始

表5-8 一學年課程之季節、特殊假日與學校行政分析表

上午入園或下午放學時間，由於教師可能需要處理接送幼兒、物品整理的事情，便不宜安排需要教師主導的活動。另外，通常幼稚園每學期的開學期間，多是園內教師異動、不穩定的時間，此時，課程的安排上，讓幼兒及教師以熟悉環境與班級的主題是較為適宜的。

二、課程時間架構的最小範圍是什麼？

所設計之課程架構是以年齡（分齡、混齡）、年級（幼兒班、中班、大班）、學期、月、主題，還是一堂課為最小之設計範圍？課程架構有不同層級的架構，最小的架構到整體的架構間的銜接性需要透過討論與協調處理，架構層級愈高就愈需要協調、合作和討論的過程。如圖5-3所示。

以單元課程為例，時間架構多以一週一個單元為進行教學活動設計；而方案課程的時間架構便有著較大的彈性，可能是一個學期、一個月或一週進行一個方案。

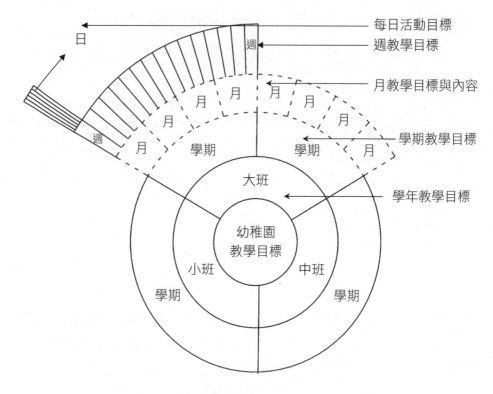

圖5-3　課程時間架構以單元為例圖

三、課程架構是明確分科的？或是統整式的？

通常學前和低年級的課程多是以跨學科的方式發展；高年級的課程多較以分科方式發展。

（一）分科式的課程架構

以圖5-4為例，分科式的課程架構將課程分為藝術、健康、語文、早期數學、科學與科技、個人群體等六大學科範疇。每個範疇又包含了該學科所包含的各項學習內容。圖5-5則是分科式課程架構的實際應用範例。

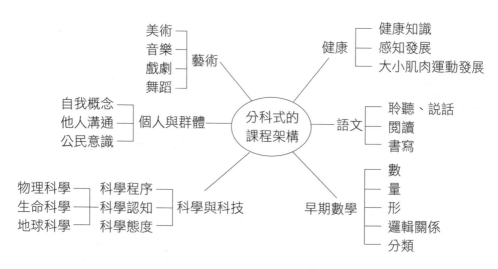

圖5-4　分科式課程架構圖

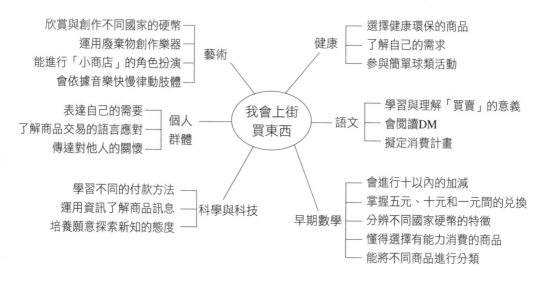

圖5-5　分科式課程架構的實際應用範例圖

（二）統整式的課程架構

圖5-6為統整式的課程架構的範例，課程分為知（範疇知識）、情（價值觀與態度）、意（基本能力）三個部分，學習者能透過課程，統合此三大部分的知能。

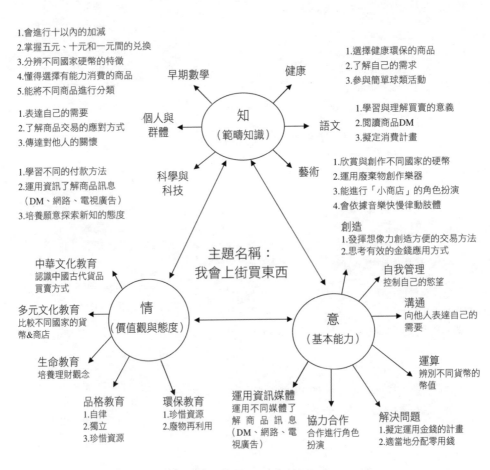

1.會進行十以內的加減
2.掌握五元、十元和一元間的兌換
3.分辨不同國家硬幣的特徵
4.懂得選擇有能力消費的商品
5.能將不同商品進行分類

1.表達自己的需要
2.了解商品交易的應對方式
3.傳達對他人的關懷

1.學習不同的付款方法
2.運用資訊了解商品訊息
（DM、網路、電視廣告）
3.培養願意探索新知的態度

早期數學

健康
1.選擇健康環保的商品
2.了解自己的需求
3.參與簡單球類活動

個人與
群體

知
（範疇知識）

語文
1.學習與理解買賣的意義
2.閱讀商品DM
3.擬定消費計畫

科學與
科技

藝術
1.欣賞與創作不同國家的硬幣
2.運用廢棄物創作樂器
3.能進行「小商店」的角色扮演
4.會依據音樂快慢律動肢體

創造
1.發揮想像力創造方便的交易方法
2.思考有效的金錢應用方式

主題名稱：
我會上街買東西

中華文化教育
認識中國古代貨品
買賣方式

多元文化教育
比較不同國家的貨
幣&商店

情
（價值觀與態度）

意
（基本能力）

自我管理
控制自己的慾望

溝通
向他人表達自己的
需要

運算
辨別不同貨幣的
幣值

生命教育
培養理財觀念

品格教育
1.自律
2.獨立
3.珍惜資源

環保教育
1.珍惜資源
2.廢物再利用

運用資訊媒體
運用不同媒體了
解商品訊息
（DM、網路、電
視廣告）

協力合作
合作進行角色
扮演

解決問題
1.擬定運用金錢的計畫
2.適當地分配零用錢

圖5-6　統整式課程範例圖

四、需思考敘寫課程架構時所使用表述的語言

　　課程設計牽涉兩個問題在內——應該教什麼和怎麼去教的問題。「教什麼？」是課程發展時所處理的課程綱要、目的及課程內容、評量等問題。「如何教？」的問題，雖然在課程發展時會將教學方法具體或概念性、原則性提示，但在教室裡，教師就是教學的主要決策者了。教師可以用不同的教學方法去達成目標，例如就「從故事中找出大意」這個目標來說，教師甲可以用講述的方式教導學生學習做摘要的技巧；教師乙可以教學生先理解課文，然後要求學生讀完文章後做練習。同樣一個教學目標，但不同教師，其教學策略會有很大的分別。所以，課程發展不僅應將教什麼寫出來，對於「如何教」的問題，也要思考如何表述出來，既可供教師教學時之參考，又不會限制住教師的教學專業性與自主權。

五、哪些是主學習？哪些是副學習？

　　為了配合教育目的與發展目標，每一個課程的重點內涵都不會「只能」達到某一特定的目的／目標，在課程設計階段應將主學習和副學習之目的、內容標示清楚。當時間有限時，就可以將焦點放在主學習上多些。

六、課程的內容與目標的符合性？

　　研究證明課程的內容與標準和目標的符合性是預測學生學習成就之最佳指標。課程發展人員需發展不同的策略去提高課程內容與目標間的符合程度以及教師教學時與目標間的符合性。如圖5-7所示，課程、教學和評量彼此間應該是互相呼應的。

七、評量扮演什麼角色？

　　評量在課程發展中扮演重要的角色，它提供課程發展一個參考指標，亦

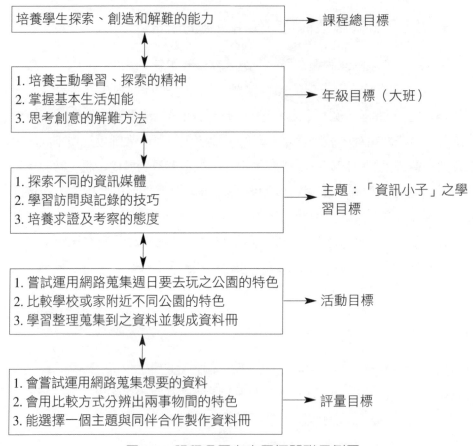

圖5-7　課程各層次之目標關聯示例圖

能反映學生學習成果。在課程發展之設計階段，需思考要不要設計評量工具，評量工具的功能主要是評量學生的學習成果？學生的學習困難？學習成果與目標間的差距？還是要用來了解學生間的差異程度？這些都是在設計課程架構時要思考的問題。

八、發展小組撰寫課程前後應思考的問題

發展小組是撰寫及推動課程的關鍵人物，考慮的問題包括──由誰來撰

寫課程？在課程撰寫中會花多少時間？課程撰寫完成後，如何推動？

九、如何推動發展出來的課程？

當課程推出後，必須有持續性的教師培訓工作，讓使用者對該課程之理念與作法有清晰的概念。

十、如何督導課程的推行？

誰負責監督課程的實施？校長、行政人員、顧問還是評鑑委員？另外，時間也是重要因素，隔多久需進行一次督導工作？每日、每週還是每月？如果有人沒有依照建議改進，應該如何處理？

十一、需要多久做一次課程檢討？

一般來說，國家層級的課程架構每隔五至十年便應檢討一次；學校層級應該每一至三年檢討一次；教室層級應該每月到每學期檢討一次。

十二、政策如何支持課程？

一個成功的課程是需要有好的政策去支持的，例如：家長相當重視在課程中安排讀、寫、算的活動，教師卻希望依據學生興趣、身心發展或和社會發展趨勢作為課程設計的主要考量，此時校方以及政府對於課程政策的擬定與決策將會影響課程推動的效果。所以，政策的擬定不僅提供學校課程未來發展的參考方向，更是對於課程推動的支持。缺乏了政策作為課程的有力後盾，所有課程的設計與推行將無所適從並缺乏效能。

以上問題均需在課程設計階段時詳細考慮。

第三節　課程描述、校準、管理與教師課程專業發展之設計

發展一個平衡性之課程在設計階段除了上述兩節所述的工作外，尚應定位與設計的重點工作依序還包括：

一、課程的描述

一套教室層級的課程，包括三個不同層次（Squires, 2005）：

（一）課／科目／主題（course）

統整式課程是以課或主題爲單位，分科式課程是以科目爲單位，課／科目／主題下有數個單元，每個單元下有數十個學習活動的設計。

（二）單元（unit）

組織時間及課程內容的方法之一乃是以單元的方式進行。一個單元通常會設定授課總時數、活動內容及測驗時間表，教師依照單元計畫進行教學。

（三）教學／學習活動（significant tasks）

一個完整單元的靈魂是教學／學習活動。透過一個個的教學／學習活動去達到單元的教學目標和教育總目標，教師依課程發展原則決定活動內容的選擇及實施時的優先順序。教師應把注意力放在學生的學習能力，觀察他們能否應付該學習活動，而非只關心需要教多少學習的內容而已。

教學活動在課程中扮演非常重要的角色，它是整合了課程標準、教學目標及教學程序，使課程得以具體並可以落實的最小單位。設計教學活動時應注意之事項包括：

1. 教學活動讓教師在最短時間內了解學生在單元裡應學會的最重要知識內涵

　　課程標準只能提供一個粗略的指引，並沒有列出該如何寫教學計畫或是如何進行教學活動？當教學活動依據課程標準、課程目標被具體寫出時，便成為教師具體的教學行動指引，讓教師在最短的時間內了解到學生應學到之重要知識內涵。

2. 四十至五十個教學活動便足以描繪學生在該主題（或單元）裡的重要學習內容

　　一般來說，教學活動的數目是受到教學主題所進行的時間（如：一個月一個主題）及課堂時間（如：四十分鐘）所影響。通常一個主題約四十至五十個教學活動是合理的；這些教學活動應包含學生在該主題應學的重要內容，此外，也留有可讓教師選擇教學活動時之彈性空間。

3. 所有的教師皆需藉由教學活動落實課程，學生透過有計畫之活動的累積得到學習

　　教師應選擇能符合教學程序又能達到課程標準與課程目標的教學活動以確保教學目標的達成及教學品質的維持或提升。一個完整的課程應能有系統地整合課程之不同範疇及順序，協助教師達到課程目標，落實教育理念。

4. 教師可運用專業知能設計教學計畫，教學活動是教學計畫裡的核心

　　以下就一個單元，展示不同的教學計畫方式。每個計畫安排之教學活動的次序不一定需一致。圖5-8是展示三個教學活動安排之次序的可能性。三條橫條代表三個單元。

　⑴圖5-8-a顯示教師在進行教學活動前，先有二至三天的單元準備時間，教師可先讓學習者在準備期先具有學習該單元應有的先備能力與相關經驗，準備期後，再將教學活動依順序排列，先完成第一個教學活動，然後再用同樣的方法教授第二、第三個教學活動，而後面的教學活動與前

面的教學活動是可能彼此具關聯性的，每個活動前皆有幾天的準備期，是此類型之課程安排的特色。

(2)圖5-8-b顯示將教學活動安排在單元的最後部分，前面花很長的時間預備學生學習該單元所需的先備知能，最後再一起上三個活動。通常此類型的教學活動是彼此獨立不互相依賴的，所以學習順序可逆次序排列。

(3)圖5-8-c顯示第二個教學活動中間被分開，反映出原本預計的教學活動無法完整進行，這有兩個可能性：第一，教師以為學生已經有先備知識，但當教學時，學生卻未能應付（例如：進行廢物工創作，但沒想到幼兒還不會黏白膠、拿剪刀等）；第二，當教師知道如果沒有他的參與，學生是無法完成該教學活動（例如：進行陶土捏塑，幼兒捏出成品後，可能還需要教師的補強、修邊，並將作品送至窯中燒成成品，最後再與幼兒一同欣賞作品，如此才算是完成一個完整的教學活動）。

5. 教學活動需符合課程目標與教學目標，並依此具體敘述教學內容

教學活動與課程目標、教學目標應具有一致性。教師可試著將課程標準裡面的詞彙同樣用在教學活動設計中，藉此反映教學與標準的銜接。Oliva（2005: 324）指出設計教學活動時應注意下列各項要點：

(1)應與課程目標與教學目標有關聯：課程目標定義出學生應有的一般學習表現；教學目標則是將學生應有的表現以更具體、可測量的方式定義出。

(2)應具體呈現學習的三個主要的學習層面：認知、情意、技能。

(3)應確認低層次與高層次的學習目標皆涵蓋在內，並能更強調較高層次的學習。

(4)應依循清楚、簡易的教案書寫格式。

6. 教學活動提示評量的項目

教師進行教學活動的過程中，有許多機會與學習者互動以及安排學習者

完成某項作業（或是作品），這些師生互動的過程、學生的作品皆可作為教學評量的依據。當設計評量時，教學活動便是評量程序之基礎及代表教師認為什麼是最重要的知識。因此教學活動中之評量設計需具備以下特性：

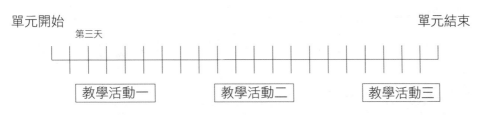

圖5-8-a　單元及教學活動之組織圖之一

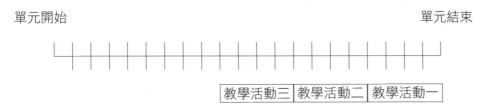

圖5-8-b　單元及教學活動之組織圖之二

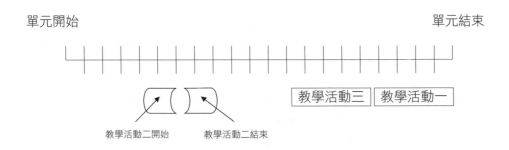

圖5-8-c　單元及教學活動之組織圖之三

資料來源：Squires, D. A. (2005). *Aligning and balancing the standards-based curriculum* (p. 200). Thousand Oaks, CA: Corwin Press.

⑴能總結單元中重要的技巧及內容。

⑵能表現出同級／同科教師們對學生在該單元中應該學什麼知識的共識。

⑶能提供學習下個課題的基礎。

⑷能容許學生用較複雜的方法去展示所學的知能。

⑸能展現內容和標準的一致性。

　　表5-9為教學活動實例，箭頭的連結指出教學過程與評量之間的關聯性。

表5-9　教學活動與評估之關係示例表

活動名稱：設計風箏	
活動目標	活動過程
1. 欣賞風箏的特色 2. 設計風箏圖案 3. 體會放風箏的樂趣	1. 欣賞： 　·欣賞各地風箏圖片。 　·說說這些風箏的不同？自己喜歡哪種 　　風箏？為什麼？ 2. 設計： 　·請幼兒在圖畫紙上設計風箏的圖案。 　·將圖案剪下來，貼在素色的風箏上。 3. 遊戲（放風箏）： 　將完成的風箏帶至戶外，嘗試放風箏。 4. 分享： 　分享過程的心得與感受。 【評估】 1. 樂於欣賞不同的風箏。 2. 能辨別不同風箏的差異。 3. 能設計風箏的圖案。 4. 能樂於嘗試放風箏活動。

（四）範例

　　表5-10為幼兒園課程設計的範例。課程將一個主題分為四個單元，而每

個單元又有八至十個教學活動設計，由此可見課程設計的層次、教學活動的分配，以及彼此之間的關係。

表5-10　幼兒園教室層級之課程設計範例表

主題名稱	單元名稱	單元目標		教學活動名稱	教學活動目標
家居安全與衛生	我的家	1.認識住家屋內之基本空間的規劃。 2.增進對環境的觀察力。 3.增進搜尋資料之能力。 4.能與人分享。 5.學習閱讀。 6.增進對安全的警覺性。	1	遊戲：捉迷藏	1.學習說出「＿（誰）躲在＿（哪兒）的簡單句子。 2.培養幼兒的觀察力。 3.學習與人分享個人的生活經驗。 4.享受與同伴一起進行遊戲的樂趣。
			2	小狗躲在哪裡？	1.用心聆聽故事。 2.認識家中不同的房間名稱及功用。 3.樂於與同伴分享個人的意見。
			3	房間各不同	1.認識家中不同房間的名稱及功用。 2.掌握物件配對的技巧。 3.學習與別人分享。
			4	家居設計師	1.能說出家中不同房間的名稱。 2.培養幼兒辨別顏色的能力。 3.學習利用紙盒進行創作。
			5	我的家	1.探索不同的家居布置。 2.掌握介紹資料的技巧。 3.培養觀察能力。
			6	家具怎麼來？	1.認識製造不同家具的素材。 2.培養細心觀察的能力。
			7	說故事：波波躲在廚房	1.理解故事內容。 2.樂於參與討論。 3.認識廚房的環境。 4.知道有成人陪同才可以進入廚房。
			8	找找看	1.認讀「門」字。 2.知道必須成人陪同才可進入廚房。 3.學習欣賞同伴的作品。
			9	芝麻開門	1.知道門的功用和特性。 2.認讀字詞「開門」及「關門」。 3.培養幼兒敏捷度。 4.能看圖創作故事內容。
			10	小偵探	1.知道廚房是必須注意安全的地方。 2.培養細心觀察的能力。 3.唸兒歌：廚房裡。

表5-10 幼兒園教室層級之課程設計範例表（續）

主題名稱	單元名稱	單元目標	教學活動名稱		教學活動目標
家居安全與衛生	廚房的安全	1.認識廚房之環境與設備。 2.培養良好的學習與生活習慣。 3.增進觀察外在事物的敏銳度。 4.了解處理意外的方法。 5.能與人合作。 6.增進對安全的警覺性。 7.學習閱讀。	11	小廚神	1.學習主動發問。 2.認識廚房內的煮食工具。 3.掌握利用膠刀塗果醬的技巧。
			12	新聞報導	1.知道減少廚房意外的方法。 2.能利用圖畫向別人表達關懷。 3.學習製作小冊子。 4.培養聆聽新聞關心社區的習慣。
			13	廚具大比拼	1.認識廚房內各種的煮食工具。 2.能把相關的物品進行配對。 3.學習遵守規則。
			14	節約用電	1.認識能源標籤的意義。 2.培養節約用電的習慣。
			15	百變廚房	1.比較古時與現在煮食方法的不同，及其安全性的比較。 2.觀察不同國家廚房的配置，及其安全性的比較。
			16	家家酒	1.享受與幼兒合作進行模擬遊戲。 2.學習比較長短。 3.提升與同伴進行對話的能力。
			17	你躲在哪裡？	1.辨別在安全的地方進行遊戲。 2.能唸讀兒歌《捉迷藏》。 3.樂於與同伴進行遊戲。
			18	說故事：波波躲在客廳	1.知道家中潛在的危險。 2.認讀字詞「家具」。 3.學習運用句子：「我家的家具有＿＿。」 4.理解故事內容。
			19	避免意外	1.知道避免家居意外發生的方法。 2.培養幼兒解決問題的能力。 3.培養幼兒看新聞的習慣。
			20	安全大使	1.認識基本的家居安全知識。 2.培養觀察力。
			21	使用電器要留神	1.培養判斷能力。 2.學習正確使用家庭電器。 3.學習蒐集資料。

表5-10　幼兒園教室層級之課程設計範例表（續）

主題名稱	單元名稱	單元目標	教學活動名稱		教學活動目標
家居安全與衛生	家庭設備與安全	1.充實幼兒之生活經驗。 2.養成良好之學習與生活習慣。 3.增進幼兒之判斷力、思考能力。 4.學習閱讀。	22	説故事：舞林大會	1.探索各種家具的用途。 2.勇敢地對同伴演講。 3.培養調查的能力。
			23	電視機	1.控制聲音的強弱。 2.培養保持環境幽靜的習慣。 3.學習保護聽覺。
			24	科技世紀	1.認識日常常用的資訊媒體。 2.掌握利用數位相機拍攝的技巧。 3.學習在電腦上欣賞相片。
			25	兒歌：節約用電	1.養成節約用電的習慣。 2.培養朗讀兒歌的興趣。 3.理解兒歌和故事的內容。
			26	你會怎樣做？	1.培養解決問題的能力。 2.了解自己的能力。 3.享受探索的樂趣。
			27	説故事：波波躲在床底	1.勇於參與討論及表達意見。 2.培養收拾玩具的習慣。 3.培養觀察力。 4.享受説故事的樂趣。
			28	收拾玩具	1.學習按物件類別分類。 2.培養收拾玩具的習慣。
			29	説故事：懶惰蟲	1.培養協助家人清潔家居的習慣。 2.知道清潔環境的方法。 3.體會分工合作的意義。
			30	家居清潔大檢查	1.能與同伴互相分享及討論。 2.思考改善家居清潔的方法。 3.培養維護環境的習慣。
			31	健康生活	1.明白保持家居清潔的重要性。 2.知道清潔與人和環境的關係。 3.學習蒐集資料。 4.透過繪畫表達與人的關懷。
			32	清潔好幫手	1.認識清潔家居的用品。 2.學習主動發問。 3.學習記錄訪問內容。

表5-10 幼兒園教室層級之課程設計範例表（續）

主題名稱	單元名稱	單元目標		教學活動名稱	教學活動目標
家居安全與衛生	居家整潔與安全	1.培養愛護與維護環境之良好習慣。 2.增進幼兒與他人之人際互動。 3.增進幼兒獨立發表意見之勇氣。 4.能與人分工合作與分享。 5.學習獨立學習之技能。 6.學習閱讀。	33	兒歌：家居清潔	1.理解兒歌的內容。 2.配合兒歌創作動作。 3.享受哼唱兒歌的樂趣。
			34	和玩具捉迷藏	1.學習看圖說故事的方法。 2.培養敏銳的觀察力。 3.增進邏輯推理能力。 4.感受互相合作的好處。
			35	故事結局	1.創作故事結局。 2.學習主動表達意見。 3.培養想像及創作能力。

資料來源：整理自簡楚瑛、黃潔薇（2007）。**生活學習套**。香港：教育出版社。

二、課程的校準及平衡

　　課程透過校準的程序以確保預設之教學目的能符合標準的要求。課程目標的決定以及與各級目標間之銜接的方式和作法將在第六章有深入性之說明。

三、評量的設計

（一）設計評量時應考量的問題

　　一份設計周密的評量需要考量許多不同層面的因素，Hunghes、Russel和McConachy（1979）提出了評量設計者在設計評量時，應考量的十三個問題（轉引自Marsh & Willis, 2003: 302-303）：

1. 評量目的

首先，必須找出該份評量的目的為何？其訴求為何？（例如：了解處理情緒的方法）與評量相關之人員是否皆能確實了解並接受該目的？

2. 評量動機

為何需著手該項評量？在學校中，何種情況、需求下需要進行評量呢？

3. 參與者

該由誰來完成評量呢？校長、教育行政人員、教室教師、學生或是家長？此外，也應考量是否評量會對參與者造成威脅？例如：評量的內容造成教師教學的壓力，那麼有無配套措施讓可能之負面影響降到最小？

4. 評量的角色

參與評量的人員各自有不同的負責工作，說明如下：

⑴主要評量者（如：教師）——負責參與資料的蒐集與判斷。

⑵促進者（如：校長、教學組長）——負責協助評量工作的進行，但不包括判斷部分。

⑶顧問（如：課程之學者專家）——負責進行師訓或是協助諮商與晤談。

上述這些不同角色需要在評量當中負責哪些範圍的工作？是否在邀請上述人員投入評量之時，考量到評量的時間、內容、經費等相關因素的配合？

5. 預定的資訊接收者

這裡指的是誰是需要獲得評量結果之相關資訊的人？是家長？教師？教育部？學術研究單位？評量是否已經明確定義這些「資訊接收者」？該如何提供不同性質的「資訊接收者」適當以及需要的資訊？

6. 評量範圍與重點

何種項目需要被列入評估重點？例如：是評量學習目標的適切性？還是

評量學生是否已達成學習目標？是評量師生互動？還是教師的教學策略？這些皆是設計評量時應釐清的問題。

7. 資料蒐集方式

蒐集評量相關資料之管道有很多，例如：觀察（結構式與非結構式）、晤談（結構式與非結構式）、調查表、分析報告、文字紀錄等檔案、分析課程資料、非正式性的談話紀錄、成就測驗（標準化與非標準化）、日記與自傳、影帶與錄音檔紀錄。是否依據上述的方式就能確保資料來源的正確性與可靠性？

8. 蒐集資料方法之可行性

不同的資料蒐集方法，是否能順利被施行？是否有充足的資料蒐集時間？參與評量者是否具備評量的能力？評量的結果被接納的程度？

9. 判斷

包括分析資料的步驟為何？如何將得來的資料分類？如何確保資料的合宜性？這些都是判斷評量是否具信、效度的因素。

10. 資料的蒐集與釋出

誰來決定何種資料該被蒐集與報告？該透過何種程序蒐集資料以及呈現資料？誰有權利來回覆、修正、判斷資料的正確性或可信度？該釋出全部或是一部分的評量資料？

11. 報告

評量的內容、風格、格式將以何種方式呈現？關於學校的負面觀點會被報告出來嗎？有關報告的相關資料有被確認過嗎？對於不同的對象會有不同的報告嗎？例如：家長、校方，以及教育部門等等。

12. 結果的意義性

可從評量當中預測正向、有意義的結果嗎？這些評量的結果是否曾被審慎地賦予意義？何種步驟可用來確認資料是否進入適當的決策過程？參與評量者是否在評量開始前就能知覺評量的可能結果？是否已建立好評量後的因應措施，以使參與評量者能感受評量的實際意義？

13. 資源

是否有足夠資源以使評量更有效率？如：提供專職的評量單位／人員？充足的工作時間？設計「評量指導手冊」給教師參考？

(二) 一份好的評量方式／工具所應具備的條件

一個好的評量方式／工具應該具備下列條件（Palomba & Banta, 1999）：

1. 問重要的問題

評量應反映出對學生而言是重要的問題，這裡所謂的「重要」，包含下列三個條件：

(1)能結合學生的生活經驗

針對學前幼兒的評量項目應能結合學生的生活經驗，否則學生可能會因為難以聯想以及想像而無法展現預期的表現（如：能說出電視機的演變過程），以及將所學應用在日常生活中。

(2)能配合學生的身心發展

評量的項目一定要是學生的能力所及，不會太難或太過簡單的。評量應盡量是多數幼兒可達成的，但卻也需依據考量幼兒個別差異而做彈性調整。

(3)能與課程的目標、學校教育目標相互呼應

評量應能配合課程目標以及學校教育目標，彼此乃是相輔相成，而非各自獨立毫無相關的。

2. 能反映學校的使命與任務

一份好的評量方式／工具的目標是與學校使命與任務環環相扣的。教師應以學校辦學宗旨作為設立目標之大方向，並詳加思考教學目標、學生之個別差異等面向後再擬定評量內容。例如：某園所相當重視環保教育，教師則需在評量中包含愛護環境、確切落實垃圾分類等之內容。

3. 能反映課程與學習的目的與目標

評量內容應結合教師所擬定之課程目標與學生之學習目標。評量存在的目的即是欲清楚地了解學生之能力——起點行為，透過教師在教學過程當中能提升學生達到目標行為的能力。因此，評量的內容應能反映課程目標與學生學習目標。例如：若課程目標為培養幼兒創造力，教師所設計的評量項目，例如：能依據樂曲的特性進行肢體創作，便是能將課程目標反映在評量項目之例。

4. 具有周延的評估設計

所謂嚴謹的評量，即是在充分準備下所進行的評量。因此，在評量前，教師必須決定欲評量的方式（如：檔案評量、真實評量、表現評量等），以及評量的內容應能反映校方使命、教學目標與學生能力等。在評量中，必須留意學生的個別差異，所提供的環境空間、資源是否足夠等等。評量後，教師應能審慎客觀地評估、分析所蒐集來之資料，以做出正確的判斷。

5. 評量要具效度性

評量乃依據課程目的、教學目的與教學活動所設計而成，在設計評量項目時，教師尚需考慮所設計的評量方法、評量內容是否能真正評量到預期的目的？舉例來說，當課程目的為「培養學生創造力」，評量的項目為「學生能將常見的水果塗上正確的顏色」。透過這個評量項目，教師僅可見學生對水果以及水果顏色的認知能力，以及塗色的能力，似乎在創造力的展現上便

顯得薄弱，難以達到預期的課程目的。因此，教師在設計評量時，需反覆地檢視目的、目標與評量之間的關係，以確保評量能協助教師看到教學成果，並使學生確實感受到學習的成果。

6. 評量所得之結果需能提供修改教學活動或教學目標、課程目的線索

當完成了課程／教學評量後，所得出的結果是否帶給課程研發團隊有意義的資訊？例如：是否預設之教學目標太難？教學方法無法引發學生學習興趣？課程目的是否不符合目前社會的需求？評量的工作並非是形式般的完成成堆的表格、數據或是文字資料，若能有進一步的分析與檢討，將對未來課程發展的工作多所助益。

7. 鼓勵個人及學校的參與

在評量的過程中，無論是在進行評量的前、中、後期，教師應積極鼓勵個人與校方的參與。例如：教師可詢問校方與學生，對於評量的方式、內容與結果之意見，以作爲教師將其建議納入下次改進的方向。

8. 包含相關的評估技術

一個好的評量需要具備專業知識的人員與工具。教師必須具備足夠的判斷能力，以決定評量的內容與方式，同時亦能依據所得的資料判斷出客觀的評量結果。例如：教師想要了解學生在藝術角落的學習情況，則教師利用觀察、學生的作品，與學生對話等方式蒐集所要的資料，藉此以了解學生對於創作的感受、媒材的使用等。此外，針對正式的紙筆評量而言，該工具之信、效度，亦是需要考量的部分。

9. 包含學習的直接證據

評量的方式是相當多元的。除了教師的觀察紀錄、晤談以外，學生的模型作品、圖畫、日記、筆記、錄音帶、錄影帶等等皆是學習的直接證據，亦是評量結果的依據來源。

10. 能反映學生已經學到了什麼以及如何學習

一個完整之評量是包含過程與結果，教師不僅能從評量的結果得知學生學習到了什麼，也可在評估的過程中觀察學生如何學習。例如：學生利用積木搭建一座橋，教師可從中評量學生搭橋過程中與他人合作、專心的情形，也可從中觀察幼兒如何獲得「橋」的概念（例如：教師講的繪本）、「積木特性」或是「形狀配對」的概念。

11. 與多元的觀眾分享資訊

評量資訊若能提供給不同的相關人員（例如：家長、教師、校方等人）將能更加彰顯評量的益處。對於家長而言，可了解孩子在校的學習狀況；對教師而言，能更深入了解學生的能力，以設計合宜之教學內容；對校方而言，可列入購買教材、教具之參考。

12. 引導學生及教師反思以及產生行動

教師可在評量的過程之中，自我省思教學之深淺、講解方式是否清晰，以便作為日後教學之借鏡。此外，學生亦可在評量中了解自己。

13. 允許評量的持續性、彈性以及發展性

評量是連續非間斷性的過程，教師不斷地在評量與教學之間循環，以期提升學生之能力。例如：教師將洗碗分割成四個步驟（拿菜瓜布、擠上洗碗精、擦拭碗、沖水），教師必須將每個步驟視為一教學目標，依序教導學生四個目標，並同時持續進行評量，直到學生學會該項技能。

評量是彈性的，目標可視學生之學習能力適時調整。例如：學生無法順利說出一個完整的句子（我要吃飯），教師可視學生個別差異，將評量改為說出關鍵字（吃飯）即可。

在評量方式不斷提升之際，評量亦可視為具備發展性特質。例如：傳統的評量方式多為正式之紙筆測驗；直到近幾年來，強調由生活經驗中獲得學

習，因此眞實性的評量方式蔚爲風潮。

四、課程的管理

課程發展完成後需要加以推動。領導、促進教師課程專業知能的發展及提供支援是推動新課程的三個關鍵要素，因此，在課程設計階段就需設計一套合宜的課程管理系統。

身爲一個課程領導者，本身應具備清楚的教育理念以及課程發展的專業知能，加上團隊工作、人際溝通、資源整合、知識管理等技能，如此才能協助教師落實發展出來的新課程。以下是課程領導者應擔負與執行的任務：

（一）課程發展準備期的領導：評估情境，奠定基礎

在課程計畫推行之前，課程領導者必須事先針對學校過去的課程發展經驗進行了解與分析，並評估學校當前在發展課程時的環境、所需資源以及欲發展的特色，找出課程發展的動機與激發校內教師的動力，避免盲目跟從，例如：「學習外語」是目前教育當紅的議題，身爲課程領導者（通常是園所長）便需要先了解學校實施外語課的條件（如師資、學生、家長需求、經費、設備資源等）、推動此課程是否爲必要且重要之需求？過去實施相關課程時的經驗（推動時可能有的困難、解決的方法等）、學校欲在「外語課程」中發展出何種特色？上述的準備工作乃是課程領導者需先了解的部分，在找出爲何要推動課程的原因與動機後，才能眞正思考接下來該如何做的問題，包括釐清課程的理念、方向、目標以及組成課程研發團隊，並了解每人應扮演的角色與負責的工作。課程領導者應在投入課程發展開始前，事先爲課程發展奠定好所有的基礎工作。

（二）課程發展期的領導

課程是由課程研發團隊，包括教師代表、園所長、行政人員及家長等去

計畫的。他們的工作是計畫及推行課程發展計畫,並闡明課程目的。課程領導者應致力協助課程發展的過程順利運作,讓每個參與課程設計與發展者能完成自己的工作。

1. 促進學校內部課程專業知能的發展

課程領導者應提供校內的教師、相關教育人員課程專業發展的機會,並協助他們認識課程及持續地給予支援,以提升校內人員與課程有關的專業素養與建立課程發展的共識。

2. 整合內外部資源

課程發展需要校內外不同的資源,校外資源包括:教材製作與設備採買,校外參觀機構的協調、社區活動的支援與參與、邀請學者專家到校進行課程發展工作坊,甚至是媒體的宣傳等;校內資源包括:各處室的協調、人力資源運用、環境設備的調整等。上述工作皆需課程領導者進行有效的整合,發展有力的課程發展支援網絡。

3. 檢視進度與發現問題,提供充分支援

在實際進行課程發展時,課程發展者應針對事先擬定的工作計畫表進行進度檢視,一方面可以了解可能有的問題,另一方面也可以從進度檢視的過程中,預估實施的可能成效,針對課程研發團隊目前或未來可能出現的問題,提供課程發展之專業意見或是相關的行政支援。

(三) 課程推廣與實施期的領導

1. 擬定推行課程的策略

課程領導者需要思考介紹及推行課程的策略,例如:舉辦家長座談會或教學研習、製作文宣資料、舉辦課程成果發表會等,將資源進行有效整合,以使課程獲得更多人的了解與支持。

2. 建立課程網站

　　課程領導者可建立課程網頁以介紹課程，並使每個人均能透過瀏覽網頁了解課程推行的進度，進行意見的交流。

（四）課程實施後之檢討期的領導：檢討課程實施成果

1. 檢討課程平衡性與協調性

　　課程領導者應定期帶領課程研發團隊進行課程平衡性與協調性的檢討，並適當地增刪內容以及修改。

2. 建立意見交流平台

　　教師可登入課程網頁並針對課程設計的疑問提出意見，這些建議可做課程檢討之用。

3. 擬定修正計畫

　　課程實施的過程中，仍需再檢查課程協調性及平衡性，根據這些資料與實際推動課程的經驗去修改課程以及教學活動，以確保課程與標準、目標、評量彼此間達到一致性，課程內容具平衡性，不會不同範疇內容之比重太多與不足。

（五）課程發展暨研究資料庫的建立與管理

1. 建立課程與教學資料庫

　　無論是課程的事先規劃、實踐到課程的評估等，都需要將相關的資料建檔以供未來參與相關工作之人員的參考。可以蒐集的檔案包括下列幾項：
(1)蒐集課程研發人員、專家學者的經驗及意見

　　課程發展需要許多人的參與，以及蒐集相關的意見。在發展、推動課程的過程中，可能會請教課程專家學者或具課程發展實務經驗的人士等，這些過來人的經驗，都可給予課程研發團隊重要的資訊與建議。

(2)教師教學檔案

包括課程實施時，教師的教案設計、教學觀察紀錄、教學反省、日誌等。

(3)學生學習檔案

包括學生的作品、評量表，學生對課程的回饋意見，參與正式測驗的成果等。

(4)文獻資料庫

包括發展課程時可以參考的研究報告、書籍、文章、影像等相關資料。

2. 不同資料的交叉應用、比較與分析

在課程發展的過程中，可以運用國家標準等資料與課程實施的資料進行相互的比對，以檢視所實施的課程是否合用？是否符合國家標準或是社會期待。此外，也可運用對學生學習時之觀察與評量，從中了解到學生的需要與特性，決定是否需要修改課程內容。

歸納之，筆者整理出之課程管理領導者應擔負與執行的任務內涵及資料庫與課程管理間之關係如圖5-9。

五、提供促進教師課程專業發展的機會

「課程」像是一個懸絲偶，「教師」才是讓課程能真正運作與活動的關鍵，如何才能將偶玩得好，教師就必須不斷進修，以學習如何運作課程。以下是幾項促進教師進行課程專業發展的幾個方法：

1. 課程領導者提供諮詢之時間

課程研發團隊以及實際進行課程的教學者在參與課程發展工作時，常會遭遇課程與教學理論之選擇與知識的轉化問題、實務運作（如：該如何引發學習興趣？）等不同層面的問題，此時課程領導者便應扮演重要的諮詢者、顧問，甚至是激發思考的提問者，有了這樣的引導，參與課程發展人員便有

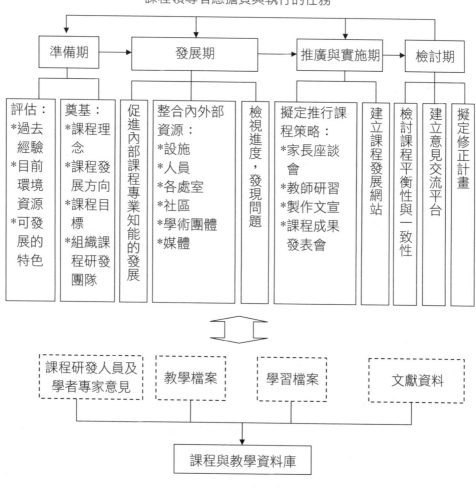

圖5-9　課程管理整合系統圖

進行自我成長與專業發展的機會。

2. 提供專業解讀與課程分析之資料

在課程發展的過程中，可能會參考許多不同的資料，例如：其他學校的課程發展範例、課程發展的理論、課程發展的實證資料、研究資料（訪談、

面談、問卷等）、報章雜誌報導等，這些資料多元、龐雜且提供了不同層面的資訊，需要課程領導者以專業的角度來解讀，賦予意義，以適時提供教師、課程發展相關人員參考。

3. 籌組讀書會

課程研發團隊需要隨時充實自己課程與教學的專業知能，課程領導者不妨籌組讀書會，讓大家藉此機會與團體進行專業知能的交流，但由於教師平日工作繁忙，讀書會應以不造成教師太大負擔，教師能自在地參與、分享以及討論為原則，以免失去了當初籌組讀書會的美意。

4. 鼓勵教師進行行動研究

由教學現場實際尋出可深入探究的問題，鼓勵教師以科學的方法進行問題的分析、提出解決方案或是與理論進行辯證。

5. 提供教師課程設計或教學演示之發表的舞台

像是出版學校課程發展的書籍、舉辦校內外教學觀摩、讓教師在研討會有發表的機會等，皆能促使教師精進自身的專業知能。

6. 教學中蒐集及展示學生的作品

蒐集及張貼學生的作品有助推動教師進行高品質的教學，產生一個良性的學習、觀摩的環境。

7. 在課程發展會議中，討論以下事項

⑴請教師分享課程發展成功的原因，及討論如何透過教學方法讓學生達成
　學習目標。
⑵當一個單元完成後，舉行教學會議，開會檢討過程中的優缺點，並提供
　改進的建議，最後可將實施的心得公佈在校園網頁上。
⑶分享在課程施行所遇到的問題，交換心得，包括如何有效率地準備教學

資源等。

⑷共同計畫未來的單元或主題，想出不同的教學方式。

　　課程領導者可在學期初進行這類會議，提升教師分享的意識，之後部分會議可由教師輪流主持，但課程領導者仍出席會議去協調可能有的不同意見。

第六章
課程發展之發展階段

　　課程發展需要經歷許多不同的階段，而每個階段都是下一個階段發展的基礎。本章將針對課程目標的決定、課程內容選擇與組織原則、教學方法的選擇來說明課程發展時應依循的原則，此外，在第四節提出兩種單元／主題發展之策略：Wiggins和Mctighe（2005）提出之逆向模式以及筆者設計之課程轉盤作為課程發展者之參考。

第一節　課程目標之決定

　　課程包含了目標、內容、方法與評量四大要素。其中，「目標」的制定不只反應了理論與基礎哲學觀點，更能指示內容的方向，並賦予活動意義與價值。任何教育階段皆有其目標，幼兒教育亦同。Oliver（2005）曾將目標區分為一般性目標與具體目標，前者即為課程目標，後者則是教學目標。也就是說，從課程目標出發，並逐步地往下發展成更具體、明確的教學目標。

　　本節旨在依據Tyler提出三種產生課程目標的來源，分別來自學習者本身、當代社會需求、學科專家的建議以及分別透過哲學觀點與學習心理學觀點來篩選目標（Tyler, 1949），以及選擇課程目標的原則進行說明：

一、產生課程目標的來源

（一）從學習者本身去尋找教育目標

　　教育是改變人類行為模式的一種歷程，包括外在的行動以及內在的思考與情感。因此，在設定教育目標時，便需考量教育要在學生身上引起何種變化，而研究「學習者」本身，便是想要找出「教育機構想在學生身上引起的行為模式的必要變化」。例如：學前階段的幼兒傾向用遊戲、感官來進行學習，而這種對學習者的了解，便可提供教育目標的一些資訊。又如，每個人都有內外在的需求，當需求不被滿足時，便會產生了許多「不平衡」的狀態，而教育便是扮演疏通不平衡狀態的角色，人們能透過受教育的歷程滿足其需要，並學習以社會能接受的方式去適應社會。

（二）從當代校外生活去尋找教育目標

　　從研究「當代校外生活」去尋找教育目標，主要是因為工業革命之後，知識大量增加，使得學校難以完成其所負的任務所致。當學校方面發現再也不可能把教學者認為重要的所有事務包括在課程內時，便開始有人思考有關某種特定知識、技能與能力的時代意義，試圖要解答「何種知識最有價值」的問題。最常用來支持從當代生活分析中獲得教育目標之提示的主張有二：第一種主張是認為當代生活是複雜且持續變化的，因此教育的重點應放在此一複雜生活的重要部分，以及對今日生活最重要的部門，以免學習者一方面忽略了目前最重要的知識，另一方面，又耗費太多時間去學習過去五十年前被視為最重要但現今已不復重要的事物之上。例如：四十年前，將書法視為中華傳統文化之一，因此學生皆要學習書法，學會運用毛筆的方法。隨著各種方便的硬筆、電腦等相繼被發明以及藝術形式的多元後，學習書法已不是現代學校課程的必修內容，反而是學會如何運用硬筆書寫、學會鍵盤打字等

的方法，以及提供多樣藝術課程之選擇，才更能適應與貼近目前社會的生活方式與後現代化的思維。第二種主張則與「訓練之遷移」有關。根據「訓練遷移」的觀點，教育的重要目標即在發展心靈各部分的官能，隨著生命的發展，學生自會運用此一受過訓練的心靈，去應付他所面對的各種情境。因此，當學生察覺「生活情境」與「學習情境」之間的類似性，以及學生能在校外生活中應用學校所學的練習機會時，才能眞正做到「學以致用」。上述兩種主張支持了從當代校外生活去尋找教育目標的論點，藉以提供課程發展者，擬定課程目標的參考。

（三）從學科專家的建議去尋找教育目標

學校所使用的教科書多爲學科專家所撰寫，所以教科書所呈現的教育內容，多半反映了學科專家的觀點。此外，政府和學校的課程綱要或是教學大綱也多是學科專家負責擬定，而這也反映了他們所認爲學校應朝何種目標努力的看法。從學者專家身上可獲得兩種尋找目標的提示：第一種是「有關某一特殊學科所能達成的一些廣泛性功能的一系列建議」；第二種是「有關該科對於非屬主要功能之其他功能所能做出的特殊貢獻」。以幼兒教育來說，針對第一種建議，幼兒教育的學者專家便會指出幼兒教育的範疇以及主要的焦點；針對第二種建議，幼兒教育學者專家便會指出幼兒教育對於個人、社會、國家等的特殊貢獻。沒有目標是恆常不變與永久適應所有情境與脈絡的。社會在變、潮流與需求在變、學生的發展與成熟程度有異、教師的教學與方法也會推陳出新。因此必須依主客觀條件，適時地修改目標，以決定目標是否對課程有價值。

二、篩選目標的來源

（一）利用哲學選擇目標

為了選擇一些少數具有高度重要性及一致性的目標，便需要對已經蒐集到的目標做一番過濾，以便將不重要且相互矛盾的目標加以刪除。此時，學校所秉持的教育哲學與社會哲學便可作為第一道的過濾網，例如：「學校教育的主要目的，是知識取向還是知、情、意兼顧之取向的教育？」「學校教育是培養學生適應社會的能力？還是培養學生發展自我的能力？」「學校教育是強調本土文化還是強調國際文化？」等，這些教育目標便取決於學校所秉持的哲學觀，以檢視該教育目標是否與學校哲學相互吻合？是否沒有相互衝突或是毫無關聯？如此一來，那些與學校哲學相互吻合的目標，便可被當作學校的重要目標。

（二）利用學習心理學選擇目標

學習心理學是選擇目標的第二道過濾網，也就是目標的「可行性」。教育目標是教育的終極任務，它們是經由學習所達成的結果，如果教育目標無法與學習者的身心發展條件配合，便會失去價值。所以，學習心理學的知識可以幫助我們區別對於某一特定年齡階段的學習者，哪些目標是可以達成的？哪些目標可能要花很長的時間才能達成，甚至是根本無達成之可能？例如：幼兒階段乃是培養良好生活習慣的重要時期，如果將此目標延緩到高中時去強調，不僅其所花費之時間會較長，同時就發展任務之階段性而言，已經不是高中階段的主要學習目標了。此外，學習心理學也提供「要達成一個目標所需花費的時間？」以及「哪個目標在哪個年齡階段是最有發展潛力的？」的資訊，讓教育目標的擬定，能與學習者的年齡、身心發展相互配合以發揮最大效能。

利用學習心理學選擇目標時，最好能先釐清理論的重點以及帶給教育目標何種啓示？當兩者相互對照後，便能發覺某些目標因爲適合該階段學習者之需求而被採用，某些目標則因對某一年齡不太恰當，或是太過籠統或太過容易，或是與學習者的身心發展相互衝突等而被刪除。

三、制定課程目標的原則

　　了解目標產生的來源，可以讓我們知道目標產生的依據與方向。然而，在實際制定目標時，仍然必須符合下列幾個原則：

(一) 明確性

　　目標可用來指示活動與內容選擇的方向，因此在制訂時必須力求明確，不可含糊籠統。例如：「了解環境變化與牠們的生長過程」的目標，便未清楚標示是了解何種環境變化（生態環境？社會環境？四季變化？），以及哪種生物的生長過程（動物？植物？）。若將此目標分爲兩個目標：「了解四季變化」以及「認識植物的生長過程」，便較先前的目標來得更爲明確，教師也較容易從目標中準備教學內容。

(二) 可行性

　　目標雖然是課程實踐後欲達成的方向與理想，但必須可行才具意義，甚至產生激勵的作用。因此，在設定目標時，除了考量幼兒能力，也需考量幼兒的興趣與需求，讓幼兒能在能力範圍下達到目標。例如：「認識火車不同構造的功能」的目標，對於學齡前的幼兒，一方面脫離幼兒的生活情境（幼兒平日搭乘火車的經驗不多），另一方面認識火車不同構造的功能對於幼兒亦過於複雜、困難且缺乏意義。另外，像是「在搭乘交通工具時能禮讓老弱婦孺」的目標，便未考量到學齡前的幼兒在乘坐交通工具時，並不會需要讓座給別人，反而多是別人讓座給他們的情況，類似這樣的情況，常因教師或

是課程審閱者的疏忽，而出現在活動設計的教案中，因此，教師在書寫目標時，宜更加審慎之。

(三) 周延性

指的是制定目標時，應注意範圍與層次的周延。目標的制定包含了認知、情意、技能三個領域，而這三個領域各有其不同層次，課程工作者應掌握這些要素，制定目標時力求涵蓋各層次目標，讓幼兒能藉由其後衍生的活動與內容獲得更進一步的發展。例如：以活動名稱「均衡營養」為例，活動目標為：(1)認讀字詞：食物、健康；(2)認識不同食物的營養對健康的重要性；(3)重溫健康飲食的口訣。便顯得太過於偏重認知、技能領域的目標，而缺乏情意領域的目標。

(四) 符合法性

選擇目標時亦應考量目標應符合國家法令規範（如：教育法規、課程綱要等），不應與法律相互牴觸，例如：我國幼稚教育目標以維護兒童身心健康、養成兒童良好習慣、充實兒童生活經驗、增進兒童倫理觀念、培養兒童合群習性為目標，因此。在制定幼教課程目標時，便需以此作為依循原則。

第二節　課程內容選擇與組織原則

課程內容的選擇與組織，是實踐課程目標的關鍵手段。課程內容的選擇指的是「要教學生什麼」，而課程內容的組織，則是「如何安排要教給學生的內容」。兩者間息息相關，若一開始無法選擇適當課程內容，則無法達成目標；而選擇適當課程內容後，善用方法加以組織、呈現，將使目標的達成更有效率。本節旨在說明選擇與組織課程內容時，應遵循考量的原則。

一、課程內容選擇原則

為有效的選擇課程內容，有幾個原則應遵守（黃光雄、蔡清田，1999；黃炳煌，1995）：

（一）符合原則

「符合原則」指的是課程內容與課程目標相互符合，並能依據課程目標選擇課程內容。每一個課程目標都應該藉由選擇適當的內容來達成，而目標也一直都是選擇內容時的效標之一。例如：為了達成「培養與人互動能力」的課程目標，在內容選擇上，可以多安排能增進互動機會，例如：小組合作、討論等活動。

（二）適切原則

「適切原則」包含了人、時、地三個部分：

1. 「人」的部分，指的是內容的選擇必須適於學習者的能力與興趣。在學生能力範圍內可及的課程內容，才能真正被實行與吸收，具有效性；例如：對幼兒來說，運用實物了解加減概念，比直接進行紙筆符號運算來得適當。而活動內容能適切於學習者的興趣時，能引發其學習動機，增加主動參與的機會。

2. 「時」的部分，指的是選擇的內容必須適於季節和時代之需要。例如：與種植以及綠色植物相關的課程，選擇在植物冒新芽的春天進行會比在落葉紛飛的冬天裡進行來得適切；而在強調男女平權的現代社會中，依然宣導刻板男尊女卑，或是男主外女主內等之男女角色觀念的課程內容，即不符合時代需求。

3. 「地」的部分，指的是適切於本地或本國的風土民情、歷史文化及宗教信仰需要。例如：不同地區的主要交通工具因為地理環境的差異而有

所不同，有的靠機器動力交通工具運輸（如：汽車、火車、船），有的則是靠動物勞力運輸（如：馬或駱駝），因此在選擇課程內容時，便需適合該地之特色的課程內容，將此融入課程中。

（三）多樣原則

一般而言，能達成某一課程目標的內容，不限於單一的特殊課程。「多樣原則」指的即是欲達成某一課程目標時，應盡量提供多樣的課程內容，而不局限於特定的單一經驗。例如：要培養幼兒的創造力，可以提供音樂、舞蹈、繪畫、說（編）故事等課程內容，而不是只選擇其中一種。

（四）經濟原則

「經濟原則」指的是所選擇的某一課程內容，可以同時達成數項課程目標。所以，課程發展人員應充分掌握欲達成的課程目標，如此才能適當選擇能同時達成數項既定課程目標的課程內容。例如：配合農曆新年安排幼兒以小組合作的方式進行大串裝飾用鞭炮創作，一方面可達到認知目標——了解鞭炮的由來；在技能目標部分，製作炮筒的過程可訓練小肌肉發展；在情意目標，可與他人共同完成作品以培養合作能力。因此，在選擇課程內容時，應盡量選擇具「多功能」的課程內容，以符合經濟性原則。但值得注意的是，由於單一課程內容會產生不只一種的結果，也許有好有壞，因此在選擇時應做更審慎與全面性的考量。

二、課程內容組織原則

依據上述原則決定課程內容後，應適當組織課程內容，如此方能更有效率地達成目標。筆者認為，課程內容組織原則包括：

（一）繼續性原則

「繼續性」指的是適當安排課程內容，使其在不同時間階段或不同領域重複出現。如此可以讓幼兒重複學習某一些內容，並隨著其成熟度與經驗的進展，而對該內容有更佳的掌握，建立長期累進學習的效果，例如：閱讀技巧，必須有不斷重複與持續的練習機會，才能良好發展。課程內容的繼續性組織原則，又可分為「直進式」、「循環式」與「折衷式」三種方式：

1. 直進式：指的是將課程內容依其深度與難度，詳盡地分配在學習年限中，使幼兒能循序漸進地學到該內容的不同方面。例如：幼稚園裡教導天氣的概念，中班時先對不同的天氣變化有所了解，包括出大太陽的晴天、水滴落下的雨天、白茫茫的霧等；到了大班，除了探究這些天氣變化的原理與成因，還可將天氣變化的型態做更精緻的區隔，雨有雷雨、陣雨等。直進式的特色主要將課程內容的「深度」範圍內的垂直組織，使學習的內容，都以前一個課程內容為基礎，並對同一要素做更深、更廣的處理。

2. 循環式：指的是將課程內容，採螺旋循環的方式，先後數次隨著幼兒的成熟度、興趣、能力與需要呈現，例如：幼兒學習1至10的數字，可在語文角放置數字讀本或相關繪本，在積木角放置數字拼圖或積木等，讓幼兒在不同的領域重複練習認識數字。

3. 折衷式：則是融合直進式與循環式，一方面以直進式的方式編排課程內容，另一方面，則較能兼顧幼兒本身，以循環的方式讓課程較具彈性。

（二）統整性原則

繼續性與順序性原則，考量的是課程內容「縱」的組織，而統整性則是在各個課程內容間，做「橫」的、水平的連結。每一套課程內容都有其結構與系統，然而過於分化的學習，易導致孤立的思考方式，甚至與社會、周遭

環境脫節。統整性原則即讓各種不同的課程內容彼此之間建立適當的關聯，使得個人能理解整體的知識，將所學更靈活運用在所有實際生活經驗中。

（三）銜接性原則

銜接性指的是課程各面向間的相互關聯性，包括了垂直的銜接與水平的銜接：

1. 垂直銜接：指的是課程內容、主題先後順序的安排，包含年級、階段間內容的順序性。這個部分強調的是幼兒先備知識的擁有，以作為後續學習的準備與基礎。例如：幼兒中班時先擁有數字、數量、增加、減少等概念意義，大班時進行實物的加減活動就較容易。

2. 水平銜接：指的是課程內容同時出現的各種要素間的關聯。像是科學課程中的實驗步驟便可與語文課程產生連結。

（四）平衡性原則

「平衡性」原則指的是考量各領域課程內容比重的適當性，讓幼兒能獲得適合個人、社會與智慧等發展的知識，與將知識內化及應用的機會。追求完全的平衡性僅能說是一個理想，因為「平衡」的本身就是個動態的過程，今日的平衡，也許明日又得因環境的變動而必須重新調整，因此在外在環境與潮流趨勢、壓力等影響下，課程會特別強調某個領域（例如：數理、語文），而輕忽其他領域課程內容的比重（例如：藝術、生活教育）。因此，教師或課程設計者，對課程應有清楚的理念以及遠見，能洞瞻學生現在以及未來的需求，盡力在不同課程內容的調配上維持平衡，同時也應依幼兒的發展興趣、需求與社會脈動，隨時檢視及調整。

（五）程序性原則

程序性指的是將課程內容的「深度」範圍內的垂直組織，學習的內容以

先前的課程內容為基礎，並對同一要素做更深、更廣的處理。當教師或課程工作者考量組織課程內容的程序原則時，他們必須決定如何有效處理課程要素，使課程能促進幼兒累積與持續的學習，意即適當地呈現與再現課程內容。Smith、Stanley與Shore曾提出四個原則（方德隆譯，2004a；Ornstein & Hunkins, 2004）：

1. 從簡單到複雜：將課程內容依據順序性加以組織，由簡單的成分或要素，到複雜的成分，循序漸進，並顯示要素間的關係。

2. 先備知識：在學習某些新的內容前，即已具備一些必須的資訊或能力，以方便了解即將學習的新知識。例如：在學習數字1至10的加減時，便需要先認識數字1至10、具備數字1至10的數量概念、知道加／減法的意義。

3. 整體到部分：先提供給幼兒一個概括性的、整體的樣貌，有了整體的概念後，再分別對各部分有更進一步的了解與認識。例如：先介紹水果的外形與名稱，再探討水果的構造（如：果實）以及嚐起來的味道，最後再介紹製作果汁的程序與步驟，並分組進行搾果汁。

4. 按年代順序：按照發生時間來排列課程內容順序，通常運用於歷史文化課程或世界大事件等。例如：在介紹關於郵差主題，便可先讓幼兒了解古代信件傳遞的方式（如：馬、飛鴿傳書），隨著科技進步，改以車子、飛機甚至現在以電腦的方式傳遞電子郵件，便是以時間順序來安排課程內容的一個例子。

第三節 教學方法的選擇

前面在介紹了課程目標的選擇以及課程內容的選擇方式後，接下來就是該如何教，也就是教學方法的選擇。本節主要針對幼兒教育現場較常運用的七種教學方法：講述法、問題解決教學法、探索式教學法、討論教學法、角

色扮演教學法、精熟教學法、創造思考教學法，進行介紹。根據教學目標，選擇可以達到該目標之教學方法。

一、講述法

（一）簡介

講述法是最常見的教學法之一，舉凡介紹某種數學概念、某種物品的使用方法、動植物的生態介紹等都可運用之，具有方便、經濟、省時三大特色。講述法是教師運用敘述或演講方式，讓學習者透過傾聽教師講解或閱讀書面資料的方式，將教材知識傳授給學習者的一種教學方法。

（二）目標

講述法的目標主要在使教師能將各種知識、概念、原理原則，經過教師的整理以及組織統整，以系統化、邏輯化方式傳遞給學生，學生從聽講的過程中，能以有效率的方式獲得知識。

（三）適用情境

講述法在教師為了說明解釋疑惑（如：蝌蚪變青蛙的過程）、運用輔助教材（如：學習單使用）、進行大班教學（如：講解防災演習）、教導系統性知識和程序性知識（如：製作三明治的程序）等教學情境時皆可適用之。講述法是傳統教學法中最常使用的一種，教師若能配合其他教學策略（如：討論、角色扮演、影片欣賞等），可以更加提高學習者的學習動機及學習效果。

（四）實施原則

實施講述教學法時，宜掌握下列原則：

1. 了解學習者的背景

在教學前，教師需先了解學習者的背景，例如：年齡層、能力、舊經驗等，如此可協助教師調整講述時的內容呈現方式、詢問的問題、運用的語言與實例等。

2. 口齒表達清晰

為了讓學生了解教師的講述內容，教師的表達方式是教學很重要的一環。教師若能語音正確、口齒清晰，將難以理解的內容以深入淺出的方式表達之，將可促進學生對於內容的了解，提升學習成效。

3. 講述內容有條理

教師應事先熟悉講述的內容，將內容系統化、步驟化、程序化或是圖表化，讓內容層次井然、條理分明，讓學生能在講述的過程中獲得有系統的概念。

4. 生動有趣

讓學生持續保有聽講的興趣，就需要靠教師生動活潑的講述方式。在需要描繪、形容、比喻的時刻能融入學生易理解的語言，並以豐富的肢體語言表達，妥切地舉例引證，都是能夠讓講述充滿吸引力的技巧。

5. 掌握時間

講述的時間不宜過長，年齡愈小的學習者能專注聽講的時間不長，所以教師應掌握好講述的時間，靈活運用講述的技巧，避免學習者感到乏味、分心。

二、問題解決教學法

（一）簡介

Dewey認為人類解決問題時，會出現下列的步驟：⑴發現問題；⑵確定問題；⑶提出可能的解決策略或假設；⑷選擇較合理的假設或合適之策略；⑸驗證假設或策略的正確性或合宜性等程序。因此，問題解決教學法源自於解決問題的步驟。在教學上的運用，則是由教師將日常生活中的知識做系統性的分析，透過系統化問題解決步驟，引導學生運用策略解決問題，藉以刺激學生思考，擴充各類生活經驗，增進相關知識。

（二）目標

問題解決教學法的目標主要在於透過學習活動，引導學生面對問題，擬定各種策略或方法並加以解決。

（三）特色

問題解決教學法有別於傳統的講述式教學法，其特色在於強調透過有步驟的程序、科學性的方法與思考去解決一個問題。

（四）實施原則

問題解決教學法的原則如下：

1. 選擇符合學習者生活情境的問題

問題選擇時，需考量學生的能力、實際的需要以及要符合學生日常生活所面臨的真實情境。如此，學生才能在情境中思考問題解決的方式，並能將所學應用在實際生活當中。例如：對於大班六歲幼兒來說，如何解決種族歧

視的問題，就不如讓幼兒思考如何解決和班上同學搶玩具的問題來得更符合幼兒的生活情境。

2. 重視學生解決問題的能力

解決問題需要透過邏輯的推理、演繹，甚至是需要與他人共同商討、合作才能達成。教師應將教學重點放在學生在面對問題時，嘗試解決時的策略運用、引導思考觀點、技能及應用所學以解決問題。

3. 具彈性的問題解決方法

教師在教學過程中，應鼓勵學生針對各類問題的性質思考各種可能解決問題的方法，保有解決問題的彈性選擇空間。

4. 由低層次到高層次逐漸引導的學習

對學前兒童而言，教師應逐步引導學生由較低層次的解決方式，進而到較高層次的問題解決方式。舉例如下：

問題：如果你的兄弟姊妹想跟你玩同樣的玩具，這時候你會怎麼樣？
方法一：互不相讓
方法二：輪流玩
方法三：合作一起玩

方法一「互不相讓」，依據學習者當時的情緒做直接遷移反應，屬於低層次想法上的反應；方法二「輪流玩」，則是一種妥協，一人玩一段時間，時間到了換另一人玩，雖然可解決問題，但還是屬於自己玩的層次；方法三「合作一起玩」的方法，需要知道如何與他人和睦相處技巧、如何做好自我的情緒調適等，解決問題的方式不僅在解決自己的問題，也從中獲得與他人共同相處的能力。是屬於較高層次的學習。

三、探索式教學法

（一）簡介

探究式教學是二十世紀五〇年代由美國芝加哥大學的Schwab教授在「教育現代化運動」中倡導提出的。他認為在教學過程中，學生學習的過程與科學家的研究過程在本質上是一致的，因此，學生應像「科學家」一樣，以主人的身分去發現問題，解決問題，並且在探究的過程中獲取知識、發展技能、培養能力，特別是創造能力，同時受到科學方法、精神、價值觀的教育，並發展自己的個性。在一些發達國家，探究式教學早已成為學校教學活動的主要方式。

探索式教學法的思想淵源應追溯到古希臘哲學家Socrates（西元前469-404年）「問答式教學法」以及法國啟蒙思想家Rousseau的「自然教育理論」。美國教育家Dewey（1859-1952）認為若只採用Herbart的「教師中心，從課中學」有局限性，培養出來的人難以適應社會變化。因此他主張「學生中心，從做中學」，它的基本教育過程是：問題－假設－推理－驗證。Dewey的「實用主義教育理論」為探究教學理論的形成打下初步的基礎。

探究教學理論的代表人物有美國教育學家J. R. Suchman、Schwab和Robert Gagne等人。他們從不同角度論證了教學過程中「探究教學」的重要性。Suchman注重實踐，主張「探究方法的訓練」模式，重點是幫助學生認清事實，建立正確的科學概念，並形成假設以解釋新接觸到的現象或事物。Schwab則試圖以「科學的結構」和「科學的結構是不斷變化的」為前提，從理論方面提示探究過程的本質及其特性，並力圖在教學中引進現代科學的成果，使學生把握學科的結構，體驗作為探究的學習。Robert Gagne在「探究理論」的基礎上，研究了構成學習的前提條件。此外，Bruner倡導的「發現學習」（discovery learning）與探究教學幾乎同時產生，有許多相近之處

（龔新平，2002）。

（二）目標

　　探究式教學法主要目的是要使學生透過經歷探究知識或問題的過程掌握科學的思維方法，以培養解決問題的能力。其核心在於培養學生的探究能力，使學生成為創造性思維者。

（三）特色

　　探索式教學強調學習的主動性與分享性。教師透過引導舊經驗鼓勵學生建構屬於他們自己的想法，這樣建構的過程，將原本以學校、教師為主體的學習環境轉換成以學生為本位。教師被期許成為提供資訊和引導學生學習的角色。教師的任務是幫助學生澄清自己的問題，提出問題讓學生可以追求，並且以學生自己產生的知識來解釋結果（Brooks & Brooks, 1993）。

　　進行探究教學時，教師會技巧性地提出問題，鼓勵學生去調查一個範圍內的主題，使學生在探討的過程中，培養學習的責任感，由學生自己去發現答案，生產知識。學生必須主動學習，提出問題，處理資料和推論，不是從教科書或其他權威性的資料中可以直接得到答案，而是自己去發現答案。探索式教學強調的是如何思考及思考探索主題的內容，透過探索的過程去發展概念，形成通則，應用已有的知識，促進價值判斷的能力。因此，探究式教學法有以下幾點特性：

1. 強調學生探究能力的培養

　　學生在觀察時獲得大量資訊並會產生問題，是對學生動手能力、觀察能力、分析問題能力訓練的最好時機。學生們就會在這樣的學習環境中增長知識和才幹，最終形成善於發現問題、尋找規律並找到解決問題三方法的探究能力。教師必須透過巡視指導等方式對學生探索過程進行即時回饋。

2. 強調讓學生動手做，由做中學的學習方式

在探究式教學中，應該強化學生自行設計、操作，做中學的過程。在做的過程中，學生有機會透過觀察、思考，提出構想後，動腦筋去想辦法設計、實驗，以證明自己的設想是正確的。

3. 要求體現學生的自主性，強調知識獲得的過程

在明確學習目的前提下，教師應培養學生大膽運用自己的想像力，對所獲得的結果進行初步的分析、比較、評價和分類，從而從實驗現象中經由研討後概括出結論。這個過程中，學生對在自行實驗中獲取的事實進行獨立思考和分析，透過集體相互交流、相互啟發，使想法變得更加清晰、豐富，做中學的過程會提升學生對正確結論的理解。

4. 重視幫助學生形成準確的科學概念

傳統的教學往往離開了自然科學現象、事實的探究，僅僅把現成的事實、原理等結論性知識灌輸給學生，導致學生停留在機械地記憶學習層次。而探究式教學法則力求透過活動的過程引出觀察與解釋，在教學過程中，讓學生自主地抓住自然現象、事實的特徵，透過親手參與探究過程，從而獲取知識。

（四）探索式教學法的步驟

探索式教學法的步驟包括：(1)發現問題；(2)確認問題，找出解決問題的假設策略；(3)確認解決策略之合宜性並驗證之。下面以張斯寧、江佩憶和陳淑薇（2007）所寫之案例說明探索式教學法的教學步驟。

1. 發現問題

此階段教師需有技巧地引導，找出問題，並讓問題與學生的先備知識與生活經驗進行連結，讓學生能在新的學習內容中進行觀察、思考，透過問題

連結自身經驗以建立新的概念。

教師分享故事「早起的一天」（和英出版），並與幼兒團討家庭成員這個話題。

幼兒一：「教師，小珍珠（故事書中的主角）的家人好多。」

教師在團討後，教師問：「有什麼方法可以知道我們班誰家的人最多？誰家的人最少？」

2. 確認問題，找出解決方案

經過團討，幼兒共提出三種方法：

(1)製作家人人數統計表

接下來角落時間，有興趣為大家做記錄工作的孩子，替大家整理團討時所討論出來的方法：按照座號的順序、畫格線、蓋上姓名章、寫下家人人數而完成「家人人數統計表」。

(2)貼圓點貼紙

當孩子發現統計表會因格線歪七扭八，後面的座號因排不下而亂掉時，他們透過團討想出另外一個替代方案：利用圓點貼紙的長度來計算家人人數，以完成統計。

(3)製作家人人數統計長條圖

在黏貼圓點貼紙的過程中，孩子再次發現每個圓點貼紙的距離會產生視覺上的誤差，使得無法立即運用目測來得到答案。因此，孩子最後決定利用長條圖的統計方式來完成家人人數統計的工作。

3. 確認解決策略之合宜性並驗證之

探索式教學法讓學生發掘問題解決時需要用到的資訊，而這些資訊可能來自於當事者（教師／學生）或當時的情境，藉由不斷的討論以促進更深一層的探索，這個過程取代了過往總是依賴由教師提供資訊，讓學生有機會化被動資訊接收者為主動資訊創造者。在探究式教學中，教師扮演引導與協助

的角色，非直接的傳授知識，學生必須有假設、預測、操作、提出問題、追尋答案等經驗，以便建構新的知識。學生在合作學習的模式解決問題；而討論過程就是一種學習，學生主動學習、主動建構知識，教師的任務是幫助學生澄清自己的問題，提出問題讓學生可以追求，並且以學生自己產生的知識來解釋結果。

四、討論教學法

(一) 簡介

討論教學法係運用討論的方式，以達到教學目標的教學方式。Gall和Gillett（1981）指出將討論當作一種教學法，其定義是：「一群人為了達到教學目標，分派不同角色，經由說、聽、觀察過程，彼此溝通意見。」

(二) 目標

討論教學法只要目的在於彼此意見的溝通，並達成共識。重視教學活動中師生互動的歷程，從師生互動中，讓每一位成員自由發表自己的想法和意見，藉由經驗的分享、意見的交流，透過磋商、接納、尊重等過程，發展思考與價值判斷能力。

(三) 特色

教師與學生針對主題進行探討，以形成共識或尋求答案，能為團體成員所接受的意見。

(四) 適用情境

討論教學法適用於欲培養學生發展多元觀點之能力、發表與傾聽之能力、價值判斷之能力等情境。

茲列舉幼稚園運用討論教學法時可適用的情境：

1. 討論主題發展

主題教學是許多幼稚園所採用的教學模式，而討論教學法最常應用在主題接近尾聲，欲開始下一個主題之時。

上了一段課的時間，覺得只是DIY是不夠的，我希望大家有共同的主題和目標，讓孩子動腦去想以及希望有更多合作和解決練習機會，我就和其他兩位教師討論。於是，教師和孩子討論接下來要做什麼主題，教師歸結出三個，讓孩子票選——孩子決定做動物園（簡楚瑛，2005：153）。

2. 討論與主題相關之問題解決的方法

討論教學法亦常用在解決主題進行過程中所遭遇到的問題之探討。討論的內容包羅萬象，以下是一段教師和孩子討論如何做出不會倒的恐龍對話：

T　：我們要如何做出不會倒的恐龍？

Cx：用紙板和紙箱。

T　：你們以前做猴子也是這樣組合的。

Cx：猴子會倒。

T　：你們以前用桌子和風琴做的冰山很堅固。

Cx：我們再想想要堅固又會站的材料，除了教室內的東西，也可以想戶外的。

Cx：也要可以溜滑梯的。

Cx：對了，我們可以做恐龍大象溜滑梯（簡楚瑛，2005：156）。

類似上述討論的情境，常可見於幼稚園不同主題的教學情境中，此時教師會扮演提問者的角色，引發幼兒思考，討論出獲得大家共識的問題解決辦法。

3. 討論學生行為

除了教學情境外，討論教學法也常應用在幼兒行為問題的討論。以下是教師與幼兒討論為何教室裡不能跑來跑去的對話：

T ：為什麼教室裡不能跑來跑去？

C ：因為教室有很多桌子，跑來跑去會跌倒流血。

T ：如果你看到教室裡有小朋友跑來跑去，這時候你會怎麼辦？

C1：叫他不要跑。

C2：跟教師說。

T ：當你在教室裡面時，你看到有人跑來跑去，你有什麼感覺？

C1：我覺得很吵。

C2：很危險。

T ：所以，在教室跑來跑去不只危險、很吵，而且大家也不喜歡這樣囉？

C ：對！

T ：那麼小朋友可不可以提醒自己也提醒別人，不要在教室裡跑來跑去以免受傷？

C ：可以。

藉由引發幼兒思考行為可能產生的問題，讓幼兒討論、修正自己的行為。

五、角色扮演教學法

（一）簡介

角色扮演（role playing）源自於心理劇。在心理學家J. D. Moreno於1920年創立心理劇（psychodrama）後，角色扮演法常被視為是有效的團體

諮商技術，常被運用在諮商、輔導，以及教學領域。Moreno認為角色扮演就是設身處地，扮演一個在真實生活中，不屬於自己的角色行為。透過角色扮演的過程能幫助個人實際融入情境，理解問題，並進一步學習如何以同理心感受他人，以他人的角度看待問題。

（二）目標

角色扮演法的目標主要是學習者透過扮演該角色、詮釋該角色所面臨的問題情境，以設身處地的角度、模擬該如何處理的過程，從中讓學習者獲得成長以及情感的感受或抒發。運用在教育上，學習者在教師所設計的情境中，透過角色的扮演和問題討論，了解情境中角色的情感、態度、價值觀，並謀求共同面對問題與解決問題之方法。

（三）特色

角色扮演法的特色主要在於讓學生有機會設身處地思考及感受他人的問題，以及獲得另一種表現自己、發展潛能的機會，並可藉由體驗各種角色與情境，學習解決問題的方法。

（四）實施步驟

角色扮演教學法實施的步驟如下：

1. 引入情境

教師應先扮演一個引路人的角色，先設計好一個情境（如：瞎子的日常生活的情境），並引導學習者進入該情境，感受情境中不同角色的問題，與面臨的抉擇與情緒。

2. 分析情境

在學習者了解整個情境後，引導學生以第三者的角度思考情境中的各種

角色所面臨的問題是什麼?為何有這些問題?如果你是該角色,可以如何面對?

3. 角色模擬

當學習者對角色、情境與問題有初步全面性的了解之後,教師可先讓學習者隨意挑選情境中不同的角色,輪流扮演,並互相對話,此階段主要是讓學習者先對情境與角色有更全盤的了解與熟悉,並能有機會揣摩各種不同角色的感受。

4. 扮演前的討論——設身處地

教師可鼓勵學習者依據自己的喜好與意願挑選角色進行扮演,但不強迫,當學習者願意擔任某個角色時,教師可先與學習者更進一步討論,該如何設身處地詮釋這個角色。此時,教師與學習者的雙向討論是相當重要的,在此過程中,教師可從中窺見學習者在扮演該角色時的人格特質以及投射在該角色的情緒。

5. 正式扮演的活動

學習者正式擔任該角色,在情境中將負責的角色扮演出來。在正式扮演的過程中,教師主要觀察學習者在情境中的即時反應以及與他人(觀眾、其他角色)互動的情形。

6. 分享與結論——自己與角色的差異

活動結束後,教師與學習者討論活動後的感受,讓學習者有機會表達自己在扮演角色、揣摩角色心態時的感受,以及自己與角色的異同之處。在討論的過程中,讓學習者能透過陳述的歷程,有機會反省思考以及將活動的情境與生活經驗連結,並引導學習者找出問題解決的適當方法。

六、精熟教學法

（一）簡介

　　精熟學習法（mastery learning）在1970年代為J. B. Carooll和B. Bloom所提倡。Bloom認為，如果提供給每位學生最適切的學習環境，大多數的學生在學習能力、學習速率和學習動機方面，都會是很相近的（Bloom, 1976; 引自毛連塭等，1991）。教師若能調整教學方式，提供學生適當的教學品質與教學機會，大部分的學生都能達到精熟程度。

　　精熟教學源自行為學派的理論，強調明確的行為目標、經常性地評量學生的表現、有系統地使用回饋和增強以及有組織的教學內容。

（二）特色

　　精熟教學法主張教師在教學時，預先設定學生要達到精熟的目標，並將學習內容分為不同的小單位，讓學生充分掌握學習內容，精熟相關的技巧，最後透過教學過程中的診斷測驗，確保學生達到需精熟的學習目標。

　　精熟教學法重視學生達到學習目標的「精熟」程度。常見運用在技能方面的學習（如：穿脫衣服、鞋子等）、語文學習（如：聽、說、讀、寫）、概念方面的學習（如：數學運算等）。為了讓學生達到精熟目標，教師需要事先將教學內容分析成不同的階段，由簡入繁，由易到難，讓學生在每一個學習階段中獲得充分的練習，並在透過形成性評量後，進入下一階段學習，以達到最終的學習目標。因此，精熟教學法有下列特色：

1. 教師設定課程目標，清楚明確地告知學生。
2. 將課程分成數單元，並加以有系統地組織。
3. 教師針對設定目標，定期評量學生進步情況，必要時進一步提供補救教學，幫助學生達到精熟水準。

(三) 實施步驟

精熟教學法實施的主要步驟如下：

1. 分析教學目標

教學目標是精熟教學的重點，教師必須能掌握並分析教學目標，以決定教學的起點行為（從哪裡開始教），與終點行為（教到何處為止）。教學目標要能明白地陳述學生在學習過程中需要獲得的能力和技巧，教師再依據教學目標安排學生學習的進度，讓學生能充分獲得學習。

2. 編排教學內容

教學內容的編排需配合學生身心發展、知識結構、邏輯順序與因果關係，教師需將教材分成連續且互相關聯的小單元，將教材組織成有意義的學習內容，以利教學的進行。

3. 編製形成性評量

形成性評量能夠讓教師掌握學生在每個學習階段的學習狀況，以及需要改善的地方。另一方面，學習者也能透過形成性評量了解自己的能力以及待加強的地方。

形成性評量能協助教師診斷學生學習，並預期學生達到最終學習目標的時間以及精熟的程度。

4. 校正或進行補救教學

對於未能在預期的時間達到精熟學習目標的學習者，教師應視學習者的實際需要安排補救教學活動，針對學習遲緩的學生，可增加其教師與學生個別的講解與練習的時間，針對資優的學生，教師則可調整學習內容的難度，加深與積廣學習內容。

5.編製總結性評量

　　形成性評量的目的主要在了解學生的學習狀況，而總結性評量則是評估學生的學習總成果，包括在知識、技能、情意等方面的學習成效，透過總結性評量，教師可了解學生是否達至預期精熟的學習目標。

七、創造思考教學法

(一) 簡介

　　「創造力」可以說是人類與生俱來所獨具的稟賦，根據國內外的學者研究證實，幾乎所有的兒童都具有創造的能力，雖然創造力並非是無中生有，並可透過適當的方式加以培養，但是，不當的方式也可能扼殺孩子的創造力（張添洲，2000；陳龍安，2000）。而「創造思考」乃是人類一種較高層次的心理活動，其過程包括深思熟慮、判斷、產生想法，最後完成一項新的行動的歷程（林進財，1999）。陳龍安（2004）指出，「創造性思考教學」是一種培養學生創造思考能力的教學，也就是教師透過各種課程的內容，在一種支持性的環境下，運用啓發創造思考的原則和策略，來激發和增進學生創造思考能力的一種教學方法。

(二) 目標

　　創造思考教學最重要的目標乃是積極引發學生創造力的展現。創造力之定義不一，若依陳龍安（2000）所列之比較具體的目標則是培養學生創造力有關的五種認知能力與四項情意態度：

1.五種認知能力

(1)變通力（flexibility）

　　變通力是一種改變思考方式，擴大思考類別，突破思考限制的一種能

力。例如：「雨傘除了拿來遮陽擋雨以外，還可以有哪些不同的用途？」能想出愈多不同種類用途的，代表變通力愈強。

(2)獨創力（originality）

獨創力是指反應的獨特性，想出別人所想不出來的觀念，它是一種產生聰明的、不平凡的、獨特新穎反應的能力，其反應是稀有的、新奇的，但可以接受的。例如：「如何知道教室外那棵大樹有多高？」愈能提出和別人不一樣的答案，就表示獨創力愈高。

(3)流暢力（fluency）

流暢力是指產生觀念的多少，是學生反應靈敏，思路流暢的表現，例如：受試者能列舉某一物品（如「杯子」的用途），敘述愈多，流暢力愈高。

(4)精進力（elaboration）

精進力是一種計畫周詳，精益求精，美上加美的能力。它是一種補充概念，在原來的構想或基本概念上再加上新觀念，增加有趣的細節，和組成相關概念群的能力。例如：「用紙箱做的大樹會倒，應該怎麼辦？」受試者若能在既有的辦法上想出更周詳且可行的辦法，即代表其精進力愈高。

(5)敏覺力（expeditious）

敏覺力是指敏於覺察事物，一個人面對問題時，能夠很清楚地發覺其問題的缺漏及關鍵，把握問題之核心的一種能力。敏覺力高的孩子，能立即對外界環境的變化發生反應，這是一種發現問題關鍵與察覺問題的能力。

2. 四種情意態度

(1)冒險性（risk taking）

冒險性是指面對失敗及批評，還能鼓起勇氣再接再厲，「勇於探索」，接受新事物的一種態度。例如：體能活動時間，教師帶了一個以前沒有玩過的大球，幼兒能不排斥、勇敢地願意嘗試玩新的體能器材。

(2)好奇心（curiosity）

　　好奇心是經由懷疑、思考、困惑而形成的一種能力，是指面對問題樂於追根究柢，把握事物的特徵以求徹底了解其結果的傾向。好奇心高的人，能夠：「打破沙鍋問到底，不到黃河心不死，還要問鍋子在哪裡。」例如：團體討論時，教師特別戴了一頂羽毛帽，有好奇心的幼兒便可能會開始問，為什麼教師要戴這頂帽子？這頂帽子哪裡來的？那是哪種羽毛做的帽子？等的問題，不斷持續地追問以求滿足自己的好奇心。

(3)挑戰性（complexity）

　　挑戰性是一種處理複雜問題與混亂意見以尋求解決問題的能力，它將邏輯條理帶入情境中，並洞察出影響變動的因素。在複雜混亂的情境中，尋求各種可能性，找出問題的頭緒，能夠「臨危不亂，接受挑戰」。

(4)想像力（imagination）

　　想像力是指能善用直覺推測，能夠將各種想像加以具體化，並具有超越感官及現實的能力。例如：如何把教室變成一個遊樂園？

　　綜上所述，「創造思考教學」最主要的目的乃在於增進學生變通力、獨創力、流暢力、精進力、敏覺力，以及冒險性、好奇心、挑戰性、想像力等知能，也就是培養學生「無中生有，有中生新」的創造能力。

（三）實施原則

　　創造思考教學並沒有一定的教學程序，重要的在提供一個輕鬆、鼓勵的氛圍，氛圍的安排上應注意下列幾個原則（陳龍安，2004）：

1. 鼓勵學生運用想像力及思考能力

　　教師鼓勵學生朝多元、不同的角度思考問題，提出有創意、可被接受的問題解決方法，因此，師生互動過程中的提問、腦力激盪便為創造思考教學的重點。此外，也可鼓勵學生充分利用語言、文字、圖畫等方式，充分表達

自己的想法,展示自己的作品,教師並能分享全班同學創造的成果。

2. 自由、安全、和諧的情境與氣氛

創造思考教學重視與他人相互腦力激盪的過程,因此,一個自由、開放、和諧且相互尊重的學習環境,才能讓學生充分地展現自己的想法。讓學生在輕鬆中學習,但保持「動而有節」的原則,既不太放任,也不會過於嚴肅。

3. 鼓勵表達與允許不同的意見

創造思考教學的目的主要在激發學生的創造力,因此在教學過程中,教師應鼓勵學生不同意見的表達,引導學生跳脫傳統思維的窠臼。教師可鼓勵全體學生參與活動,但也要能適應學生的個別差異與興趣。重視學生所提的意見,並增強各種與眾不同的構想。對於學生的意見或作品,不急於立刻下判斷,當意見都提出後,師生再共同討論分享感受。

4. 教師的教材教法要創新多變化

教師可多吸收教學的資訊,嘗試新的教學方法,更新教材的內容或是呈現方式,提供學生創新的機會。

5. 充分運用社會資源

許多創造力的發想乃是根據日常生活中而來,教師可引導學生多觀察日常生活中的事物,引發學生的好奇心以及探索慾望,社會提供許多的資源,教師皆可妥善地拿來應用。

第四節　課程發展之具體策略

課程包含了四個基本的要素:即目的、內容、方法和評鑑,這四個要素間具有互動的關係。筆者觀察教學現場時發現,活動設計的情況多過於課程

設計。活動設計與課程設計兩者間的差別在於活動設計欠缺了課程四個要素間的互動，以及關聯性，每一個活動與前後活動以及與前後一天、前後一週、前後一學期之教學活動間缺少了預設的關聯性。教育是有目的性的（不論是暫時性的、長久性的、過程性的、結果性的），教學的歷程是為了達到預期的教育目的，透過與教育目的相關的內容設計，運用適當的教學方法與活動進行教學，再以有效的評量方法進行教學評鑑，以了解最初所設定之教育目的達成的情形。因此，教育與教學的目的、教學的內容、教學的方法和教學評鑑間是有關聯性存在的。為了協助教師在課程發展時能做到課程四個要素間的互動，以達到教學前所預期的教育目的，筆者除了更仔細地介紹Wiggins和Mctighe的「逆向設計策略」和舉例說明外，將另外提出個人的「課程轉盤」設計以作為協助課程發展的工具，希望透過這個轉盤，對於教師們進行課程發展或教學活動時能有所助益。

一、Wiggins和Mctighe的逆向模式

　　Wiggins和Mctighe（2005）針對傳統課程設計以活動設計取代課程設計以及認為教科書就是課程全部的種種缺失，提出了適用於設計單元／主題的策略，稱之為逆向設計（Backward Design）策略。此策略將課程設計分為三個主要階段：

（一）確立欲達的學習結果

　　此階段的首要工作乃是確定課程的目標，以及該目標需符合國家、政府層級對於課程的標準以及期望。何種課程是學生需要知道？需要能夠做到？以及哪些內容是值得被了解的？學生所被期待的學習結果為何？這些問題皆是此階段應釐清的重點。

（二）提出令人信服的評估指標

此階段的重點主要是提出令人信服的證據，以證明學生的學習已達到預期的課程目標。如何知道學生真正了解課程內容？Wiggins和Mctighe認為當學生能夠說明、能詮釋、能應用、能有自己觀點、能知道重點、具有自我的知識時，才是真正的了解。在此階段，他們鼓勵教師以及課程設計者在設計課程時應如同自己就是評鑑員般的思考（think like an assessor），如此換個角度的思考方式，將能幫助教師或是課程設計者能夠設計出讓學生真正了解並展現預期之目標的課程。

（三）計畫學習經驗及教學活動

在澄清了課程的目標以及決定了檢視學生展現學習成果之證據的指標後，此階段的重點乃是開始著手擬定最適合的教學活動計畫。在此階段，需要澄清幾項關鍵性的問題：

1. 什麼樣的知識、概念以及技巧是學生真正需要以及符合預期目標並可有效展現的？
2. 什麼樣的活動能夠整合學生需要的知識、技能與情意態度？
3. 什麼是最值得教的？為了達到預期目標，該如何教才是最好的方式？
4. 什麼是最適合用來達到預期目標的教學資源？

以下以「小花兔斑斑」單元為例說明之。

單元名稱：「小花兔斑斑」

一、階段一：確立欲達的學習結果

此階段分為三個可思考的面向：

（一）持續地了解：期望學生能了解什麼？如

期望學生能透過本課的學習後了解：

1. 自己的獨特性並喜歡自己。

2. 如何在團體中發揮自己的長處。

3. 以積極樂觀的態度面對人、事、物。

（二）基本的問題：此次教學單元所探討的基本問題為何？如

1. 什麼是我比別人擅長的地方（例如：大家都會跑步，但我跑得比別人快？）

2. 什麼時候我可以發揮自己長處？

3. 該如何在團體中與他人合作？

4. 該用什麼態度面對他人對自己的批評？

（三）知識：教學單元結束後，學生被期待能展現哪些關鍵知識和能力？
如

1. 學生將知道的知識：

(1)自己的專長。

(2)自己的獨特性對自己及其他人的重要性。

(3)與他人溝通與合作的方法。

(4)處理負面情緒的方法。

2. 學生將有的能力：

(1)能敘述自己的優點。

(2)能在適當的場合展現自己的長處。

(3)能在團體中組成合作小組完成一項任務。

(4)能運用適當的方法紓解負向情緒（例如：運動、聽音樂、找人聊天
等）。

二、階段二：提出令人信服的評估指標，也就是找出學習成果之多元評量方式

此階段可分為三個思考面向：

（一）擬定可見的學習證據

什麼樣的證據顯示出幼兒真正理解所學？也就是教師應規劃好學生能展現學習證據的藍圖。單元「小花兔斑斑」之學習證據的藍圖範例如下：

1. 我很不錯

幼兒以肢體動作表演一項自己的專長，讓大家猜猜看。幼兒可藉此認知到自己的專長並展現自信。

2. 優點傳真機

幼兒圍一圈，先向右邊的同學介紹自己「我很棒，因為我最會畫圖」，接著將右邊的同學優點敘述出來。例如：你很棒，因為你會把玩具收拾好。下一個幼兒要重複別人對自己優點的敘述句子，再說出身邊幼兒的一項優點。幼兒透過活動了解他人對自己的看法、清楚自己的優點，以及發掘他人的長處。

3. 請誰來幫忙？

幼兒圍一圈，輪流說出一件自己最不擅長、不喜歡的事情，例如：我很不喜歡唱歌，這時大家可以提出可以請誰幫忙的建議，例如：你可以請班上小美幫忙，因為她唱歌很好聽。教師可從中提醒請人幫忙的禮貌及用語。幼兒藉此活動可以知道自己不會的事情，有可能是別人擅長的事，而自己所擅長的事情可以在何時運用出來，另一方面，幼兒透過互相幫忙，提出請求，可以解決問題。

4. 超級任務

幼兒自行尋找組員組成小組。各組需設法與共同合作的人完成教師的指令（例如：兩人一組，但只能用三隻腳走路、各組派出一人在圓圈內看誰先取走對方頭上的帽子、用嘴吹氣讓球滾最遠、用腳夾物傳遞物品等等）。幼兒藉由過程可知道自己與他人不同的長處，樂意大方地展現出來並共同完成任務。

5. 老鷹抓小雞

將幼兒隨機分成小組，看哪隊的老鷹抓走最多小雞。

此活動幼兒必須相互合作，運用自己與他人的專長（例如：誰能夠當老鷹？誰是最會保護小雞的母雞？誰是最不會被抓走的小雞？），組成有力的隊伍贏得勝利。

6. 故事與討論

幼兒聆聽「花兔斑斑」的故事，討論故事中大家都嘲笑斑斑身上的斑點，若你是斑斑會有什麼感受？斑斑面對這些批評該怎麼辦？藉由故事可讓幼兒試著以同理心了解他人的感受，以及思考遇到這種情況時，怎麼做會比較好的方法。

7. 天使角落

布置一處溫暖的角落，有軟墊、輕音樂、圖書等，跟幼兒說明當你心情不好時，你可以試著到角落去做件自己覺得舒服、喜歡的事。教師也可觀察角落中的幼兒，適時地了解幼兒不開心的原因。此活動提供幼兒一個紓解情緒的地方和機會。

（二）設計可見學習成果之小測驗、學習單或其他評量方式

1. 繪圖：「這是我」——繪出心目中的自己圖像並向他人介紹自己完成的

作品。

2. 學習單：哪裡不一樣。在兩個相似的圖片中，尋找出不同點。

3. 創意聯想單：依據物品的圖片，說出可以如何運用這個物品的各種不同方法。

4. 口語評量：⑴描述自己最擅長的事情；⑵當你有事想找別人幫忙，可以怎麼說？

（三）其他證據

找出在非特定、非刻意的情境中，學生可展現的學習證據。可分為真實性證據，以及學生自我評估。

1. 真實性證據（如觀察紀錄或是口語對話）

⑴教師利用幼兒發表的時間觀察幼兒對自己的觀感。

⑵教師在活動、遊戲的過程中觀察幼兒參與活動的態度以及與他人合作的方式。

2. 學生的自我評估

⑴幼兒評估自己（外型、擅長的事情）。

⑵幼兒評估自己是否能與他人合作並發揮長處完成任務。

三、階段三：計畫學習經驗及教學活動

在此步驟，教師須思考何種教學及學習經驗將會讓學生發展和展現預期的學習成果？以及由學生的角度思考教學的WHERE要素（請參考第88頁表3-1），以擬定教學計畫。

範例：

1. 故事：教師介紹玩偶小花兔，述說小花兔斑斑的故事，吸引幼兒興趣。

2. 討論：教師與幼兒討論每個人要了解自己，喜愛自己獨特性的重要性。

3. 我很不錯：請幼兒以肢體表演出一項自己最擅長的事情，讓大家猜猜看。

4. 優點傳真機：請幼兒圍圈說出自己最擅長以及旁邊幼兒最擅長的一件事情。

5. 請誰來幫忙：教師準備一顆軟球，拿到球的幼兒需要說出一件自己最不擅長／不喜歡的事情，大家可以幫忙給予建議（如：你可以找誰幫忙？）。

6. 超級任務：幼兒自行尋找組員組成一組，完成教師的指令。

7. 討論：與幼兒討論，在超級任務的活動中自己扮演了什麼角色？大家如何合作完成任務。

8. 遊戲——老鷹抓小雞：將幼兒分成不同小組，進行老鷹抓小雞的遊戲。

9. 討論：與幼兒討論，在老鷹抓小雞的遊戲中，自己扮演什麼角色，大家如何合作進行這個遊戲？

10. 布偶戲——花兔斑斑：斑斑身上貼了更多斑點，教師向幼兒述說斑斑愈來愈不開心，因為大家都嘲笑他。

11. 討論：如果自己是斑斑，會有什麼感受，如果你看到斑斑，可以怎麼幫助他？

12. 天使角落：與幼兒一起規劃教室的天使角落，例如：應該放些什麼東西？可以在裡面做什麼事情，並跟幼兒說明當你心情不好時，可以進去裡面做自己覺得舒服、喜歡的事情。

13. 自我評估：幼兒自我評估（外型、擅長的事情，以及是否在團體中發揮專長，與他人合作完成任務？）。

二、簡楚瑛之「課程轉盤」策略

（一）課程轉盤運用的特色

　　課程轉盤是由四個或是五個同心的圓圈所組合而成（同心圓的層次可以依課程設計者的觀點而定，如圖6-1和6-2）。同心圓圈由內而外的內涵可以分別是：教育目的、教學目標、教學內涵、教學方法、教學評量。此四或五

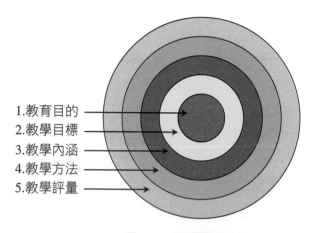

1.教育目的
2.教學目標
3.教學內涵
4.教學方法
5.教學評量

圖6-1　課程轉盤例圖一

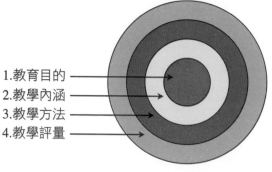

1.教育目的
2.教學內涵
3.教學方法
4.教學評量

圖6-2　課程轉盤例圖二

層均緊扣著教育目的，透過教育內涵和教學方法來達成教學目標，進而達到終極的教育目的。

課程轉盤在課程發展運用上有兩個很大的特色：

1. 可以協助課程發展時緊扣教育目的而設計

很多時候，課程設計者為了把課程發展得更有趣，不是忘了與教育目的的結合性，就是會偏離了教育目的，而失去了課程發展的終極目的。課程轉盤有助於課程設計者隨時檢視課程是否緊扣著教育目的進行設計。

2. 可以協助掌握及運用課程發展時的多元性、多樣性和彈性

在課程發展時因涉及到的教育哲學、社會學、知識論和心理學之觀點的不同，會導致在課程四要素之內涵上的不同，也因此課程具有多元性和多樣性。同時，因為不同的教學方法和教學內涵可以達到同一預達之教育目的，不同之教育目的可以透過同一種教學方法和教學內涵達到之，因此課程發展是彈性很大的。課程轉盤有助於課程設計者在多元性、多樣性和彈性上的掌握。下面分別從轉盤針對課程的要素之運用加以說明：

(1)就教育目的而言

每所學校可以依其辦學者之理念和理想、家長、社區和社會之期望而有不同的教育目的。以圖6-3為例，是以品格教育、全人健康、人際關係、美感教育為學校的教育目的（如圖6-3最內圈所顯示）。辦學者可以發展自己學校的教育目的。

(2)就教學目標而言

以圖6-3為例（如第二圈所顯示），以品格教育、全人健康、人際關係、美感教育為教育目的的情況下，其教學目標可以是「尊重、知覺、欣賞、分享和溝通」。在同樣的教育目的下，各單元／主題可以有不同的教學目標，如：圖6-3第二圈的教學目標可以改成「合作、勇氣、多元觀點、表達能力」等。

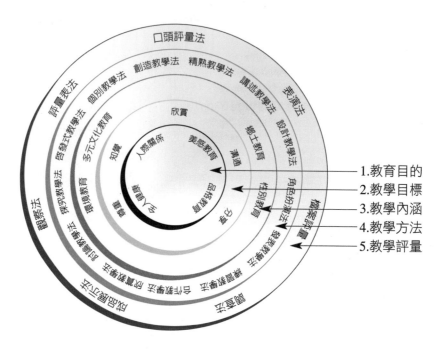

1. 教育目的
2. 教學目標
3. 教學內涵
4. 教學方法
5. 教學評量

圖6-3　課程轉盤實例圖

(3)就教學內涵而言

　　教學內涵包括教學內容和其組織內容的方式，以圖6-3為例（如第三圈所顯示），它可以是以學科方式（如：自然、數學、語文、體育等學科）、以多元智能方式（如：空間、語文、內省、人際關係等認知能力）或是以議題方式（如：多元文化教育、性別教育、環境教育、鄉土教育）去組織擬呈現的教學內容，以達到圖6-3第一和二圈所顯示的教育目的和教學目標。

(4)就教學方法而言

　　可以透過圖6-3第四圈所顯示的各種方法進行教學，呈現第三圈所示的內容，以達到圖6-3的教育目的和教學目標。

(5)就教學評量而言

　　可以運用圖6-3第五圈所顯示的各種方法評量，以了解教學和教育目的

達成的程度情形。教學評量方法可以有：口頭評量法、表演法、觀察法、成品展示法、調查法、評量表法等。

圖6-4是以圖6-3中五項教學目標之一「尊重」為例，說明課程轉盤的運用。例如：教育的目的是要培養「品格」，可以從「尊重」這個教學目標來教起，透過「多元文化教育」、「性別教育」或是「環境教育」的教學內容來設計和組織教學活動，利用繪本、角色扮演、多媒體、飼養動物、討論等活潑、多樣化的教學方法來傳遞教學內容，以達成「尊重」的教學目標和培養「品格」的教育目的。最後，以家裡和學校的事件為例進行討論、以問問題方式作為評量方法，了解學生對尊重的看法與應用情形。

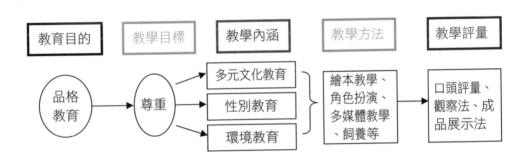

圖6-4 以教學目標「尊重」為例之課程順向發展例圖

（二）課程轉盤的運用

下面以圖6-3為例，較完整的舉例說明課程轉盤的運用方式。

1. 教育目的的了解與轉化（圖6-3的第一圈）

如同前節所述，每所學校可以依辦學者之理念和理想、家長、社區和社會之期望而有不同的教育目的。圖6-3以品格教育、全人健康、人際關係、

美感教育作為教育目的。這些教育目的包括哪些具體的內涵，是需要廣泛地蒐集資料再加以整理而得的。對於教育目的具體內涵的了解，有助於將抽象的概念轉化成較具體的教學目標。例如：「品格教育」的內涵包括責任、尊重、關懷；「人際關係」的內涵包括人際知覺、人際溝通、同理心、傾聽、讚美、利社會行為、人際衝突與合作等（不同教育目的之內涵的參考資料請見附錄一）。

2. 教育內涵與教育目的的銜接（圖6-3第一、二、三圈的關係）

　　課程轉盤表面上看來是一個靜止不動的課程設計工具，事實上不然，轉盤是一個可以旋轉的工具，是個「動態運用」的工具，教師就是轉盤的操作者。就好比船長透過舵來操控船的方向；教師透過轉盤來操控課程設計的方向。轉盤是個不停旋轉的課程設計工具，只要課程發展者將教學目的、教學內涵、教學方法都確定之後，這個轉盤可以幫助課程發展者設計出無數的活動，而且這些活動應以教學目的、教學內涵為核心，活動緊扣著核心目標，活動再怎麼變、轉盤再怎麼轉（順時鐘轉、逆時鐘轉均可），都不會脫離教育目的與教學內涵。轉盤就像是航海人員所用的指南針，汪洋中的船只要照著指南針的方向行駛，就都不會偏離他所要到達的目的地。

(1)透過多元的教學內涵（教育議題），可達成同一個教育目的

　　只要教育目的確定之後，可以透過很多不同的教育議題（教學內涵）來達到同一個教學目的，例如：教育目的是培養學生良好的品格，也就是「品格教育」，那麼可以透過多元文化教育、鄉土教育、環境教育、性別教育之議題（教學內涵）來達到品格教育之目的。如圖 6-5。

　　透過「多元文化」教學，可以讓學生「體驗」各種活動來認識各國不同的文化，當學生一旦體會並了解之後，就能「尊重」各種不同的文化，培養「尊重」的良好品格。透過「鄉土教育」教學，可以讓學生認識當地的古蹟，了解古蹟的意義，然後學習欣賞不同的古蹟，達到「懂得欣賞」的良好

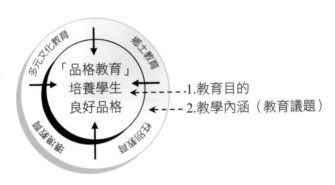

圖6-5　透過多元教學內涵以達教育目的之轉盤圖

品格。透過「性別教育」讓學生知道男女生身體構造的不同，所以有些生活習慣並不相同，例如：上廁所的方式，透過這樣的認識，讓不同性別的學生可以相互尊重這樣的差異，並且達到「尊重差異」的良好品格。透過「環境教育」和學生討論水資源和人類的關係，讓學生從活動中知道水資源的保護是我們每個人的責任，「責任感」的培養，也是達到品格教育的一環。

　　從上所述，要達到品格教育，不一定只能透過一個教育議題，而是可以從不同的面向、不同的議題來和學生討論，除了能增加學生的生活經驗之外，也可以擴充學生的學習方式，更可以展現教師多元的課程發展能力。

(2)透過單一的教學內涵（教育議題），可以達到多元的教育目的

　　有時候，單一的教學內涵（教育議題），同時可以達到不同的教育目的，例如：透過「鄉土教育」可以達到「品格教育、美感教育、人際關係、全人健康」的教育目的。如圖 6-6。

　　透過「鄉土教育」之議題，學生學習到尊重鄉土自然的良好「品格」；透過「鄉土教育」，學生學習到欣賞鄉土的藝術創作之「美感教育」；透過「鄉土教育」，學生透過互動與鄰居、村民有良好的雙向溝通，達到「人際關係」之目的；透過「鄉土教育」，讓學生了解到愛護鄉土環境，對我們人類健康的重要，進而達到「全人健康」之目的。

圖6-6　透過單一教育內涵以達多元教育目的之轉盤圖

綜上所述，只要擁有多元課程設計的能力，光是一個教學內涵（教育議題），就可以同時達到多元的教育目的。

(3)教學內涵（教育議題）之間透過多元活動的組合，可以達到波此的教育目的

本書所擬定的教育內涵（教育議題）有「多元文化教育、鄉土教育、性別教育、環境教育」四個議題，四個議題之間可以相互達成彼此教學內涵之目的，也可以達到教育目的。如圖6-7。

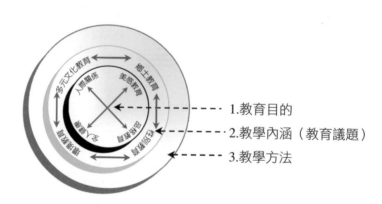

圖6-7　透過多元教學內涵之交互作用以達多元教育目的之轉盤圖

例如：鄉土教育不只是局限在本土的地域觀，每一地區都是整個地球村的一部分。因此，整合鄉土教育、多元文化教育及世界觀教育可以培養對全球和地方性議題的了解；從鄉土環境的保護開始，進而培養維護地球生態體系平衡的認知與責任感，鄉土教育即成多元文化教育及世界觀教育的一部分。這樣的教學可以同時達到「鄉土教育」、「多元文化教育」、「環境教育」之教學內涵，進而達到「品格教育」（責任感）、「全人健康」（保護我們的環境安全）、「人際關係」（與國際溝通）之教育目的。

3. 透過教學方法呈現教學的內涵，以達到教學目標和教育目的（圖6-3的第四圈與第一、二、三圈間的關係）

　　圖6-8是以品格教育為教育目的為例，說明其教學目標可以訂為尊重、責任、分享，教學內涵可以以性別教育、環境教育、多元文化教育和鄉土教育中的一至四個議題為內容，這些均透過圖6-8第四圈所述之教學方法來達

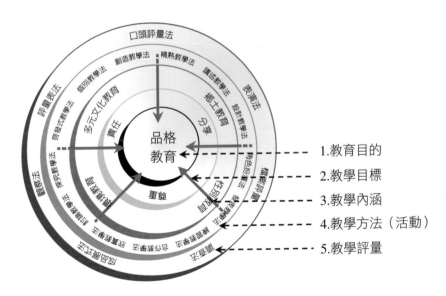

圖6-8　透過教學方法呈現多元之教學內涵、教學目標及教育目的圖

成，最後用圖6-8第五圈的評量方法來了解教育與教學目標達成的情形。圖6-8轉化、運用後之結果可以以圖6-9說明之。

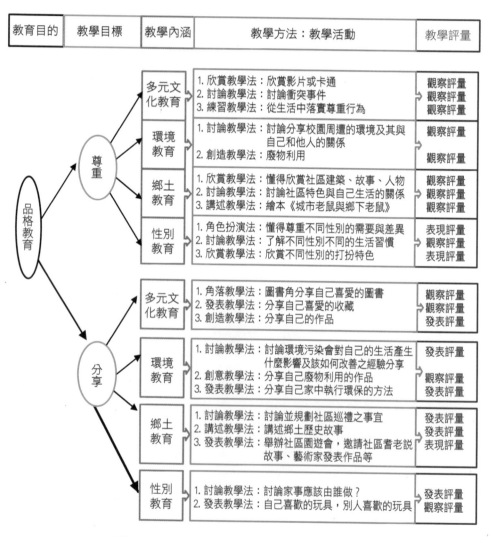

圖6-9　課程順向發展圖：以品格教育為例

以圖6-9「品格教育」中之「尊重」為例：以多元文化教育、環境教育、鄉土教育、性別教育四個議題作為教學的內涵，運用轉盤第四圈的各種教學方法進行課程及教學活動設計，並以第五圈的各種適用的評量方法檢視教學的成效如何，此是為將立體轉盤的概念轉化為線性的漸進歷程。從圖6-8轉盤式圖形轉變為圖6-9線性圖可以看出：教育目的的設定是課程設計的綱領，左右了教學目標以及教學內涵的方向，亦是後續運用教學方法設計教學活動及教學評量的依據。

　　下面即分別就圖6-8和6-9中四個議題之教學內涵的教學方法及其評量方式與教育、教學目標結合的設計加以描述，作為示例之用：

(1)以「多元文化教育」為內涵之教學方法（活動）及教學評量之運用

　　品格教育強調「尊重他人」，多元文化教育的目的之一是：「教導學生尊重及欣賞自己和其他人的文化。」因此，透過多元文化之議題可以達到品格教育「尊重」之教學目的。以下說明圖6-9所列舉之教學及與之相呼應的評量方法。

①欣賞教學法→觀察評量

　　透過多元文化之內容可以達到品格教育「尊重」之教學目的。教學方法可以是欣賞教學法，透過欣賞不同種族、性別、國度、觀點的人如何和諧相處與生活的影片，讓學生透過觀察而形成其學習的榜樣，並藉由學生針對影片進行討論與意見發表，評量學生對於尊重的概念與想法。

②討論教學法→觀察評量

　　要培養學生尊重的能力，也可透過「討論教學法」的方式達成。教師可以從「衝突」與「認同感」著手，或是找有生活衝突的影片、卡通或生活中的事件，讓學生討論為什麼共同生活在一個地方的人有這麼多的衝突事件是什麼原因？讓學生經由討論的過程中，了解自己和別人的想法，進而導入正確的「尊重」觀念。而教師可觀察學生參與討論過程中的反應以及觀點，從中評量學生對於「尊重」的觀點與想法。

③練習教學法→觀察評量

　　透過討論什麼是尊重的概念後，教師可以邀請學生在學校或家裡實踐之，教師可以觀察或是分享學生如何實踐尊重他人的行為，適時地對於好的行為給予獎勵增強，從中評量學生對於「尊重」的觀點與想法。

　　透過各種教學法，錄影帶的欣賞、討論教學法和練習教學法，不但能讓學生認識多元的文化，在活動的過程中也可以教導學生尊重及欣賞自己和其他人的文化（多元文化的教育目的），讓學生學習到什麼是「尊重」（教學的目的），進而培養學生健康的價值觀（品格教育的目的）。

(2)以「環境教育」為內涵之教學方法（活動）及教學評量之運用

　　要培養學生尊重的品格，不僅可以從多元文化著手，它也可以從環境教育著手。

①討論教學法→觀察評量

　　透過環境教育（覺知的能力）來培養學生「尊重的態度」，首先可以從探討學生們共同最熟悉的幼稚園談起，教師可以和學生討論學校周遭環境（覺知校園中有哪些地方，例如：辦公室、圖書室、視聽教室、廚房等）跟學生間的關係，讓學生了解這些環境與設備的功能，及其與自己和別人的關係。

　　例如：圖書室，是提供大家看書的地方，教師可請學生思考哪些行為是不妥當的（如：大聲講話、奔跑、玩遊戲……）？為什麼這些行為不妥當？該怎麼改善？教師可藉由課堂的討論活動，以觀察評量的方式了解學生在參與討論過程中的反應以及對於「尊重」的觀點與想法。

②創造教學法→觀察評量

　　環境教育的目的是「提供機會讓人們獲得保護及改善環境所需的知識、價值觀、態度、承諾和技能。」教師可以跟學生討論生活中有哪些資源是可以回收再利用的，例如：面紙盒、牛奶罐、餅乾盒、養樂多罐等等，並請學

生發揮想像力發表如何運用這些資源進行創作，學生可透過分組合作的方式，將其想法實踐並展現出來。在發表時，教師可請學生尊重他人的創意想法；在創作的過程中，則可觀察學生如何透過溝通與協調，展現尊重他人的態度、妥善地表達自己的意見，藉以從中評量學生是否能在創作的過程中，展現尊重自己與他人的態度。

　　例如：未經別人的同意，不用手去觸摸他人作品、不破壞他人作品等禮節。透過此課程，不僅讓學生獲得資源回收／再利用的觀念，也學習到如何在創作的過程中，尊重其他學生的創意與作品。

　　透過討論教學法、創造教學法等不同的教學方法，不但能讓學生認識周遭的環境，讓學生知覺到周遭環境和自己以及他人間的關係，在活動的過程中也可以讓學生學習到什麼是「尊重」（教學的目的），進而培養學生良好的品格，達到預期的教育目標。

(3)以「鄉土教育」為內涵之教學方法（活動）及教學評量之運用
　　培養「尊重的態度」是鄉土教育主要目的之一。因此，透過鄉土教育亦可以實踐品格教育「尊重」之教學目的。
①欣賞教學法→觀察評量
　　鄉土教育的內涵之一就是：「教授學生有關鄉土的自然要素與人文要素，使人們對鄉土的環境有充分的了解與認識，以作為培養鄉土情感的基礎與認識鄉土的基本知識。」
　　台灣具有相當豐富的人文歷史背景，各級學校的所處位置通常亦是該地區人文歷史發展的中心，牽繫著該社區古今的發展以及社區居民的情感。以透過鄉土教育達到「尊重」的教學目標而言，首應培養學生對於自己居住地方的認識、了解，進而喜愛自己居住的地方。在認識、了解的過程中，便牽涉到了每個社區不同的文化、建築、經濟發展、人物等，教師可藉由探討鄉土的不同主題，安排相關的文物、建築、故事等讓學生欣賞，探討鄉土發展

的議題，例如：舊有古蹟（車站、書院、廟）存廢與社區人民生活的關係；社區重要節慶，例如：大甲媽祖生日，台灣各地信徒前來大甲鎮參拜等與當地社區居民的關係，引領學生由欣賞鄉土文化，進而促進了解，最後培養出能尊重不同聲音與不同信仰、文化等態度。

教師可在欣賞的過程中，引導學生表達自己對於鄉土的情感、欣賞時的感受與曾有的生活經驗，教師可藉由表達的過程觀察學生是否能尊重其他人述說的方式、內容以及表現出尊重他人的態度（如：耐心聆聽、不隨便插話等）。

②討論教學法→觀察評量

鄉土教育並非僅局限在探討與自己生活較為遙遠的原住民、客家文化等，鄉土教育應從自身的居住環境開始著手，只要用心觀察，一定能發現無論是鄉村、都市都各有不同特色。教師可蒐集並安排與學習者生活相關的議題，例如：鄉村的社區可探討具鄉村特色的物產（嘉南平原稻米、大湖草莓、巨峰葡萄、鶯歌陶瓷等）與自己及家人的關係或是發展的過程，城市的社區則可探討該區具特色的商店（如：台北內湖大賣場、台北萬華西門町、台北中正區的愛國東路婚紗街等）與自己生活上的關係，甚至也可共同討論出如何促進社區街道更加整潔的方案，實際採取行動。

教師也可透過每日的報章雜誌、新聞等蒐集與居住鄉土相關新聞或是話題（如：旅遊景點、值得警惕之社會事件等）進行討論。藉由探討與學習者生活周遭的環境相關的議題，不但具有親切感，教師也可藉由討論的過程中，培養學習者以開放的心接納與尊重他人意見的態度，能了解自己與他人不同之處，最後不僅能尊重異見，也能妥善表達自己想法。教師可在討論的過程中，自然地引入待討論的問題，引導學生表達想法，藉由觀察評量的方式，評估學生對於鄉土特色的了解程度，以及是否能夠依據問題設想解決方案，並能尊重別人所想到的解決方案。

③講述教學法→觀察評量

教導學生「尊重」可以先從學生間的「差異」談起，其中鄉土教育的教育內容之一包括「空間區域」。因此，教師可先講述「城市老鼠與鄉下老鼠」的故事，先讓學生了解城市和鄉村的差別，以及生活方式的不同，之後可以此為討論的起點，改變情境，讓學生想像如果鄉下老鼠到城市生活可能會發生什麼情況？如果城市老鼠到了鄉下生活可能會發生什麼問題？而他們又該怎麼做才能順利地適應不同地區的生活？教師可從中帶入「尊重」的議題，例如：鄉下老鼠到了城市過馬路就要非常小心，尊重城市裡快節奏的生活方式；城市老鼠到了鄉下，就需放慢腳步，尊重鄉下慢節奏的生活方式，讓學生了解如何以尊重的態度，融入不同場域的生活。教師在講故事時，可藉由問題（如：城市與鄉村的差異？鄉下老鼠到城市生活可能會發生什麼情況？該怎麼做才能順利地適應不同地區的生活？），以觀察評量的方式，引發幼兒表達自己的想法，從中了解幼兒是否能依據問題表達想法，以及在聆聽過程中表現出尊重講者（如：專心聆聽故事、不隨便插話）的態度。

　　透過不同的教學法（如：欣賞教學法、討論教學法、講述教學法），不僅能讓學生認識自己居住之鄉土特色與環境，在活動的過程中也可以讓學生感受到如何尊重及欣賞自己和其他人所處的環境（鄉土教育的目的與內涵），進而培養學生健康的價值觀（品格教育的目的）。

(4)以「性別教育」為內涵之教學方法（活動）及教學評量之運用

　　性別教育的內涵包含「消除性別歧視與偏見，尊重社會多元化現象以及建構不同性別間之和諧、尊重、平等的互動模式。」因此，我們可以透過性別教育來培養學生「尊重的態度」，進而擁有「良好的品格」。

①角色扮演法→表現評量

　　現今社會有許多侵害兒童、女性的社會事件，教師可經由這些議題設計以「尊重」為主題的教學活動，讓學生知道因為自己有身心上的限制，該如何保護自己，並從中了解性別存有不同的差異（生理、心理），以及因性別

的差異與日常生活的關係（男女生有不同的廁所、衣物／裝扮等），進而讓學生知道應該如何尊重不同的性別（如：不隨便碰女生的身體、學生要能尊重別人不想玩辦家家酒，較愛玩東奔西跑的打鬥遊戲等）。例如：教師可改編「小紅帽與大野狼」的故事，目的在使學生懂得如何保護自己，了解性別的差異，進而達到對性別的尊重（故事結局可以是小紅帽與大野狼因了解對方的差異，開始懂得相互尊重，和平共處）。過程可讓學生扮演不同性別的特色（如：女性的小紅帽、老奶奶；男性的大野狼、獵人等），故事情節突顯因不了解而產生的角色衝突，最後找出該如何尊重彼此的方法，讓學生藉由扮演的過程中，達到「了解自己」以及「尊重他人」的目的。教師可藉由學生角色扮演的過程，評量學生是否能表現出尊重不同性別的態度。

②討論教學法→觀察評量

　　教師可與學生討論男女因身體構造的不同，會產生哪些不同生活習慣（如：男女生有不同的廁所、不同的裝扮、不同的遊戲方式等），透過這樣的討論，學生可了解男女生因生理的不同而造成生活上的差異，以及因自己的不了解可能造成其他人的不方便，從中培養學習者「尊重」的態度。透過這些討論，教師可觀察學生是否具有如何尊重兩性的概念，以及是否能在日常生活表現出尊重兩性的態度。

③欣賞教學法→表現評量

　　前面將圖6-9「品格教育」中之「尊重」為例，將教育目的、教學目標、教育內涵、教學方法和教學評量間銜接性的設計做了說明，圖6-9之「分享」的部分就請參考附錄二之資料。

　　男女生在外觀、服裝儀容上面有著不同的差異，因此教師可讓學生觀察男女性別的不同妝扮圖片或影片，藉此讓學生欣賞不同性別的打扮方式。教師也可從中提醒這些裝扮並非是固定不變的（如：只有女生才能穿裙子、留長髮），也有其他的民族因文化的不同，有不一樣的裝扮，例如：蘇格蘭的男性也穿裙子、有些原住民社會（印地安）的男性也留長髮等，教師可讓學

生發表欣賞後的感覺，並安排創意服裝表演秀，讓學生擔任服裝模特兒，其他學生可依據男女不同的特性，設計適合的服裝。教師可從這個過程中，評量學生如何溝通彼此想法？是否能表現出尊重差異、欣賞特色之態度。

　　透過不同的教學法（如：角色扮演法、討論教學法、欣賞教學法），不僅能讓學生認識性別的差異、互動的方式以及與自己生活的關係，在活動的過程中也可以讓學生感受到如何尊重不同性別的需要與特性（性別教育的目的與內涵），進而培養學生養成良好的品格（品格教育的目的）。

第七章
課程發展之課程實施與評鑑階段

第一節　課程實施階段

　　課程經過設計與發展後，若沒有經過課程實施的教育行動，則無法落實課程的教育理念，更無法達到課程設計與發展的預期目標（黃光雄、蔡清田，1999）。

　　課程實施乃是將課程之書面計畫落實的過程，唯有實際去執行，才能有機會將課程轉化為可知、可教、可學的具體課程。課程實施階段即邁入到教學的領域，本節重點放在影響課程實施效能的因素上，而不在教學本身的探討上。

　　課程實施是個很複雜的歷程，包含了許多因素與條件的配合，其中包括課程實施的時間、技術、文化、資源、人的合作與溝通、政治觀點等，這些因素，主要可分為課程實施的技術層面、政治層面以及文化層面來探討（方德隆譯，2004a；黃光雄、蔡清田，1999）：

一、課程實施的技術層面

　　課程實施乃是將課程計畫具體實踐的過程，而要能成功地推展課程計畫，則需要許多技術層面的配合：

（一）循序漸進

　　課程的發展與實施是個創新、改變的歷程，人們對於這種創新與改變往往抱持著既期待又害怕的心態，當這個改變來得突然且太快，或是當他們對於這個改變毫無控制或影響力的時候，或是這種改變是會要求他們投入較多的時間的時候，通常人們是選擇安於現狀的。因此，在課程實施時，應是逐步推動且循序漸進的，而非一口氣推翻所有目前進行的課程。若能在課程實施之前，讓教師有適當的參與感，並事先試驗課程的可行性，讓教師有時間做好心理準備，對於過去、現在以及未來的課程有反思、討論的空間，如此將能提高課程順利且長遠實施的可能性。

　　在課程實施的過程中，追求課程變革亦是課程實施之動機。當參與者意識到需進行課程變革之時，通常會以下述四個指標作為思考之方向，依序分為需要性（needs）、清晰度（clarity）、複雜性（complexity），以及品質與實用性（quality and practicality）等四項，說明如下：

1. 需要性

　　係指教師或課程使用者在眾多需要中，排列其優先順序，若某一項的課程實施是較重要的，使用者就會願意花較多的時間、精力投入實施與創新。也會運用討論的方式，讓教師表達課程不足之處，並建議其解決之道以滿足教師的需要。

2. 清晰度

　　係指課程使用者明白欲實施之課程目標及教學方法的程度，愈明白則課程實施的成功率就愈能提升。因此有學者建議在推行新課程時，要將教師所扮演的角色以及課程實踐的方法，提供清楚的說明，增加課程使用者可行性。

3. 複雜性

　　複雜性係指新課程對課程使用者的要求度以及實施的困難度。當課程的要求以及實施的困難度愈高時，課程實施的複雜性相對提高，便容易降低課程使用者的施行意願。倘若能將課程實施的步驟清楚說明，並能事先排除課程實施時可預見的困難，將課程實施的目的清楚、單純化，則課程實施的成功機會便會提高。

4. 品質與實用性

　　這是指課程是否具品質以及符合教師、學生、家長等各方面的需求。課程的實施必須要符合實用原則才能夠引起大家的共鳴，激發改革的動力。而課程實施時，也需有清楚的計畫與步驟才能確保課程的品質。

（二）溝通無礙

　　無論是課程設計與課程實施，「溝通」的重要性已不言而喻。「溝通」是個處理訊息傳遞者與訊息接收者彼此間訊息互相流通的過程，為了確保課程實施的溝通管道是順暢無阻的，課程設計者需建立好正式與非正式的溝通管道。所謂的正式管道就是校內或校外的組織層級，也就是組織垂直與水平的溝通，例如：校長的意見能順利傳達給教師，而教師的意見也能有管道讓校長知曉，這是垂直的溝通；教師同僑之間透過教學觀摩、教學會議等管道將意見傳達，這便是水平溝通。非正式的管道則是教師在投入課程實施時的行動、交談，意見交流、資料閱讀、信件、文章、公告等媒介傳達彼此意見，這也是幫助溝通的管道。唯有做好溝通，課程實施中許多需要理解的概念，需要配合的行動，才能順利傳達給大家，提高課程實施的正確性與精準性。

　　在課程實施的過程，擔任不同職務者皆有其各自需履行之義務，以及個別之人格特質、素養上的差異，無形中即也成為影響課程實施的重要因素。

茲將影響人員依序分為教師、校長／園所長，以及學校內、外部等人員的支持等角色，說明其影響力。

1. 教師

教師是導致課程實施成功的主要因素之一，例如教師的參與、投入感、工作的默契、人際互動、師訓安排等都會影響課程實施的成效。教師如果沒有參與課程決策的機會，則會降低課程實施成功的機會，如果課程設計者能夠採取合作式策略並使課程具有挑戰性，則教師投入的意願便會提高；此外，教師對改革的自我動力也是導致課程實施成功的因素，若教師之間彼此交換心得，互相幫助支援並建立對工作的熱忱，則課程實施成功的機會便會增加。

2. 校長／園所長

在課程實施中，教師雖然是重要的角色，但是有些支援與協助需要受到其他相關人員的協助才得以進行得更加順利，而校長以及行政人員的協助就是導致課程實施成功與否的重要因素。在課程實施的過程中，校長帶領學校教師擬定課程實施的計畫，代表教師參與課程發展的各項會議，並能設法爭取經費、資源、人力等，皆有助課程計畫的實施與推動。因此，校長是課程實施的靈魂人物，在許多關鍵時刻扮演著推手般的角色，需要促成以及謀合各種不同的意見，在推動課程實施時是不可或缺的重要人物。一般來說，校長在課程實施過程中，扮演著三種主要角色：

(1)回應者

傾聽他人的意見，回應教師的需求，具有察覺問題的敏感度並能做出回應。

(2)管理者

建立好課程發展與實施的相關行政程序，確保課程實施的相關決策能清楚傳達，了解師生的需求，保護教師避免在課程實施中遭受不合理的壓力。

（3）發動者

當課程實施之初，校長必須鼓勵甚至是率先帶領教師實施新課程者，此外，校長更需要努力地將課程的目標與計畫清楚地傳達給教師，讓計畫獲得實踐。讓學校內的教師知道校長對於課程實施有著高度的期望、熱忱與動力，當校長展現熱忱，必能營造良好的學校氣氛，讓全校對於課程實施有著一致的共識與動力。

3. 學校內、外部人員的支持

學校內、外部人員亦能協助課程實施的推展更為順利。學校內部人員除了校長、教師之外，尚包含了學校的行政人員。學校行政人員能夠協助執行課程實施的計畫，例如：安排新課程的相關訓練、資金、設備申請、協助教師解決困難、支援評鑑等，關於這方面的行政流程與相關注意事項，若學校行政人員能全力支持，則可縮短許多繁雜的行政程序，掌握課程實施的時間性。學校外部人員則包含甚廣，像是家長、社區人士、政府官員、教科書出版商、企業等等，他們對於課程實施的意見，也是影響課程實施的因素之一，若能得到外部人士的支持，無論在課程實施的理念、經費、環境、設備等相關配套措施運用上，將能為課程實施達到加分效果。

（三）提供支援

課程實施的過程中，需要行政部門的協助支援，包括以下幾類：

1. 經費

課程實施需要充足的經費支持，如此在課程研究、教學設備、課程與教材的推廣上才能順利推展。

2. 在職進修

在職進修提供了教師專業發展的管道，希望透過此管道，可也提升教師

對所提倡之課程有充分的了解。

3. 情感支持

　　課程實施的過程是漫長且富挑戰性的，教師在課程實施的過程中，遇到教學上的瓶頸，除了給予專業的諮詢之外，情感上的支持也不可少。像是教師同儕之間的彼此打氣、鼓勵，校長能表達關懷之意，對於課程實施人員都能感受到精神上的支持。

二、課程實施的政治層面

　　在課程實施的過程中，各層次的人員與組織間的協調、斡旋、溝通等政治因素亦是一個影響課程實施的重要因素。課程實施是參與課程實施者（教師、課程專家、校長、家長、學生等）彼此之間的權力平衡、磋商協調、理念交換之下的結果，當彼此的觀點與期望達到平衡時，課程實施才有順利推展的可能。

三、課程實施的文化層面

　　文化層面指的是環繞在學校及教師氛圍中的學校文化及教師文化。在學校文化中，若學校鼓勵師生以及教師與家長間有平等的權力關係，且學校行政科層化的程度低，則可使教師與其他單位的溝通更加順暢，如此將有利課程實施。此外，教師、學生、校長之間的互動、語言、信念、價值觀和傳統等也都是學校文化的一環，不同的學校文化會對課程實施造成不同的影響。

　　教師文化取決於教師的信念，例如：有的教師會嘗試教學的創新，有的教師則會抗拒，有的教師會積極學習新知，有的則是安於現狀。教師之間若能組成合作小組，互相討論分享教學心得，都會對課程實施的成效產生影響。

　　課程實施旨在將書面的課程計畫在學校教學中具體實踐之，上述的技

術、政治、文化層面揭示出課程實施的複雜面，卻也暗示了課程設計到課程實施階段是充滿許多變數的，也就是說我們難以百分之百地要求課程計畫被精準地實施，就像同樣一個食譜在經過不同人的烹調後，會有不同的味道一般。課程設計小組之人員與課程實施人員應有機會溝通雙方的期望與理論和實踐面的差異性。

第二節　課程評鑑階段

一、課程評鑑的本質與目的

　　課程評鑑是教育者蒐集課程相關資料以用來決定是否改變、修改以及排除的過程。身為教育者必須了解評鑑不只是在課程結束後或是學期結束後才進行，而是在課程計畫、實施的過程中就可以進行評鑑的工作。例如：園所會幫幼兒蒐集平時學習活動的資料，包括照片、作品等，上課時孩子與教師之間的互動回應也是一種評鑑，教師可以在過程中了解幼兒的發展與學習狀況。在單元或主題結束之後，教師可以做一評鑑表，讓家長知道孩子的學習情況。此外，這也是幫助教師了解自己在課程計畫與實施的過程中，課程內容難易度是否適合孩子，以幫助教師檢討修正教案。

　　在課程評鑑中，Ornstein和Hunkins（方德隆譯，2004）將蒐集而來的資料解釋歷程看成一個沙漏，沙漏中包括課程、認知、觀察與解釋，如圖7-1說明。

　　在沙漏頂端包括課程與認知，狹窄的中間部分代表觀察階段，沙漏底部代表解釋。

（一）課程

　　課程是代表學校方案中教材的共同要素，是教師教學與學生學習內容。

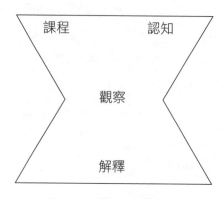

圖7-1　課程評鑑歷程圖

資料來源：方德隆（譯）（2004）。**課程發展與設計**（頁255）。台北市：高等教育。

在課程發展中，我們必須考慮教材的價值並做評鑑的判斷。教育人員要考慮其所計畫的課程價值，是否符合學生的需求以及社會的需求等。

（二）認知

　　圖中的認知部分代表蒐集資料的不同認知理論。教育者對於知識是發現的或是建構的哲學觀都會影響其蒐集資料的方法。此外，教學的認知模式會影響教師的教學方式，也會影響教師評鑑學生學習的方法。

（三）觀察

　　觀察可能包括實施不同形式的活動，檢視學生的學習情況，例如：透過學生的檔案資料、口頭評量，或使用錄影機的方式以獲取學生的學習情況。觀察也包括教師獲取資料的方式、對教師的觀察、分析教案以及進行訪談等。

（四）解釋

　　透過觀察所蒐集的資料回饋到解釋的階段，在教室中，解釋通常可分為

量化的與質性的，兩者可以視情況而併用。課程評鑑人員會運用到課程及認知的相關假定與模式，將資料轉變為課程發展及教學是否有價值的證據。

評鑑人員必須知道他們所要評鑑的層面是哪些？針對什麼樣的學習焦點做評鑑？如何蒐集資料？這些可以指引教育人員決定課程的品質以及學生成功學習的判斷。

二、課程評鑑之指標

評鑑一套課程之品質有不同的角度，本段從建構一套課程的基本評鑑指標和從教師使用時之角度分別提出可參考的指標。

（一）建構課程指標

Oliva（2005: 425-444）提出的八個建構課程的概念（concepts），可以作為評鑑課程時的參考。

1. 範圍

任何課程的內容、主題、活動與學習經驗安排、課程組織元素等都是決定課程欲達的範圍，也就是廣度。

課程範圍的決定其過程就如同目標程序，需要包含教育目標，將這些目標分為較小的一般性目標，這些一般性目標必須適合學校的經營組織，再將這些目標以較具體的形式定義，也就是在各個課程中可以分為好幾個可以達成的具體目標。例如：幼兒教育目標其中一項「養成兒童良好習慣」，就可以在各種形式的課程中設定具體目標：看見師長會打招呼，常說「請」、「謝謝」、「對不起」等。

在評鑑課程範圍時，通常會考量下列三個問題：

⑴在我們的社會中，孩子有什麼樣的需要？這個課程滿足了這個需要了嗎？

(2)當今國家、世界的需要為何？這個課程滿足了這個需要了嗎？

(3)哪些是學習者必要學的知識與技能？這個課程滿足了這個需要了嗎？

2. 關聯性

課程內容需要與學生生活經驗相關，才會引起學生的興趣，並幫助學生在日後遇到問題時，可以加以運用，甚至可以培養出解決問題的能力。關聯性並不止於課程內容與學生生活經驗相關，也包括所學內容是否可讓學生運用？是否符合時代需求？是否有助於學生在畢業之後擁有專業知識、技能等以因應下一階段的學習？這套課程是否滿足了上述的條件？是否課程四要素：目標、內容、方法和評量間保持了關聯性？

3. 均衡

均衡係指課程是否在廣度與連續性上的結構與順序是可以達到教學目標和教育目的。課程是否包含足夠之各科／各領域的內容？

4. 整合

課程是否整合了概念／學科知識／知、情、意的範疇？是否整合了數學、自然、社會、健康、音樂、語文等課程領域？

5. 順序性

順序性是指課程設計者如何安排與組織課程。如果廣度是課程的垂直層面，那麼順序性就會是課程的水平面。課程設計者是否是由簡單到複雜、依時間順序排列、由近而遠、由遠而近、具體到抽象、由普遍到特殊或由特殊到普遍的原則來組織課程的內容？課程工作者在發展課程時是否考量學習者的經驗背景、心理年齡與興趣，以及科目的困難度與實用性，並妥善安排內容順序以利學習者學習？

6. 連續性

連續性是指課程垂直連續的重複。在往後的課程學習中，是否有些課程會一再出現？螺旋課程就是連續性課程一個很好的例子，在課程內容、技巧以及知識上，都會適度地複習前面的學習以及呈現現在學習與前一階段和後一階段學習間之連續性的關係。

經驗會告訴課程發展者哪些內容是需要再次出現的，新的課程內容是建立在先備知識的基礎之上，而先前所學的知識會一再地在較複雜的課程層級中以不同的樣貌出現。

7. 連接性

順序性、連續性與連接性都是相關的概念。連接性是指提供學習者在不同的求學階段中，其所學習的課程內容都具有銜接性。這是屬於垂直的連續性。

學校總是在尋找方法回應學生不同能力的需求，有時學生進入層次較高的領域學習時，有的學生會覺得簡單，而有的學生則不然。這些都是課程設計者在連續性這個課程概念中會面對的問題。

連續性與連接性都是順序性的其中一面；順序性是指課程、單元內容的安排；連續性是指課程內容隨著層級愈高愈複雜而一再重複出現。連接性是指在有系統的層級中，必須確保下一層級的內容是承接上一層級，彼此內容是有相關的。

8. 轉變性

學生在學校所學到的知識技能可以幫助學生日後的發展，帶給學生附加價值就是一種轉變。

情意及認知方面的轉變是較不易察覺的。在情意方面我們希望學生在其生活中可以擁有倫理觀與正面的態度；在認知方面，學生的表現可以透過各種評鑑的方式而被察覺，如教師透過觀察幼兒或是與幼兒進行口頭評量等，

都可以知道幼兒認知的發展狀況。

　　轉變是教育的核心，是會在任何時候發生的，當學習者自己發現知識時，轉變於是產生。轉變性是指導與課程的原則，當我們談到有關教學方法時，這是指指導的過程；當我們分析學習者的轉變為何時，指的是課程領域。課程發展者應確認是否所實施的課程會給學生帶來最大的學習遷移作用。

（二）使用時的指標

　　發展課程當中涉及如何將課程裡面不同但又互相影響的元素結合成為一個整體，是相當具高難度的工作。這些元素包括時間表、課程內容、課程範圍、描述課程的方式、課程的焦點、達到與各教育層級之標準與方向的一致性、教師專業的發展、課程的監督、課程檢討及課程政策之修正或重新規劃。在這複雜的情況下，要做一個決定並不容易，下列指標得從教師使用時的角度去檢視一套課程的合宜性。

1. 課程是否能幫助教師有效且適切地運用時間去教學？

　　課程有著明確的時間架構，無論是從學期、月、週到每日的教學活動，皆能層次分明且時間充足，讓教師能從容地安排教學活動並完成預設的課程目標，而不會因為課程內容太多、太難而使得教師超出既定的教學時間，也不因為課程內容太少而增加教師另外準備其他教學的負擔。

2. 課程是否能幫助教師平衡他們的教學內容？

　　平衡課程的方式很多，像是學科的平衡、知（範疇知識）、情（價值觀與態度）、意（基本能力）的平衡等，「平衡」的目的主要在協助教師在安排課程時不會太多或不足，清楚的課程設計架構將可協助教師達成此目標。

3. 課程是否能讓教師及行政人員將教學與綱要標準及評量配合，以使學生表現達到高水平？

　　課程設計需與課程標準、課程目標以及課程評量相互校準，當彼此相互吻合，課程才能發揮其最大效能。

4. 課程是否能引導教師們在一起合作設計課程及做教學計畫？

　　當一間學校想要發展具該校特色的校本課程時，課程是否提供適當的教學活動選擇或是教學設計的點子以及資源，供學校發展該校的特色？例如：想以生命教育作為特色的學校，在教學活動的選擇上就可以多選用與生命教育有關的活動設計。而特色的決定、課程的選擇、教學活動的選擇等討論的過程便可由學校教師利用教學會議共同參與。

5. 課程是否有一個架構可以監督學生及教師有沒有完成課程？

　(1) 時間架構：協助教師掌握該何時完成課程？是一年？一學期？一個月還是一週？

　(2) 評量架構：透過評量架構，課程發展或教育行政人員可檢視教師是否在該時間點讓學生獲得應有的學習內容？

　(3) 內容架構：課程包含了學生在該階段所應學的所有內容，不會太多，或是不足。

　　上述的架構一方面能讓教師依循及按部就班進行課程，另一方面，也可以後設的觀點檢視教師是否完成依據不同架構所發展的教學內容。

6. 課程內容是否具架構性，能讓教師清楚教授的內容以及教學方法的指引？

　　課程備有教師手冊，提示主題之重點，重要的概念與教學內容，此外，亦有充足的教學活動設計（教案），提供教師進行教學時方法上的指引。

7. 課程是否具有讓教師發揮創意去設計具有個人特色之教學計畫的彈性？

　　課程有清楚的架構，並有充足的教學活動設計以及教學資源供教師選擇，以妥善做好事前教學準備，擬定屬於具有教師個人特質的教學計畫。

8. 課程是否能引導教師之教學能符合學校和政府所訂之教育目的？

　　課程需依據國家、地方政府、各級學校所訂之教育目的、課程目的、課程目標、教學目標的不同層次擬定，逐漸發展，如此課程才能有由上而下的依據。有了這個依據，教師所設計的教學便可拾級而上，由每日的活動目標向上溯源，讓每天在課堂所從事的教學活動都能符合教育目的。

9. 課程是否提供充足的資源，好讓教師方便搜尋相關補充資料？

　　課程是否提供與教學主題相關之參考書目、網站、影音資料、教具製作等資訊？讓教師在準備課程時，能迅速在所提供的參考資源中，找到想要的教學資料。

第八章
課程發展者之角色

　　課程設計需要學校或社區方面的人才，包括不同的計畫層級：教室層級、學校層級、學區層級、國家層級，甚至國際層級。學者專家都會對某些課程形式或內容持有某種看法，彼此會為了利益、資源而產生爭論。

　　課程的參與者，無論是教育人員或是非教育人員，都必須以學生利益為優先考量，決定哪些課程是學生所感興趣的，哪些是對學生有益的，以及如何在這些課程中做選擇。

　　課程發展過程中涉及到的人員或組織甚多，本章僅就學校與教室層級所涉獵到之人員的角色略做說明：

一、校長／園所長

　　一個學校若沒有具良好品質的課程，就像一部車失去引擎無法行駛到任何地方一樣。身為一位校長，他／她的工作就是要確保課程的品質，確保課程是被設計、接納以及實踐的。雖然，校長通常並不會直接涉入課程發展的繁瑣工作，但在這過程中，校長必須與教師分享權威，將權力下放給有課程與教學專業能力者，讓其發揮長才。

　　校長也必須將其目標與計畫以某種形式讓與課程發展相關的人員知道，尤其是學生與教師，讓大家參與計畫並執行以達到理想目標。校長在課程發展的過程中必須表達關懷，而不只是扮演學校管理者的角色。

校長在課程發展中,可以主動擔任課程創發者、發展者與實施者,校長也是課程的促進者:提供課程活動的時間、安排在職訓練、參與課程討論會以及改善學校的任務,並採取直接或間接的行動以了解目標是否達成及發展與維持良好的工作關係。

二、課程專家

課程專家對課程的本質具有廣博的知識,但是不具學科內容的專長,課程專家的責任在於確保方案能夠構思、設計與實施。這需要對課程有相當程度的了解,需要課程發展與設計的知識,使得課程理論能付諸實施,還要視導與評鑑教學。課程專家必須有敏銳感、耐心,以及在人際關係上有技巧,還需要有做決定與領導的能力。

在課程發展上,課程專家能提供教師意見,如何計畫課程、安排課程並將計畫付諸實行,在課後進行評鑑的工作等。

三、教師

教師是個具備反省性思考的實務工作者,在課程設計中扮演著核心角色。教師是課程最終的決定者,許多的日常決定都取決於教師的經驗。教師需要在新的課程設計中、教學實施或新的發展中,決定發展學生的基本思考能力、技能所需要的時間或者使學生超越自己並用不同的觀念來看待自己。

在課程計畫中,教師也需要做很多不同的判斷,例如:決定適合的活動、教材以及學生在課堂中的反應。同時網路也提供豐富資源,教師可以查詢資料、圖片,也可藉由影片播放來達到教學效果。

不同教師所扮演的角色具有很大的差異。它可以是一位教導先處方好的事實知識的教學者,或是一位與學生及其他教職員互動的多元角色。在大多數的情況下,教師對於自己應扮演的角色的看法,通常都是自我選擇與自願接受的。

四、學生

在教育的歷程中，學生通常都是處於被動的狀態，教育人員常忽略學習者的想法與感受。現在以學生為本位，我們尊重孩子並讓孩子依其興趣自由發展，學生可以表達他們自己的想法、所感興趣的議題，也被賦予機會參與學校的活動。

在幼稚園中，例如：方案課程，就以孩子的興趣為出發點，跟著孩子的興趣而發展出一套課程，儘管創造不同的課程計畫，但學生是以自己的方式來經驗它。

雖然學生可以參與課程計畫，但是不表示他們一定得參與，因此，對於學生參與課程發展的爭議於是產生。基本上，學生是否可以參與課程發展的工作，不是形式上的問題，而是教師在課程發展與設計時如何根據學生之興趣與能力而彈性調整其課程。當一位教師會視學生之個別差異而調整課程時，其實學生就已參與在課程發展的工作中了。

五、學生家長

家長擁有不同的技能、才能，以及興趣可以豐富課程，家長會注意學校的事務以及孩子的學習狀況，而教師也會提供機會與家長對話，尤其是面對面的訪談，家長可在參與活動中觀察孩子所學到的技能並提供家長與教師之間的互動。另外，家長樂意見到學校將資金用於學生的身上，通常用來購買課外讀物、運動器材及電腦設備。但有些家長不會參與此階段的學校事務，讓家長觀察教室上課情形，可藉由活動了解教師的觀點並可以學習到一些教學技巧等，例如：家長如何創造家庭環境以刺激孩子的學習，以及如何為孩子說故事或陪孩子畫畫等。家長有特殊的技能可增進課程的多樣性，並可參與擔任學校的工作，家長也可成為學校委員並參與決策，檢視提供教育職位者。

六、教科書出版社

在大部分的學校中，教科書常常決定了課程。目前市面上出現各種教材供教育人員選擇，而這些教科書對教室層級之課程影響力甚巨，學生所知道的，通常反映出教科書的內容。

第三部分
議題篇

　　與「課程發展」有關之有爭議的問題甚多，本篇選擇三個與幼教特別有關之議題：校本課程、坊間教材及標準之應用做深入的探討。

第九章
學校本位課程在幼教課程
發展中的爭議

　　幼教領域之課程發展，一直以來很少受到中央政府層級之主控，因此較其他領域（如：中、小學）有著更多彈性與自由發揮的空間。

　　1970年代，當各國將「學校本位課程」納為教育改革的重點時，幼教場域對於「學校本位課程」的現場實務經驗應不陌生。但是在中小學改革浪潮中高喊「學校本位課程」時，幼兒教育領域亦與之共舞，不免有追隨失當之可能性。為此，以下將針對「學校本位課程」的源起、內涵、幼教校本課程之現況以及需思考的問題加以剖析，期望透過此追本溯源的過程，能釐清「學校本位課程」在幼兒教育領域裡之意義性，並提供幼教現場在推動校本課程時應有的省思。

第一節　學校本位課程聲浪的源起

　　學校本位課程聲浪的起源是在1973年，由愛爾蘭的Ulster大學（The New University of Ulster）所舉辦的「學校本位課程發展」（School-Based Curriculum Development, SBCD）國際研討會中首次出現。會中將國家本位、學校本位、課程本位、地方本位、班級本位等課程議題納入討論，會中A. M. Furumark和I. McMullen 兩人首度試圖界定學校本位課程發展的意義，之後學校本位課程便逐漸被各國重視，並納為教育改革的重點（林佩璇，

2004）。學校本位課程的發展主要乃基於下列幾個原因（林佩璇，2004；高新建，1998；蔡清田，2005；Marsh, Day, Hannay, & McGutcheon, 1990; Skilbek, 1984）：

一、社會變遷對學校課程的批評與省思

隨著社會變遷，民主聲浪漸起，學者及社會大眾開始檢視過去由中央主導的課程，充滿濃厚的政治色彩，課程內容也多未考量學生的經驗與興趣，甚至呈現出與社會脫軌、過時的知識內容。隨著這股批評的聲浪，社會開始期望學校以及教師能夠重新拾回教育專業自主權，重新檢視課程的適切性，以及課程是否符合學生、學校以及教師的需求，以提供學生合宜的課程。

二、各國政府大力推動教育改革

1970年代，當各國政府開始意識到教育的重要性，大力推動教育改革之時，社會大眾便逐漸出現要求課程決策的權力能釋放到地方政府，學校能參與課程決策，使得課程能反應社會變遷以及地區特殊性的聲音。因此，「學校本位課程」乃應運而生，主要是期望讓教育專業自主權回歸學校、教師。雖然，國家主要的教育方針、目標仍由中央制定，但學校已開始被鼓勵能夠創發課程教材，以符應學校特色以及不同學習層級的需求。

三、學校要求更大的課程自主權

過去由中央主導之「由上而下」的課程，不僅容易受到政治介入的影響，課程內容也易脫離學生真正的興趣與需求。於是當學校本位課程呼聲漸起，學校開始覺知其應擔負與扮演之專業角色，要求更大的自主權。

四、教師專業地位提升的需求

傳統由中央所主導、發展的課程，教師易成為被動的知識傳遞者，課程

發展少了教師的參與，使得課程難以以學習者為中心，教師也難以將自身的經驗、教學特色融入課程，當教師難以發揮其對於課程與教學的專業，相對便失去了社會對於教師應有的期望與價值，因此各界對於提升教師專業地位的期待亦成為學校本位課程漸受重視與推廣的原因之一。

　　由上可見，發展學校本位課程的源由主要是受到社會變遷的影響，推動了地方政府以及教育體系對於教師專業、課程理念的省思。為避免教師在傳統之由上而下的課程發展模式的影響下，逐漸失去專業能力、專業自主權，遂有「學校本位課程」呼聲的產生，期望透過學校本位課程的推動讓教師重拾應有的專業能力，並讓教師由過去的被動「傳遞」課程角色轉為主動「研發」課程的角色；學校成為教師進行「行動研究」的場域，藉以建立教師專業知能與提升其專業地位。

　　從校本課程呼聲之產生背景來看，實在是針對中小學受到中央層級對課程主控權太強，希望中央在課程的主權上能夠下放一些到地方和教師身上所產生的一種反動聲音。幼兒教育領域裡並沒有國定課程，也由於不在義務教育體制範圍內，因此，並沒有中央「由上而下」發展課程的問題，也因此幼兒園所和教師擁有幾乎是絕對的課程自主權。當幼兒教育和中小學教育改革浪潮並行，高喊還給學校和教師專業自主權之際，幼教人應省思的是應如何運用已擁有的課程決定權、課程自主權以展現應有的專業性，而不是向外去要求政府授權將已在幼兒園、所長和教師手上的課程決定權、教學自主權還給他們。

第二節　學校本位課程的定義與要素

　　過去學者們對於「學校本位課程」已下了許多的定義，常見的定義如下：

　　學校本位課程意指參與學校教育工作的有關成員（如：教師、行政人員、家長與學生），爲改善學校的教育品質所計畫、主導的各種學校活動（Furumark, 1973, 引自林佩璇，2004）。

　　學校本位課程意指學校針對學生所學習的內容，進行計畫、設計、實施和評估（Skibeck, 1984）。

　　學校本位課程是以學校爲中心，以社會爲背景，透過中央、地方與學校三者權利責任的再分配，賦予學校教育人員權責。由學校教育人員結合校內、外資源與人力，主動進行學校課程的計畫、實施與評鑑（黃政傑，1985）。

　　學校本位課程是一種強調「參與」、「草根式民主」的課程發展過程，是一種重視師生共享決定，共同建構學習經驗的課程（Marsh et al., 1990）。

　　學校本位課程爲：學校爲達成教育目的或解決學校教育問題，以學校爲主體，由學校成員如校長、行政人員、教師、學生、家長與社區人士主導所進行的課程發展過程與結果（張嘉育，1999）。

　　學校本位課程爲：以學校的教育理念及學生的需要爲核心，以學校的教育人員爲主體，以學校的情境及資源爲基礎，針對學校課程所進行的規劃、設計、實施與評鑑（高新建，2000）。

　　由上述學者所提出的定義分析，筆者認爲「學校本位課程」包含了如下的要素：

一、學校本位課程強調合作及參與

（一）校內與校外人士的合作

　　過去由中央主導的課程乃多由獨立於校外的人士所設計、發展與進行相關決策，教師僅是課程的執行者。學校本位課程之提倡乃期待學校能在中央、地方和學校課程政策的框架下發展出具學校特色、適合學習者需求的課程，因此學校裡的教師以及相關人員，包括學生、學校行政人員（校長）、家長、教育行政人員、學者專家、其他人士（董事會、顧問）等皆有機會參與課程發展，有別以往，教師可以成為課程發展的研究者、設計者。這些不同人士彼此間的溝通、協調、合作與相互支援，更是成為是否能落實學校本位課程的重要因素。如果彼此缺乏良好的溝通機制，例如：教師缺乏課程設計的概念、校長無法扮演好課程領導的角色、教育行政人員不清楚政府與學校層級之課程政策、學者專家不了解學校實際運作課程的現況等，都將有可能使得校本課程的理念流於形式，失去其真正的精神與意義。

（二）教室內師生合作，共同創造課程經驗

　　學校本位課程重視師生彼此在中央、地方和學校課程政策的框架下共享決定，共同建構學習的經驗。有別於過去師生教與學的單向關係，學校本位課程將教與學轉成重視師生互動的雙向關係，「教學相長」，學生可以參與課程決定以及學習過程，教師也可由過去是「教學者」的角色，變成是「諮詢者」、「協助者」、「學習者」的角色，課程一旦有了學習者的投入與參與，課程內容將更能吸引學習者的興趣，並可依學習者的不同展現獨特性。

（三）學校本位課程乃是課程發展權力與責任之再分配

在過去的課程體制下，學校與教師的行動多倚賴中央政府所制定的明確指示而行，因此政府擁有課程的最大決策權，同時也擔起課程發展的重要責任。而學校本位課程的主張係將課程發展的權力與責任分擔到各級地方政府與學校，讓地方政府及學校皆有參與課程發展的權力，並使學校能彰顯教育專業的角色，承擔在課程發展中應有的任務與責任。

第三節 幼兒園學校本位課程的類型與評析

根據筆者多年來在幼教現場進行的研究以及觀察發現，目前幼兒園的課程發展，大致上分為三大類型，以下針對各類型的特性以及優缺點說明之：

一、「完全自行開發」型之校本課程

此類型的課程尚可分為兩類：

1. 教師個人或多位教師共同設計之課程：由教師自行設計課程，通常是學期前召開教學會議，分配教師們工作。例如：以主題、單元教學為主的，每學期有四個主題，那麼則由教師分別負責某一主題，進行該主題之教案設計，設計好的教案供全園或該年段班級使用。
2. 園所有獨立的課程研發團隊／小組：園所有獨立的課程研發團隊，課程由研發團隊設計。

（一）優點

1. 如果園所有獨立的課程研發團隊時，可減輕教師工作負擔；如果課程是完全由教師研發出來的，將會增加教師的工作負擔。
2. 如果課程是由獨立的課程研發團隊／小組所發展出來的，較可能針對園

所的教育理念設計較為完整與統整的課程；如果課程是完全由教師發展出來的，課程就未必具完整性與統整性。

（二）缺點

1. 園所需有足夠的經費與行政資源，才能另外獨立出課程／教材研發團隊或是部門。
2. 課程研發人員最好能有豐富的教學經驗以及堅實的課程發展理論基礎及發展課程的經驗，才能規劃出適合園所師生需求的課程。
3. 課程／教材之發展仍需有課程與教學專家帶領，才較可能發展出較適合園所、符合教育理念的課程。不是有獨立的課程團隊／小組就能確保發展出來之課程的品質。
4. 教師自行發展的多屬「活動設計」，而不是「課程設計」。

二、「坊間教材＋園所自行開發」型之校本課程

園所的課程／教材一部分直接採用坊間教材，一部分自行研發。例如：園所進行主題課程，主題活動（如：團討、小組活動、學習區／角落活動、綜合活動）的教案由園所教師自行設計，但特定領域（如：語文、數字等）內容的安排上，則會採用坊間的教材（如：兒歌讀本、數學寶盒等），有的園所會將教材的內容融入園所的課程，教材有一定的進度（如：一週有一首兒歌），並在課程中，安排固定時間進行教學（如：每週四的語文時間，就是兒歌讀本教學）。

（一）優點

節省課程設計的時間，坊間教材多有設計好的教具與教學資源，教師無須花太多時間準備課程。

（二）缺點

1. 如果教師沒有篩選教材和統整現成教材與自行開發教材的能力，那麼課程發展的結果會像是拼湊的布塊一樣，缺乏課程本身的完整性、延續性以及統整性。
2. 有的園所是將不同出版社之坊間教材各買其中一、二本組合而成園本的課程，這類型的課程也會是種大雜燴式的活動彙整，欠缺課程所要求之目標性、完整性、統整性與延續性。

三、「複合型」之校本課程

這類的課程是某些時段用坊間教材；某些時段有才藝課程（如：奧福音樂、體能、電腦、美語、陶土、圍棋等）由才藝教師負責課程的安排與教學；某些特定時段的教學內容（如：團討、角落活動、戶外教學等）則由帶班教師個人或是全園教師共同開發，或者除了上述兩種課程的混合外，也有自編教材再加上才藝課程和坊間教材的複合型課程。

才藝課程的規劃又可分為下列幾類：

1. 才藝教師自行研發：此類型教師多數為有豐富的教學經驗，能迅速掌握學生學習的方式以及可能面臨的問題，並能根據教師本身的專長發展出具有個人特色的課程。
2. 才藝教師直接採用具組織規模之才藝班所編寫出的教材。
3. 才藝教師乃園所聘的駐園教師，需與園所教師共同參與課程會議，發展該園所的才藝課程。

此種「複合型」學校本位之課程除了具有上述第二類之「坊間教材＋園所自行開發」課程的優、缺點之外，尚有下列優、缺點：

（一）優點

1. 才藝教師可能較具有專業的學科知識，才藝課程的引入，能補足幼稚園

教師在特定「學科知識」上的不足（如：舞蹈、體能、圍棋等），讓幼兒能有更精練、深入的學習。

2. 分擔帶班教師的工作量：由才藝教師負責規劃才藝課程與進行教學，除了能減輕園所教師的帶班壓力之外，帶班教師也可彈性地利用這段時間進行幼兒觀察，或是處理班務、園務等工作。

（二）缺點

1. 才藝課程內容多半無法配合園所的教育目標、主題課程目標，才藝教師也多無法參與園所的教學會議，與園內教師溝通課程與幼兒相關之教學問題等。

2. 園所需配合才藝教師的時間安排課程。許多才藝教師為兼職、跑班、跑校的性質，當園所安排該項才藝課程時，便需考慮才藝教師能配合的時間，一旦考慮此因素，園所進行課程的時間便容易被切割成片段，幼兒與教師需配合才藝教師上課的時間跟著跑場、等著上才藝課，這樣一方面會影響園所課程的整體規劃，另一方面若是利用幼兒午休、戶外活動等時間上課，亦可能影響幼兒發展。

從本章第一、二節的敘述與分析可以看出校本課程強調的是教師專業自主權的提升，也就是加重了教師在課程發展中的角色；但教師之自主性應該以中央與地方政府的教育宗旨與綱要之規準為其範圍。各園所在決定自己園所之課程發展類型時，應注意就整體性而言，所發展出來之課程是否既符合園所所期望之特色目標，同時亦符合中央與地方政府所設立之教育宗旨與綱要，再者，也要確認課程發展過程中，教師有能力且有機會參與課程發展的工作。

第四節　幼兒園所發展校本課程所面臨的問題

　　學校本位課程的發展雖可使學校有發展其特色的可能性，但若在課程發展的過程中缺乏必要的指引、資源以及實驗，將可能產生出許多缺乏深度、廣度，或是存有偏見、不合宜的課程內容，如此對於學生學習乃是無益，甚至是會造成傷害的（Gopinathan & Deng, 2006）。教師在面臨學校本位課程發展的過程中，可能面對下列問題：

一、誰是完整課程的決定者？

　　由目前幼兒園所發展的課程類型來看，令人有百花齊放之感，但在這看似熱鬧、多元的課程中，究竟誰可以決定教育與教學的目的？應透過什麼內容以達到計畫的教育與教學目的？應該用什麼方法教學？如何了解幼兒是否學到教師教學時的期望目的？圖9-1顯示，實際影響課程決定的相關人士眾多，包括教育決策當局、行政主管（園長／校長）、家長、學校支援者／顧問、教育區內的社會大眾、出版社、學校董事會／家長會／股東、大學教授／評鑑委員、教師和幼兒等，每個關係者所關注的課程焦點不同，例如：教師可能關注課程是否具充足之教學資源以方便備課？園長關注課程是否能展顯學校特色並吸引家長送幼兒來園就讀？學校董事會／股東關注的可能是課程執行的成本？家長關注的是課程是否能幫助學生發展未來成就？評鑑委員關注的則是課程是否能符合學生需求、能力與發展？學者關注的則是課程是否有明確的架構與堅實的理論基礎，是否符合教育理念？若以課程發展的觀點來看，一個具有完整課程理論架構的課程絕非單純到只要園所長決定、教師投票表決或是教師／園所自行開發即可完成的一件工程。誰來扮演領導與整合課程發展工作的進行？領導與整合者應具備何種課程發展之專業知能？都是園、所自行發展課程時應注意與考量的因素與內容。

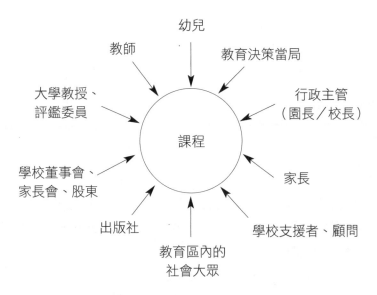

圖9-1　影響課程決定之人士圖

二、缺乏時間——缺乏時間計畫、反思以及發展課程

　　課程發展需要充足的時間進行資料的蒐集、設計與思考。教師平日忙於學校行政、班務、教學、學生輔導等工作，可能難有多餘的精力發展有品質的課程。

三、缺乏足夠之發展課程知能與經驗

　　完整的學校本位課程發展需要同時考量許多不同環節的需求並加以整合，故需要豐富的學理基礎、課程設計的經驗，以及對學習者特性的了解等。因此，若對課程發展相關的知識、能力與經驗不足時，教師會費時摸索、嘗試，無形間造成教師的壓力，可能會將學校本位課程之發展視為費時、耗力、難以看見成果的工作而加以抗拒。

　　Marsh（2004）、甄曉蘭和鍾靜（2002）、莊明貞（2001、2003）等針對

學校本位課程發展的研究指出，教師在進行學校本位課程發展時，由於多數的教師缺乏課程設計的專業知能，對於課程發展模式、課程設計方法的概念模糊，常面臨不知該如何進行學校課程規劃與發展的困境。Gopinathan和Deng（2006）指出，教師在進行學校本位課程時，需具備如下的知能：

1. 了解學生在課程以及學習上的需求。
2. 知道如何轉化知識（包括對於教學內容了解以及運用教學資源的知識），以使教學發揮最大效能。
3. 知道如何從眾多資源中，挑選有助教學以及學生學習的知識。
4. 知道如何營造一個以學習者為中心，能促進學生進行獨立思考與學習、延展學習興趣的環境。
5. 了解自己學校所處的情境以及整個教育系統的生態環境。

學校本位課程的推展，不僅考驗了教師對上述各種能力的整合，也可使教師從發展課程的過程中發展對於課程、課程資源以及教師角色的新知能與想法。當教師尚未具備足夠之相關知能時，即將課程發展的責任全交由教師決定，並以提供教師充分自主的教學環境為豪，若又欠缺教學效能的評估機制，那幼兒的受教品質就易受質疑。

四、缺乏經費的支持

「巧婦難為無米之炊」，試想若教師想要帶領幼兒進行探索社區歷史建築的課程，但學校卻無法提供校外參觀的交通經費，或是相關教學圖片、圖書、媒體設備等資源等，都會使得教師發展出來的課程因為缺乏經費與資源的投注與支持，難以落實。

當然，除了完善的行政支援系統外，課程設計者更需要具備如何在有限的外在資源、他人建議和理想的課程設計中找出折衷或是該情境下最佳的抉擇，此種抉擇的能力也是課程設計者在發展課程時，需要面對及解決的挑戰，並非僅靠外在的資源就能解決的（Marsh & Willis, 2003: 223）。

五、參與課程發展之人員不易形成共識

　　學校本位課程的推動需要獲得全體參與課程發展人員的共識與合作，才能順利推行。如果相關人員各持己見，校本課程的發展與推動就會受阻，例如：校長不支持教師發展課程的理念、無法提供應有資源，家長過度參與課程發展，使得教師課程決定的自主權受限等，皆是發展學校本位課程會面臨到之困境。

六、學校文化的威脅

　　落實學校本位課程並非易事，因它挑戰了課程發展人員的專業知能、參與者的精力與時間，更需促成不同單位願意彼此間的合作與資源整合的領導技巧，在如此富挑戰的工作下，當然難免讓現場教師視為畏途，抱著多一事不如少一事的心態，寧可守成，排斥任何課程革新的想法，反對推動學校本位課程。在這樣保守的學校文化下，若加上缺乏有力的領導，無法激起學校教師推動校本課程的動機與熱情，將使學校本位課程的理念淪為空談，更遑論有任何具體及有效的行動了。

第五節　結語

　　課程並不是某一個層級所能獨立承擔或獨占的權力，學校本位課程的發展需要中央、地方、學校和教室不同層級的分工合作才得以完成。一旦課程發展的過程全部以學校為層級做發展之出發點，缺乏任何外在或中央的綱要、指引、標準以及品質監控，那幼兒教育品質就不易提升。

　　「校本課程」並不是要以學校層級的課程發展取代其他層級的課程發展工作，也並非意味著其他層級的相關機構或人員不需要負擔課程發展的任務，不必再進行課程發展的工作。校本課程之發展需要考量社區需求、中央

及地方的相關政策及法令以及社會大眾的期望，在設計相關課程時，需以不偏離、不違背國家的基本教育主張為原則，以學校教育目標、課程架構作為規範。所以，學校本位課程乃是一個完整課程發展體系中的一部分（見圖9-2），它是上下銜接、循序漸進的一個發展歷程。

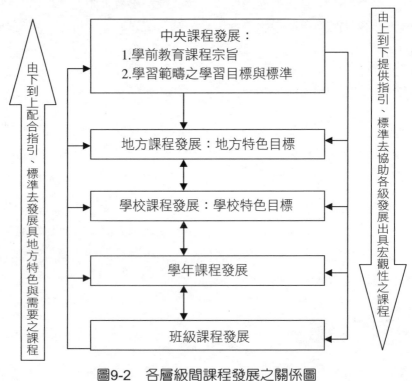

圖9-2　各層級間課程發展之關係圖

舉例來說，課程宗旨以培養幼兒在德、智、體、群、美各方面的全面發展，為生活做好準備，激發幼兒學習興趣和培養正確學習態度，為未來學習打好基礎為目標，將學前課程定為體能與健康、語文、個人與群體、早期數學、科學與科技、藝術等六大學習範疇，各學習範疇皆訂有配合幼兒身心發展之幼兒學習目標。因此，當課程總目標以及學習範疇的目標由中央制定好

後，各級地方政府、幼兒園所、各學年的課程、班級課程等便需以此目標作為課程發展的依據。園所發展校本課程時，便需檢視自己設立之目標是否符合了中央制定的課程總目標，而參與課程發展的教師除了在實踐學校所擬定的課程目標外，也需檢視課程內容是否達到中央期望的課程目標。校本課程的角色不僅在設計適合幼兒以及能彰顯學校特色的課程，它也同時負有實踐中央以及地方所期待之幼兒教育目標的責任。

第十章
坊間教科書／教材在
課程發展中的爭議

第一節　有關教科書的爭議

　　教師是否該使用教科書一直存有著不同的意見，有人認為使用教科書會剝奪了教師的專業性與自主性，容易使教師淪為僅是個「教書匠」；而另一派卻主張教師使用教科書不僅無損其專業性，反而可以增強教師的專業知能。當然，在兩個極端觀點下，就有折衷派的觀點出現。三派的觀點大致如下：

一、去專業化（deskill）

　　早期學者如Lawn和Ozga（1981）曾指出在工業社會下，已有愈來愈多的工作者在雇主的領導及管理下，逐漸失去自己在工作過程中思考的空間。也就是說，工作者僅需藉由一套運作良好的機器以及清楚詳細的操作程序便可達到工作目標。有關工作上的所有步驟都已事先被設定好，工作者只需按照一定的程序完成工作即可，不需用心去思考或是設計達成目的的方式與內容。這樣的情形也包括了在教室裡的教師工作。Apple（1989）指出一個事先設計好的套裝教材將會控制住教師的心智、削弱其專業能力，並會影響教師用心設計符合情境以及學生需求的課程。此觀點認為教師若完全倚賴教科書進行教學，就如同是工廠生產線上的工人，只要負責執行上級的命令，毋

須參與課程的發展、設計與相關決策，使得教師成為只需勞「力」不需勞「心」的工作，使用教科書將使教師失去專業性，也剝奪了學生得以有學習適合自己與符合自己興趣之課程的機會。

二、增強專業化（reskill）

針對上述的論點，有的學者們重新檢視了教科書存在的功用以及必要性，Westbury（1990）指出教科書主要功用為：「提供某主題相關的知識內容，並且加入邏輯順序的安排以及許多的教學支援，例如：活動設計、問題設計、學習單、課程與行政管理軟體等。」Squires（2005）認為：「教科書的內容可反映出當代的主要議題，也可顯示何者為當代重要該教以及值得學習的內容。」一套完整的教科書包含了學生用書、教師教學指引以及相關的輔助教材，這些教科書的內容乃經由清晰的教育理念架構以及有系統的課程研發程序所發展出來的，因此，Smyth、Dow、Hattam、Reid與Shacklock（2000）便指出，教師可能會因為過度倚賴教科書而失去其專業性，但其實教師也有可能在使用教科書的過程中，重新建立並增強了他在課程發展上的專業知能。

三、賦予專業化

除了去專業化和增強專業化兩派觀點外，Stoffels（2005）以南非為脈絡和Chien與Young（2007a, 2007b）以香港為脈絡的研究指出：教科書對教師專業自主性而言，問題不在於教科書會導致教師其專業性受了限制，或是教科書可以再增強教師的專業性；而是教師根本就未具備發展課程的專業知識、能力與經驗，此時，一套好的教科書是有其存在的意義性。

筆者曾針對教師採用教科書的理由及相關問題做過探討（Chien & Young, 2007a, 2007b），研究發現教師採用教科書的理由是：

（一）節省時間

「課程」爲學校教育成功與否的主要關鍵點，而教師爲課程設計與教學的核心，從教育改革的呼聲中可以看出，趨勢上來說是愈來愈期許教師有自我設計課程的能力，此現象在幼稚園中更加明顯。然而，這樣的期許卻讓教學現場的教師工作量大增，除了要負責繁複的教學以及園務工作外，在每日課程結束後，還須花許多的心力投入課程的發展與設計，龐大的工作負擔，加上課程發展的工作，在時間不足夠的情況下，不僅所設計出來之課程的品質值得關注，同時，教師壓力的增加，造成流動率與其他負面之影響的情形甚爲常見。通常而言，課程發展的工作屬於專業團隊（如：專家學者、出版社、編輯群、作者）所共同進行的工作，經長時間的研究、市場調查的過程所發展而成。一套好的教材，不僅爲教師整合了最適合該年齡之幼兒的學習範疇，也爲教師提供了完整的教學資源（如：教具、圖片、兒歌、故事等）。因此教材的使用可以讓教師省下開發課程的時間，而將時間和精力全心地放在教學上。

（二）彌補教師所欠缺之部分的專業素養，提升教師教學的信心與品質

多數的教師在課程發展的知能與經驗是不足的，因此所設計出來的課程多數屬於「活動設計」，而非「課程設計」。加上在時間、人力資源有限的情況下，更無法設計一套符合理念、有完整架構、有組織且能促進幼兒有意義學習的課程。好的教科書的運用將可提升學生獲得基本的教育品質（黃政傑，2000），除了學生使用的教材之外，教科書出版商通常也設計了完整的教師手冊，內容包含了教學步驟、方法以及資源，供教師教學時參考。透過此指引，不僅可協助新手教師提升教學的信心以及品質，資深的教師也可藉此掌握可以深入探討的教學議題，提升教學的專業知能。

（三）提供較統整、完整的學習架構，協助教師平衡課程

透過專業團隊的規劃與研發，好的教科書會統整不同的學習範疇，包含了該主題的相關內容，避免教師在自行設計課程時可能只設計自己在行或有興趣的課程範疇（如：喜歡語文的教師，只懂得設計語文的教學內容），而忽略了其他領域的課程。好的教科書，可協助教師平衡教學內容，拓展學生學習領域，讓學生掌握與此主題相關的重要學習內容。

（四）配套的輔助教材與教具

通常配合著教科書，出版商都還會配合教學內容提供教師輔助用的教具，這對教師而言，不僅可節省時間，同時可提升學生學習興趣與學習效果。

（五）會提供評量工具

通常教科書會搭配著評量工具，這對有的教師來說，可因應其情況在修改後拿來使用以節省時間；對有的教師來說，具有參考價值，可以成為刺激他設計評量方式之參考。

第二節　如何選擇好的教科書

既然前面已說明教科書之爭議性以及教師在其中所可扮演的角色後，應該如何選擇好的教科書，就成為一個重要的環節了。一般而言，幼兒教科書的挑選原則除了第七章第二節所列的指標外，尚可由以下角度去檢視：

一、是否符合各級政府及教育單位之規範與期許？

教科書內容的規劃是否符合政府對課程之規範？是否符合課程標準裡之精神與內涵的要求？

二、內容是否合宜？

（一）是否具有清晰的理念架構？

　　教科書內容是否是以教育心理學、教育哲學、社會學、知識論等理論為基礎？是否有明確且有系統的理念架構？其內容、方法、評量是否皆能配合此架構發展？學習者學過後之成果是否可達到預期的目標？

（二）是否有清楚且統整的學習目標？

　　整套教科書應有中心的教育目標。例如：各年級（如：小班、中班、大班）有各年級的學習目標、各冊（如：小班的一至十冊）有各冊的學習目標、每個活動亦有其活動目標，不同層次的學習目標環環相扣，以實踐教科書的整體目標。圖10-1為中班幼兒教科書之學習目標範例，由圖10-1可看出不同層級的學習目標如何上下呼應，彼此連結，並體現教科書的總目標（簡楚瑛、黃潔薇，2007）。

（三）是否具周延性？

　　從知識結構中知道學前幼兒學習的內容應該包含哪些概念？教材套是否將這些概念都融入幼兒教材中？周延性的考量乃是為了確保幼兒透過教材所學得的內容不偏重於某一領域，不會顧此而失彼。以數學範疇為例，學前幼兒早期數學的學習內容包含數、量、邏輯與關係、幾何圖形和空間概念、時間等概念。

1. 在「數」的部分應包括唱數、計數、對應、基數、序數（比較、次序、標記）等概念。
2. 在「量」的概念方面，應包括「長度」、「重量」、「面積」與「認識錢

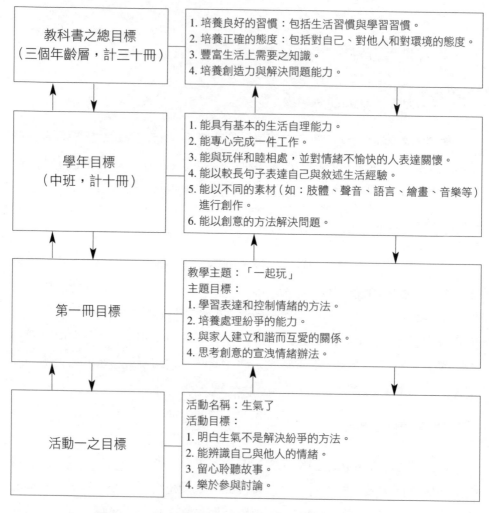

圖10-1　教科書學習目標符合性與銜接性示例圖

幣」等概念。

3. 在「邏輯與關係」的概念方面，應包含「一個向度」、「兩個向度」、「包涵」、「推理」等概念。

4. 在「幾何圖形和空間」的概念方面，應包含「形狀」、「參照點」、「二

度空間」、「三度空間」等概念。

5. 在「時間」的概念方面，應包含「說出時間」、「不同的時間概念」等概念。

　　一套完整的幼兒數學教材應將上述的概念依發展階段、知識呈現的先後順序，循序且合理比例的方式分布在各學年（大、中、小班）、上、下學期以及各冊的教材中，如此才符合「周延性」的規準（可參考表10-1）（簡楚瑛、黃潔薇，2007）。

（四）是否具均衡性？

　　「周延性」提供教科書「有」、「無」這些內容，「均衡性」則是了解這些教科書所呈現的內容以及概念之比重是否均衡，不會太過與不足。例如：太著重知識性教學活動而少情意、技術性的內容；較多讀、寫、算的活動，而較少遊戲、肢體律動等方面的活動。

（五）是否具邏輯性？

　　教材內容的選擇與排列合乎知識結構的邏輯性。例如：以數概念出現的先後順序應該是唱數（從一唸到十）、計數（邊點物品邊算數）、基數（一、二……十）、序數（第一、第二……第十）、先具有「大」、「小」的概念，才能將物品依據大小進行排列等，較深的概念一定要有較淺的概念作為基礎，如此才符合教科書的邏輯性指標。

（六）是否具連續性？

　　連續性指的是教材內容能依據學習者的身心發展階段，提供統整且聯貫性的學習架構，以循序漸進的方式提供學習者的學習內容，學習內容的安排不會突然出現，也不會突然消失，重視的是學習者學習經驗的銜接與延續。例如：表10-2是幼稚園教材中關於家庭／親子方面的主題分析表，小班主題

表10-1 「生活學習套」數學學習目標整統整性一覽表

香港「教統局」早期數學學習套目標
1. 透過多元的活動，包括遊戲、實物操作和日常生活經驗，對學習者產生興趣和發展認知能力。
2. 在日常生活運用簡單的數前概念，如數數、排列、次序、分類和配對等。
3. 透過多元化的活動，認識物件的屬性，如顏色、大小、輕重、形狀等，以及建立時間和空間等概念。
4. 透過活動和對事物的觀察、分析和討論，培養思考與解決問題的能力。

「教科書」數學科範疇目標	範疇知識 小班	中班	大班	基本能力 小班	中班	大班	價值觀與態度
數	1.認識1-5的字和量 2.1-5的數與量對應 3.認識5以內的組合與分解 4.認識1-5以內數字相鄰的關係	1.認識1-10的字和量 2.1-10的數與量對應 3.認識10以內的組合和分解 4.認識10以內數字相鄰的關係 5.標記1-10的數與量	1.認識1-20的字與量 2.1-20的數與量對應 3.認識1-20以內的組合與分解 4.認識20以內數字相鄰的關係 5.標記1-20的數與量	能依據指示選取1-5的正確數量（如：請拿1張貼紙）	1.能比較數量的多少和一樣多	1.能運用加減法計算數量 2.能運用組合和分解的概念分配物品 3.能利用圖或表進行簡單的統計	1.享受數學活動的樂趣 2.喜歡參與數學活動 3.在數學活動組表現自信 4.能運用數學能力從不同角度探討和解決生活的問題
量	認識相對概念：大小、長短、快慢	1.認識相對概念：高矮、胖瘦、多少 2.認識空和滿的概念 3.認識一個容量半個的概念 4.理解秤的意義 5.認識「=」符號和相等的意義 6.知道簡單的統計概念	1.認識測量單位 2.學習自訂度量衡單位 3.學習較簡的方法 4.掌握容量一對一的概念 5.認識「=」的概念 6.認識「+」「-」「打」的概念 7.認識10以內的加減法 8.知道加法文字題	能運用基本的相對概念（如：大小、長短）做比較	能運用各種相對概念（如：高矮、胖瘦、多少）做比較	1.能自定單位計算長度、重量和容量 2.能認識溫度	
邏輯與關係	1.學習一一對應的概念 2.學習以一個特徵分類 3.學習排列物的概念 4.學習配對	1.學習配對 2.學習5以內的排序 3.掌握同類物的集合 4.認識部分和整體的概念 5.認識對稱的概念 6.學習以兩個特徵分類或時間排序	1.學習以兩個特徵分類 2.學習按因果關係或時間排序	1.懂得排列學校日程表的活動 2.能配對相關物件 3.能把玩具分類收拾 4.能一一對應的配對	1.能一一對應分配物品 2.能把廢棄物分類回收 3.能推論出事情的因果關係	1.能排列一天的活動 2.能排列物品製作的程序圖	
幾何圖形和空間概念	1.認識正方形、三角形、長方形和圓形 2.認識上、下、前後、遠近、內外的空間概念	1.認識梯形和菱形 2.認識正方形、三角形、長方體和球體 3.理解上、中、下、間的空間位置 4.認識對稱面的概念	1.認識梯形和圓形 2.認識左右的概念 3.認識遠近的空間位置 4.認識最前、中間、最後的空間位置	1.於生活中找出正方形、三角形、長方形和圓形 2.能分辨內外、遠近、前後	能運用圖形組合和拼貼	1.能看懂簡單的地圖 2.能從坐標圖中找出人物位置	
時間	1.理解白天黑夜 2.理解昨天、今天和明天 3.認識「星期」的觀念 4.理解四季的循環	1.認識早、午、晚的概念 2.認識年、月、十二個月 3.認識一星期有七天的概念 4.認識看時間：「整點」「半點」	1.認識年、月、日 2.認識一星期有七天 3.認識看時間：「整點」「半點」	能分辨白天與黑夜進行的事情	1.能設計早、午餐的菜單 2.能編排一天的生活作息	1.能編排適當的一天生活作息 2.能在日記裡寫上日期 3.能看懂時鐘：「整點」「半點」	

資料來源：整理自簡楚瑛、黃潔薇（2007）。生活學習套。香港：教育出版社。

表10-2　各級學習主題連續性分析表：以「家庭」主題為例

	小班	中班	大班
主題名稱	新成員	一起玩	誰來陪我玩？
主題分析	幼兒個人	幼兒vs.兄弟姊妹	幼兒vs.父母長輩
教學目標	1.接納家中新成員。 2.懂得對家人表達關懷的方法。 3.學習表達自己情緒的方法。	1.培養友愛家中兄弟姊妹的態度。 2.培養處理紛爭的能力。 3.學習理解他人的情緒。	1.體諒父母工作與照顧家人的辛苦。 2.學習有效溝通的方法。 3.懂得控制與表達自己的情緒。

是「新成員」，主要是探討家中出現新成員時幼兒的情緒、態度的問題；升上中班主題爲「一起玩」，主要是探討幼兒與家中的兄弟姊妹和睦相處的問題；到了大班主題爲「誰來陪我玩」，主要是探討現代幼兒面對家中父母需上班，無暇照顧與陪伴的問題，上述的主題皆以幼兒在「家庭」所面臨的問題爲核心，主題由小班銜接到中班、大班，並將幼兒所遇到的問題情境由單純漸趨複雜，概念由簡單漸深入（簡楚瑛、黃潔薇，2007）。

　　表10-3則是三家出版社所出版之幼兒數學教科書出現「數」概念之年齡分析表。由表10-3可知，A出版社僅在中班下學期出現「認識1至10」的概念，缺乏學習此概念的前後延續性，B出版社在小班下學期就出現了「認識1至5」的概念，到了中班卻中斷完全無提及，但到了大班下學期又突然出現「認識1至20」的概念，這樣的安排使得幼兒在小班的學習經驗無法延續到中班（完全無提及），到了大班，突然需面對1至20的概念，幼兒不僅沒有足夠的數概念基礎，且很可能也已忘了小班所學的概念。綜上所述，若某個概念在前面一個年齡層沒出現，但卻在後一個年齡層出現，或是某個概念出現在前面一個年齡層，到後面就完全不見了，便無法符合「連續性」的指標，由

表10-3可得知，C出版社在中、大班將數概念由「1至10」延續到1至20，由認識數字到數的組合與分解，是較為符合「連續性」指標的（簡楚瑛，劉慈惠、許玉齡、鐘梅菁，1993）。

表10-3 出版社幼兒教科書之「數」概念出現年齡分析表

年級 出版社	小班		中班		大班	
	上學期	下學期	上學期	下學期	上學期	下學期
A				認識1至10		
B		認識1至5				認識1至20
C			認識1至10	10以內的組合與分解	認識1至20	20以內的組合與分解

（七）是否具適切性？

根據簡楚瑛等人（1993）以及陳淑芳、江麗莉、詹文娟、鄭秋平、簡淑真、李宜倫（2002）針對台灣坊間幼兒教材所進行的研究指出，目前學齡前之數學、自然科學教材普遍有偏難的現象。因此，在挑選教科書時，也應重視其適切性，內容難易適中，才能讓幼兒在學習時不會因為太難而產生挫折，但也不因為太簡單而感覺乏味失去學習興趣。

（八）是否具正確性？

一套教科書出版後，無論是幼兒、教師、家長、教育相關人員皆有機會使用或是參考，此時，教科書所編寫的內容正確性便顯得非常重要。嚴謹的出版商對於所出版的內容（如：自然科學實驗、知識、歷史文化等），會邀請相關專家進行審閱以確保內容正確無誤，避免產生誤人子弟的情形。

（九）是否具時代性？

　　教科書必須能反映時代與社會變化的需求，例如：過去並未強調生命教育、品格教育，隨著社會變遷，價值觀式微，自殺率、犯罪率提升，生命教育、品格教育成為當前教育的重要議題，因此教科書便應考慮將社會對於此部分的需求融入教材中，讓幼兒能經由教科書培養其尊重生命的能力以及培養良好的品格。

三、是否提供教師教學上的協助與支援？

　　教材應提供編輯理念、教材特色、編輯計畫等說明，以協助教師很快掌握教材的理念，並提供相關的教師手冊、學生評量表以及主題相關的教學資源以協助教師教學的準備和進行教學，從中實踐教科書預期的目標。

四、編排設計是否能激起學習興趣？

　　內容的編排如版面設計、圖文配置、繪圖的創意性、字體大小、紙質、印刷品質和色彩的運用等方面，是否能吸引學習者閱讀的興趣？

　　除了上述條件之外，課程的其他要素，例如：學生特質、教學環境脈絡、學校特色等也都應納入教科書挑選的考量。

第三節　結語

　　重複在第一章第二節對於「課程」與「教學」間之關係的結論（Oliva, 2005）：
　　1. 課程與教學是互相有關聯，但是是彼此不同的兩個東西。
　　2. 課程與教學是兩個既互相牽扯卻又互相獨立的東西。
　　3. 課程與教學可以分開來研究與分析，但無法獨立地發揮其功能。

教科書本身品質的好壞會影響教學的品質，同樣的，教師的教學品質會影響教科書的效能。從小學到大學各級教育裡都有教科書的存在與位子，幼兒教育領域也應加強與教科書有關之研究與實務經驗的累積。

編輯教科書的出版社、編輯、作者們都有其教育理念與信念，每一套書被編寫時也都應該有其理念、觀點與特性。教師在採用某一本／套教科書時，除了看其理念、觀點與自己相符合的程度外，在教學過程中，教師的教學理念、觀點與教學方法等也是影響教學品質的關鍵因素。同樣的素材，教師可以拿來當聖經般的教，也可以拿來當參考書用；教師可以照本宣科方式教，可以用詮釋角度去教，也可以從批判角度去教。關鍵在選書時和用書時教師之觀點與角度的覺知與應用。坊間的教科書應該是教師的參考書，教科書如何被運用，教師扮演著關鍵性的角色。

教師為轉化教科書內容的關鍵人物。教科書應該僅是教學的起點，教室裡實際實施之課程應該由教師根據學生之特質，學校之願景與規範，當地社會文化之特性與自己教育理念，以及教科書之參考來進行教學之工作。

第十一章
關於「標準」在課程發展中的爭議

　　幼教課程設計往往給人多元、活潑的印象，然而，在多元化、多樣化課程樣貌下，學生是否學到教師所預設的教育目的？教師的教學是否符合學生之身心發展階段與興趣？是否符合社會的期望？如何得知教師發展出之課程與教學要讓學生達到何種程度？諸如此類的問題，可能有賴一套「標準」去協助現場工作者對自己工作成果之評估有所依據。然而，「標準」的制定牽涉了許多包括教育哲學觀、社會文化和個體發展等複雜因素的考量，因此會帶出一些有待討論的議題，以下將針對標準的定義以及相關議題進行探討。

第一節　標準化運動的源起

　　1983年，美國總統雷根在一份「國家處在危機中」（A Nation at Risk）報告中批評美國教育漸趨「平庸化」（mediocrity），這樣的現象將導致國家缺乏競爭力，並使國家處在危機之中。因此，主張提升高中畢業學生的畢業標準，並規定四年中修習英文、數學、科學、社會、資訊教育都需達到國家標準。於是，以標準為基礎（standards-based）的教育改革運動盛行於1990年代至2000年代間，這項改革的精神主要在於設定教育標準、讓學校與教師負起教育責任，以及持續評估學生有良好學習成就表現。

　　在過去，學校所實施的標準乃是地方層級所制定的。學校自行設定對學

生的期望，讓課程符合標準，並透過測驗了解學生是否達到標準，如果學生未能達成，學校則設計其他的補救措施。相較於過去，目前的教育標準化運動乃將州和國家層級的「標準」與學生成就的「標準化測驗」（standardized test）結合在一起，同時必須面臨「帶好每一個兒童」（No Child Left Behind）的政策壓力。此時的標準在以評量為基礎下，就形同具有影響力的測驗，其主要目的在於提升公立學校的教育。

在此過程中，學者也針對「以標準為基礎的教育」提出不同的看法。反對者認為「以標準為基礎的教育」使得教育被許多有如制服般的標準取代，制服式的標準化教育將會限制了地方學校的創造力；贊成者將標準視為促進教師落實提升教學品質的指引，讓教師將焦點由只重視教學層面轉為學生學習成就表現的層面。藉由標準的指引，教師可擬定教學策略以使教學的成果符合標準的期待。此外，將標準作為評估教育品質的基準，可使教育工作者重新檢視學校的課程與教學是否周延且有品質。因此，贊成者認為應有公開且具體的課程標準，好讓國家的教育能夠有與別國競爭的依據，並使學校持續進步與成長。

綜合上述可知，以「標準為基礎的教育」乃源起於美國政府對於學生學習成就表現平庸、缺乏競爭力的反省，其具體的行動便是將原本由學校自擬的教育標準提升至國家層級，讓各級學校在設計課程以及評估學生學習成就時有共同依循的標準。伴隨以標準為基礎的教育而來的是「標準化測驗」，可以說是了解各校達成教育標準的一種「量化」的策略，以科學化、理性的數據呈現出學生學習成就或是學校的辦學效能，其目的在於提升公立學校的教育品質，讓教育工作者明確知道在教學過程中「什麼是好的」、「什麼是被期待的」，也使國家的教育成果有客觀的證據進行比較與預測，以及供未來教育政策應努力之方向的參考。

第二節　標準之定義與要素

　　教育部國語辭典將「標準」定義為「衡量事物的準則」。1991年，美國國家教育標準與測驗委員會（National Council on Education Standards and Testing, CEST）指出，學習標準的制定必須符合下列條件（Oliva, 2005: 550）：

1. 標準需能反應「高層次的期待」，而非細瑣能力的期待。例如：「能說出故事的人物名稱」便顯得過於繁瑣且缺乏意義性，無法反映對學習者高層次的期待，若改為「能專心聆聽說話與故事」，便顯得好多了。
2. 標準主要在提供焦點與方向，不是國家課程。
3. 標準的制定應是國家層級的工作，而非地方政府層級的工作。
4. 標準是自願的，不是由政府規定要去遵守的。
5. 標準是具彈性、動態性而非刻板、拘束性的。

　　美國幼教協會（National Association for the Education of Young Children, NAEYC, 2007）指出：「學習標準的制定，有助於教師和家長對於學習的內容和結果進行聚焦，協助教師和家長了解提供幼兒適當性學習機會的方向與期待的結果；同時此將有利於幼兒與未來學習課程的連結。」

　　Squires（2005）將標準做了以下的定義：

1. 標準是明確地說明什麼是學生應該知道以及應該會做的。
2. 標準應該是廣泛被傳播和被公認的。
3. 標準是被用來引領教學用的。
4. 標準應該要和課程目標以及評量相互呼應。

　　綜合上述，標準的定義包含了下列要素：

一、標準是用來做衡量的

標準是被用來做衡量某種事物的準則,例如:「課程標準」便是被用來檢視課程是否依據所擬定的標準而發展與設計的。

二、標準是眾所公認的

制定標準的目的乃為使欲衡量的事物具有同樣程度的品質,因此「標準」制定的過程必須經由具公信力的團體,經過一套周延的程序並獲得大眾公認後所擬定,所擬出的標準必須反映實際社會脈絡下的需求以及大眾對於品質的期待。例如:「課程標準」是經由教育部召集幼教課程發展小組,小組成員包含各學門及幼教專家學者、幼教現場教師、園長以及相關教育行政人員經不斷的研究、協商與溝通,最後在達成共識後擬定之。

三、標準是一種指引

每一件事情發展之方向與焦點是什麼?標準在此時便扮演了指引的角色,提供相關人員朝著多數人期待的方向前進。

四、標準有明確說明

標準既然是可衡量的準則,便必須有明確的說明以使人了解標準所包含的項目以及衡量的方法。

上述對「標準」是什麼做了分析,下面將對「標準」「不是」什麼提出筆者個人的看法:

一、「標準」不同於「標準化測驗」

「標準」用於教育場域時,其功用在於提供指引,讓教師能清楚政府對

於教育方向與重點的期待。「標準化測驗」可以說是一種方法、策略,與「標準」的關係可以是互相獨立,也可以是相互依存。當「標準」與「標準化測驗」各自獨立時,「標準化測驗」是種工具,其目的在了解學習者能力或學習結果的現況。當「標準」與「標準化測驗」是相互依存的關係時,此時「標準化測驗」可以說是為測試是否達至「標準」的策略,例如:美國政府規定2000年每位成年美國人皆識字、美國學生在不同的學習階段皆能展現該有的基本學科學力,這時便需要有統一的標準化測驗以測量學生是否達此標準。此時的標準化測驗便依據標準而設計,目的在於了解學生達至標準的情形。

二、高標準不等於高教育成就

「是否達到標準?」雖是衡量教育成效的一種方法,一連串的數字以及書面資料雖可以很快地檢驗出受評者成就高低,但是若將標準以「最高標準」方式訂定之,以為能藉由將標準提高,就能提升學生整體的教育成就時,這樣在訂這個標準時的觀點便可能有不妥之處。黃政傑(2005)認為應將課程標準當成「最低標準」,如此可使學校自主地從事適切的課程設計,但如何認定何為最低標準、標準對誰算是最低標準等課題,便需要更多的研究資料,以及教育理念、兒童發展、社會需求、父母期待等不同層面的綜合考量,才能制定出適合、眾所認同的標準。

第三節　「標準」用在幼兒教育的類型

Schweinhart(2002)將目前用在幼兒教育之標準分為規範式標準、專業式標準和成果式標準三種類型:

一、規範式標準（regulatory standards）

此類型的標準由「政府」制定，一般而言，規範式的標準較強調「政府政策」的推動與實踐，是大方向的準則，讓課程發展者、方案實施者在執行工作時有依據的方向，較不強調實施後的表現成果。例如：香港教統局將學前課程標準訂爲：「培育幼兒在德智體群美各方面的全面發展和養成良好生活習慣，爲生活做好準備」、「激發幼兒學習興趣和培養積極的學習態度，爲未來學習奠基基礎」（香港教育統籌局，2006）；美國「提早開始方案」（Head Start Program）便對該方案實施的標準、經費來源、人員資格、幼教機構該如何保障兒童的健康以及安全等有明確的規範。

二、專業式標準（professional standards）

此類型的標準主要由「幼教專業組織」所制定，其焦點主要放在方案實踐層面，主要目的在於提供促使教育專業化以及鼓勵教育工作者朝往專業發展之指引。例如：2007年美國幼教協會（NAEYC, 2006）在關係、課程、教學、幼兒成長評估、健康、教師、家庭、社區關係、生理環境、領導與管理等十個層面所訂之幼兒方案標準（Early Childhood Program Standards）便是一例。通常這些針對幼教機構所設計的標準裡都包含有「課程」的項目。專業團體所提出之課程的標準，通常會較政府提出之規範式的標準更突顯其立論的觀點。

三、成果式標準（outcome-based standards）

相較於規範式以及專業式的標準，成果式的標準焦點主要放在學習者的「學習成果」，而非教學過程。此類型的標準將學習者在各階段以及各個學習範疇中應具備以及學習的知識與能力具體呈現出來，以作爲評估學生學習成果的依據。因此，此類型的標準又可分成下列兩種：

（一）內容標準（content standards）

此類型標準主要在指出課程應包含之內容以兒童需具備的知識、技巧、價值觀與態度為主。例如：香港教統局將幼兒「體能與健康」學習範疇分為健康知識、感知發展、大小肌肉運動發展三個部分，其中，在「健康知識」部分，以使幼兒能夠「養成良好的生活習慣、培養自理能力、培養積極參與身體活動的興趣和習慣、認識基本健康和安全知識，懂得保護自己」為學習的目標（香港教育統籌局，2006）。

（二）表現標準（performance standards）

此類型的標準主要以描述「如何展現」兒童已達到的內容標準為主。例如：在「書寫」的部分，學習標準在於使幼兒能夠利用紙筆，把看到的、聽到的和感受到的用圖畫或文字表達出來，與別人溝通（香港教育統籌局，2006）。

評量在課程發展中是很重要的一環，但其中涉及到大家對「標準」之定義與遵循之程度上會有不同的見解，課程發展者以及教師在決定評量方式、評量內容時，對於標準所應給予的角色，是需加以注意及思考的。而伴隨此類型標準所產生的測驗或是其他評量工具就是用來測量學生學習成果的工具。在學前階段，比較強調學生學習態度、習慣的養成以及形成性的歷程，因此成果式的標準較不如中、小學階段的強調程度。

第四節　結語

筆者結合Bodrova、Leong和Shore（2004）提出之設定標準時應該注意事項，提供制定有效能之學前課程標準時可參考的十點建議：

一、標準必須能夠反應幼兒家庭與社會所期待的價值

標準確定了教師必須費心投注的知識與技能，它不僅只是一種期待，也是一種制定該標準之社會對幼兒教育之主要價值觀。因此，標準必須能夠反應當時社會所期待的重要價值。例如：法國國定課程標準以「激發每位幼兒最佳潛能」為目標（Hurless, 2004）；美國幼教協會（NAEYC）將學前課程目標訂為：「能促使幼兒在社會、情緒、生理、語言以及認知各方面的學習與發展。」（NAEYC, 2007）；新加坡學前課程標準以「能知道對錯、能與他人分享與輪流、能夠與他人有關、能有興趣及能探索、能傾聽以及有進行有意義的談話、能感覺舒服及快樂、以發展好生理的協調以及健康的習慣、愛他們的家人、朋友、教師和學校」為目標（新加坡教育部，2007）；日本文部科學省（教育部）將學前教育目標訂為「培養健康、安全、快樂生活所需的基本生活習慣與態度以獲得身心安寧的基礎、培養獨立和合作的態度以及透過對他人的信任與關懷而產生道德感、培養豐富的情感以及對生活周遭環境與大自然的事物感到好奇、培養對語言的覺知以及感受聽、說日常生活語言的樂趣、透過多元的經驗發展豐富的感覺以增強豐富的創造力」（文部科學省，2007）。由這些標準便可窺見各國期待幼兒在學前教育階段所應強調、重視的價值觀。

二、標準的制定應以研究為基礎

標準顯示了幼兒在特定領域中應該知道的知識以及能夠做的事情。所以，標準的制定需要以研究所得的證據為基礎。例如：三至四歲幼兒在語言發展方面的特徵為能簡單地描述日常生活經驗，所以此階段幼兒語言範疇之學習／課程標準便可參考此項幼兒發展的證據制定「能與他人分享生活經驗和見聞」為其標準；又如，二十一世紀社會之特別對學習內容的影響是什麼？應以研究結果作為訂定標準時的依據。

三、標準應綜合不同層面的知能

標準必須能涵蓋知識、技巧和情意等不同的範疇，同時也應包含在每一範疇裡不同層次的知能。綜合性的標準通常包含內容標準（幼兒應有哪些能力）以及表現標準（要求幼兒表現能力之程度／水準）。例如：國際教育目標小組（National Education Goals Panel, NEGP）便結合內容標準以及表現標準以身體發展、社會情緒發展、學習取向、語言發展、認知與常識等五個向度來界定入學準備度（Scott-Little, Kagan, & Frelow, 2003）。

四、標準的敘寫方式應展現具體性，但依然保有教師運用時的彈性空間

通常標準涵蓋了廣泛的學習或是發展範疇，因此需加以細分成許多不同的具體項目作爲示例，但這些項目不能夠過於細瑣到造成教師在課程與教學上的限制。例如：「能應用所學語詞和短句，來表達自己的意見和需求」便標明了達到此項標準應使用的策略（應用所學語詞和短句），以及運用此策略的意圖和結果（表達自己意見和需求）。但教師在使用時，可依情境以及幼兒的差異，保有調整的彈性空間。

五、標準制定應考量教育經驗的聯貫性

當太多學習標準出現時，教師往往會急著由某種標準跳到另一種標準，而忽略了在該項標準中提供充足的學習經驗。聯貫性也意味著標準需能銜接不同的學習階段，才能協助教育工作者或是家長能夠預期下階段應達的標準。像國內幼兒教育課程標準的研發過程中會與「九年一貫」的能力指標銜接，就是教育經驗聯貫性的考量。

六、標準應該對教師之教學具有意義性並能幫助教師進行平時之教學工作

標準唯有在幼兒所被期待的學習結果與教師在教室教授的內容和在評量中所測量的學習結果,這三種階段間的銜接,才能真正落實。例如,課程標準若為「能激發幼兒學習興趣」,那麼教師在教室便要實施能激起幼兒學習興趣的課程與教學方法,而幼兒評量表中所設計的評量項目與方法則要能協助教師看得見幼兒展現學習的興趣。

七、標準必須以讓它有在教室實踐之可能性的方式書寫

標準必須讓教師能在其教學與評量中實踐之,也需要讓學校、地方政府有能力備好充足的資源,例如:教學檔案建立、環境、設備等,以協助教師達成這些標準。

八、標準必須能促進該領域之專業性的知能與形象

透過標準的制定與實踐,所有的參與者能從中認識幼兒的發展與學習,並能加強課程以及專業發展,促進幼兒教育品質的提升,同時可提升幼兒園整體的專業形象。因此,標準應被設計成如同是通往幼教專業化途徑裡引領幼兒教育發展的正確方向。

九、標準之制定應避免成為少數團體的保護令

標準的設定需注意避免成為少數團體的保護傘,如課程標準裡空間設計之標準應能兼顧都會區和偏遠地區的脈絡;又如,若幼兒園設備標準僅有公立學校、大型的私立學校才能有能力做到,那麼此標準便無形中可能成為某些利益團體的通行證或是保護令,此種情況就應加以避免;又如,在「標準實施要點」中舉例時以某出版社之產品作為範例,就可能有為該出版社宣傳

之嫌，此種情況亦應加以避免。

十、標準的制定應注意行政上的層級性

　　由於各國中央政府和地方政府在決定課程之權限上不一，因此，標準可能會有中央政府的標準，地方政府再根據中央政府的標準制定較具體、較具地方特色之標準，但也可能中央政府沒有訂標準，完全由地方政府制定。所以制定標準應先確立其適用之範圍。

參考文獻

中文部分

文部科學省（2007）。日本幼稚園國定課程標準。2008年4月23日，取自 http://www.mext.go.jp/a_menu/shotou/youji/english/youryou/mokuji.htm

方炳林（1974）。小學課程發展。台北縣：正中。

方德隆（譯）（2004a）。A. C. Ornstein & F. P. Hunkins著。課程發展與設計（Curriculum: Foundations, principles, and issues）。台北市：高等教育。

方德隆（譯）（2004b）。A. C. Ornstein & F. P. Hunkins著。課程基礎理論（Foundations of curriculum）。台北市：高等教育。

毛連塭、陳麗華（編譯）（1991）。精熟學習法（第二版）。台北市：心理。

行政院研究發展考核委員會（2003）。二〇一〇台灣。台北市：作者。

行政院環保署（2007）。溫室效應不是天方夜譚。2005年3月8日，取自 http://210.69.101.9/ch/aioshow.aspx?busin=3903&path=4933&guid=fb89ba 4c-e5d4-42cd-9f70-e3f30b6f6074&lang=zh-tw

何琦瑜、鄭一青（2004）。品格決勝負——未來人才的秘密。台北市：天下雜誌。

吳直耕（2005，4月17日）。網上見眞章 歐美文化大戰 一觸即發。自由時報電子新聞網。2008年4月23日，取自http://www.libertytimes.com.tw/2005/new/apr/17/today-int1.htm

李子建、黃顯華（1996）。課程：範式、取向和設計。台北市：五南。

谷瑞勉（2001）。初任幼兒教師實際知識發展之研究。屏東師範學報，14，297-324。

周慧菁（2003）。品格——新世紀的第一堂課。天下雜誌，287，12-21。

周談輝、吳文憲（2005）。**人際關係與溝通**。台北市：全華。

林佩璇（2004）。**學校本位課程——發展與評鑑**。台北市：學富。

林進財（1999）。**教學理論與方法**（第二版）。台北市：五南。

洪鎌德（1977）。**社會科學與現代社會**。台北市：牧童。

香港教育統籌局（2006）。**學前教育課程指引**。2008年4月23日，取自
　　http://www.edb.gov.hk/FileManager/TC/Content_2405/pre-primaryguide-
　　net_tc.pdf

徐西森、連廷嘉、陳仙子、劉雅瑩（2002）。**人際關係的理論與實務**。台北
　　市：心理。

晏涵文（2001）。健康與體育新課程綱要之理念、內涵與特色。載於歐用
　　生、莊梅枝（主編），**邁向課程新紀元（七）——九年一貫課程學習領
　　域研討會論文集**（頁170-179）。台北市：中華民國教材研究發展學會。

高新建（1998）。**學校本位課程發展的立論基礎與理想情境**。論文發表於台
　　北市立師範學院主辦之「八十七學年度教育學術研討會」，台北市。

高新建（2000）。**學校本位課程發展的意涵與實施**。2008年4月23日，取自
　　http://www.trd.org.tw/Cpast/N1/%B3%B902.doc

張子超（2002）。**環境教育——九年一貫課程**。2005年7月7日，取自http://
　　www.tmue.edu.tw/~envir/88man/3-5.htm

張玨、王舒芸（1997）。兩性平等教育的挑戰與迷思。**婦女與兩性研究通
　　訊**，**43**，4-8。

張添洲（2000）。**教材教法——發展與革新**。台北市：五南。

張斯寧、江佩憶、陳淑薇（2007）。從「家人人數統計表」到「爸媽家務統
　　計圖」——看愛彌兒孩子圖表概念的建構與發展。載於張斯寧（主
　　編），**建構主義取向的幼兒課程與教學：以台中市愛彌兒幼兒園探究課
　　程為例**（頁295-310）。台北市：心理。

張嘉育（1999）。**學校本位課程發展**。台北市：師大書苑。

莊明貞（主編）（2001）。**學校本位課程的理念與實踐**。高雄市：財團法人翰林文教基金會。

莊明貞（主編）（2003）。**課程改革——反省與前瞻**。台北市：高等教育。

許芳菊（2006）。**海闊天空十週年——關鍵能力**。台北市：天下。

郭玉霞（1997）。**教師的實務知識——一位國民小學初任教師的個案研究**。高雄市：復文。

陳玉玲（1998）。論鄉土教育的理論基礎。**國民教育學報，4**，143-164。

陳美如（2000）。**多元文化課程理念與實踐**。台北市：師大書苑。

陳啟榮（2004）。鄉土教育之剖析。**教育趨勢導報，7**（9），81-85。

陳淑芳、江麗莉、詹文娟、鄭秋平、簡淑真、李宜倫（2002）。**幼兒科學基本能力指標建構研究**。論文發表於國立彰化師範大學科學教育研究所主辦之「第十八屆科學教育學術研討會」，彰化市。

陳皎眉（2004）。**人際關係與人際溝通**。台北市：雙葉。

陳儒晰（譯）（2003）。R. Edwards & R. Usher著。**全球化與教學論：空間、位置和認同**（Globalization and pedagogy: Space, place and identity）。台北市：韋伯。

陳龍安（2000）。**創造思考教學**。台北市：師大書苑。

陳龍安（2004）。**創造思考教學的理論與實際**。台北市：心理。

陳麗華等（譯）（2004）。J. Wiles, J. Bond著。**課程發展實務導引**（第六版）（Curriculum development: A guide to practice, 6th ed）。台北市：雙葉。

單文經（1997）。美國中小學實施鄉土教育的作法。**人文及社會學科教學通訊，8**（2），139-162。

黃木蘭（2004）。給孩子最美好的生日禮物。**師友月刊，445**，13-17。

黃光雄（1984）。**中國教育的展望**。台北市：五南。

黃光雄、蔡清田（1999）。**課程設計——理論與實際**。台北市：五南。

黃政傑（1985）。**課程改革**。台北市：漢文。

黃政傑（1991）。**課程設計**。台北市：東華。

黃政傑（1993）。**成人教育課程規劃模式與原則之研究**。台北市：國立台灣師範大學教育研究中心。

黃政傑（2000）。**教學原理**。台北市：師大書苑。

黃政傑（2005）。**課程改革新論——教育現場虛實探究**。台北市：冠學。

黃炳煌（1987）。**教育問題透視**。台北市：文景。

黃炳煌（1995）。**課程理論之基礎**。台北市：文景。

黃炳煌（1996）。**教育改革——理念、策略與措施**。台北市：心理。

黃炳煌（譯）（1981）。R. Tyler著。**課程與教學的基本原理**（Basic principles of curriculum and instruction）。台北市：桂冠。

黃炳煌、羅文基、簡楚瑛（1988）。**技職教育課程發展模式之研究**。台北市：教育部技職司。

黃崑巖（1994）。**黃崑巖談教養**。台北市：聯經。

黃德祥、謝龍卿（2004），品格與道德教育的內涵與實施。**教育研究月刊，120**，35-43。

新加坡教育部（2007）。*Pre-School Education*。2008年4月23日，取自http://www.moe.gov.sg/preschooleducation/

甄曉蘭、鍾靜（2002）。**學校本位課程發展相關問題及其相應措施之研究**。台北市：師大書苑。

劉仲冬（1999）。性別教育之我見。**兩性平等教育季刊，7**，24-27。

歐用生（1983）。**課程發展模式探討**。高雄市：復文。

歐用生（1984）。**課程發展的基本原理**。高雄市：復文。

歐用生（1994）。鄉土教育的理念與設計。載於國立台灣師範大學教育研究中心主辦之**「鄉土教育研討會」**會議資料，台北市。

歐用生（2003a）。**教科書之旅**。台北市：中華民國教材研究發展學會。

歐用生（2003b）。**課程典範再建構**。高雄市：麗文。

歐用生（2004）。**課程領導——議題與展望**。台北市：高等教育。

蔡培村（2000）。**人際關係**。高雄市：復文。

蔡清田（編著）（2005）。**課程領導與學校本位課程發展**。台北市：五南。

鄭瑞隆（2005）。**兩性教育理念與作法**。2006年4月19日，取自 http://www.tpjh.cyc.edu.tw/guide/data/aboutsex.htm

簡楚瑛（1981）。**我國課程發展模式之初探**。國立政治大學教育研究所碩士論文，未出版，台北市。

簡楚瑛（1988）。**幼兒・親職・教育**。台北市：文景。

簡楚瑛（2001）。**方案教學之理論與實務**。台北市：文景。

簡楚瑛（2005）。**幼兒教育課程模式**（第三版）。台北市：心理。

簡楚瑛、黃潔薇（2007）。**生活學習套**。香港：教育出版社。

簡楚瑛、劉慈惠、許玉齡、鐘梅菁（1993）。**我國坊間學前數學教材之評析研究**。教育部中等教育司專案報告。

羅曉南（1993a）。**哈伯瑪斯對歷史唯物論的重建**。台北市：遠流。

羅曉南（1993b）。**當代中國文化轉型與認同**。台北市：遠流。

羅曉南（1997a）。中國大陸文化轉變的新趨勢——關係本位與想像共同體之重構。**東亞季刊，28**（1），1-28。

羅曉南（1997b）。資訊科技對人文、社會的衝擊與影響期末研究報告（86-023-602）。台北市：行政院經濟建設委員會。

顧忠華（1997）。教育國際化的文化衝擊。**國策期刊，159**，7-8。

龔新平（2002）。**實施探究教學　培養探究能力**。2008年4月23日，取自http://big5.xinhuanet.com/gate/big5/www.jx.xinhuanet.com/lan_mu/jxmx/xuexiao/zszx/51.htm?

英文部分

AMS (2007). *AMS standards review and membership consultation.* Retrieved April 23, 2008, from http://www.amshq.org/schools_consultation.htm

Apple, M. W. (1989). *Teachers and texts: A political economy of class and gender in relation to education.* London: Routledge.

Apple, M. W. (1990). *Ideology and curriculum* (2nd ed.). New York: Routledge.

Apple, M. W. (1993). *Official knowledge: Democratic education in a conservative age.* New York: Routledge.

Apple, M. W., & Christian-Smith, L. K. (1991). *The politics of the textbook.* New York: Routledge.

Apple, M. W., & King, N. R. (1977). What do schools teach? In R. H. Weller (Ed.), *Humanistic education* (p. 35-42). Berkeley, CA: McCutchan.

Aronowitz, S., & Giroux, H. (1991). *Postmodern education: Politics, culture, and social criticism.* Minneapolis, MN: University of Minnesota Press.

Banks, J. A. (1993). Approaches to multicultural curriculum reform. In J. A. Banks & C. A. M. Banks (Eds.), *Multicultural education: Issues and perspectives* (2nd ed.) (pp. 195-214). Boston: Allyn & Bacon.

Banks, J. A. (1995). *Handbook of research on multicultural education.* New York: Macmillan.

Bartlett, L., Evans, T., & Rowan, L. (1997). Prologue. In L. Rowan, T. Evans & L. Bartlett (Eds.), *Shifting borders: Globalization, localization and open and distance learning* (pp. 1-3). Geelong: Deakin University Press.

Beauchamp, G. A. (1964a). *Curricular theory* (2nd ed.). Wilmette, IL: The Kagg Press.

Beauchamp, G. A. (1964b). *The curriculum of the elementary school.* Boston: Allyn & Bacon.

Beauchamp, G. A. (1975). *Curricular theory* (3rd ed.). Wilmette, IL: The Kagg Press.

Beauchamp, G. A. (1981). *Curricular theory* (4th ed.). Istsca, IL: F. E. Peacock.

Bennett, C. (2001). Genres of research in multi-cultural education. *Review of Educational Research, 71,* 171-217.

Bestor, A. (1956). *The restoration of learning.* New York: Alfread A. Knopf.

Bobbitt, F. (1918). *The curriculum.* Boston: Houghton Mifflin.

Bodrova, E., Leong, D., & Shore. R. (2004). Child outcome standards in pre-K program: What are standards; What is needed to make them work? *Preschool Policy Brief, 5.*

Borich, G. D. (1974). *Evaluating educational programs and products.* Englewood Cliffs, NJ: Educational Technology Publications.

Brice, L. (2000). *Deliberative discourse enacted: Task, text and talk.* Paper presented at the annual meeting of the American Educational Research Association. New Orleans: American Educational Research Association.

Brooks, J., & Brooks, M. (1993). *In search of understanding: The case for constructivist classrooms.* Alexandria, VA: Association for Supervision and Curriculum Development.

Caswell, H. L., & Campbell, D. S. (1935). *Curriculum development.* NY: American Book Company.

CDI (2007). *Language development in children.* Retrieved April 23, 2008, from http://www.childdevelopmentinfo.com/development/language_development.shtml

Chan, B. Y. (1977). *After Tyler what? A current issue in curriculum theory.* 香港中文大學教育學院院刊，6，22-33。

Chien, C. Y., & Young, T. K. (2007a). Are "Textbooks" a barrier for teacher autonomy? A case study from a Hong Kong Primary School. *Education and Society, 25*(2), 87-102.

Chien, C. Y., & Young, T. K. (2007b). The centrality of textbooks in teachers' work: Perceptions and use of textbooks in a Hong Kong Primary School. *The Asia-Pacific Education Researcher, 16*(2), 155-163.

Chien, C. Y. (2007c). Society, culture and education. *Journal of Basic Education, 16*(2), 125-148.

Doll, R. C. (1989). *Curriculum improvement: Decision making and process* (7th ed.). Boston: Allyn & Bacon.

Doll, R. C. (1996). *Curriculum improvement: Decision making and process* (9th ed.). Boston: Allyn & Bacon.

Edwards, R., & Usher, R. (2000). *Globalization and pedagogy: Space, place and identity.* London: Routledge.

Efland, A. D. (2004). The entwined nature of the Aesthetic: A discourse on visual culture. *Studies in Art Educationm, 45*(3), 234.

Eisner, E. W. (1979). *The educational imagination: On the design and evaluation of school programs.* NY: Macmillan.

Eisner, E. W., & Vallance, E. (Eds.) (1974). *Conflicting conception of curriculum.* Berkeley, CA: McCutchan.

Gall, M. D., & Gillett, M. (1981). The discussion method in classroom teaching. *Theory into Practice, 19*(2), 98-103.

Gay, G. (1991). Curriculum development. In A. Lewy (Ed.), *The international encyclopedia of curriculum* (pp. 293-302). NY: Pergamon Press.

Goodlad, J. I., & Richter, M. N. Jr. (1977). Decisions and levels of decision-making: Processes and data-sources. In A. A. Bellack & H. M. Kliebard (Eds.), *Curriculum and Evaluation* (pp. 16-506). Berkely, Calif.: McCutchan Pub.

Gopinathan, S., & Deng, Z. (2006). Fostering school-based curriculum development in the context of new educational initiatives in Singapore. *Planning and Changing, 37*(1) & (2), 93-110.

Gustafson, K. L., & Branch R. M. (1997). *Survey of instructional development models* (3rd ed.). Syracuse, NY: ERIC Clearing house of Information & Technology.

Hayes, B. G., & Hagedorn, W. B. (2000). A case for character education. *Journal of Humanistic Counseling, Education & Development, 1*, 2-4.

Henson, K. T. (2001). *Curriculum planning* (2nd ed.). IL: Waveland Press.

Hooper, R. (Ed.) (1973). *The curriculum: Context, design & development readings.* Edinburgh: Oliver and Boyd, in association with The Open University Press.

Hopkins, L. T. (1949). *Interaction: The democratic process.* Boston: D. C. Heath. Retrieved April 23, 2008, from http://eric.ed.gov/ERICDocs/data/ericdocs2/content_storage_01/0000000b/80/27/b6/0c.pdf

Hunghes, P., Russel, N., & McConachy, D. (1979). *A guide to evaluation.* Canberra: Curriculum Development Coporation.

Hurless, B. R. (2004). Early childhood education in France. *A Personal Perspective: Beyond the Journal.* Retrieved April 23, 2008, from http://www.journal.naeyc.org/btj/200409/hurless.asp.

Hutchins, R. (1936). *The higher learning in America.* CT: Yale University Press.

Johnson, Jr. M. (1967). Definitions and models in curriculum theory. *Educational Theory, 17*(2), 127-140.

Kagon, S. L., Moore, E., & Bredekamp, S. (1995). *Reconsidering children's early development and learning: Toward common views and vocabulary.* Washington, DC: National Education Goals Panel.

Kalk, D., & Cennamo, C. (2005). *Real world instructional design.* Belmont, CA: Wadsworth/Thomson Learning.

Kathy, A., & Mary, E. B. (2005). Dialogue and action: Addressing recruitment of diverse faculty in one Midwestern university's college of education and human services. *Chula Vista, 125*(4), 539.

Kerlinger, F. N. (1973). *Foundation of behavioral research.* NY: Holt, Rinehart and Winston.

Klein, J. T. (1991). *Interdisciplinary curriculum: History, theory, and practice.* Detroit: Wayne State University Press.

Lawn, M., & Ozga, J. (1981). *Teachers, professionalism and class: A study of organized teachers.* Basingstoke: The Falmer Press.

Leithwood, K. A., Ross, J. A., & Montgomery, D. J. (1982). Implementing curriculum innovation. In K. A. Leithwood (Ed.), *Studies in curriculum decision making* (pp. 245-267). Canada: OISE Press.

Lickona, T. (2003). The center of our character: Ten essential virtures. *The Fourth and Fifth Respect and Responsibility, 10*(1), 1-3.

Mac Naughton, G. (2003). *Shaping early childhood: Learners, curriculum and contexts.* Maidenhead: Open University Press.

MacDonald, J. B., & Leeper, R. R. (Eds.) (1965). *Theories of instruction.* Alexandria, VA: Association for Supervision and Curriculum Development.

MacDonald, R. A., & Leithwood, K. A. (1982). Toward an explanation of the influences on teacher's curriculum decisions. In K. A. Leithwood (Ed.), *Studies in curriculum decision making.* Canada: OISE Press.

Marsh, C. (2004). *Key concepts for understanding curriculum.* London: The Falmer Press.

Marsh, C., Day, C., Hannay, L., & McGutcheon, G. (1990). *Reconceptualizing school-based curriculum development.* London: The Falmer Press.

Marsh, C. J., & Willis, G. (2003). *Curriculum: Alternative approaches, ongoing issues* (3rd ed.). Upper Saddle River, NJ: Merrill/Prentice-Hall.

Merriam-Webster Online Dictionary (2005-2006a). *Develop.* Retrieved November, 11, 2007, from http://www.m-w.com/cgi-bin/dictionary?book=Dictionary&va=develop&x=5&y=8

Merriam-Webster Online Dictionary (2005-2006b). *Development.* Retrieved November, 11, 2007, from http://www.m-w.com/cgi-bin/dictionary?book=Dictionary&va=development&x=12&y=15

Morris, P. (1995). *The Hong Kong school curriculum: Development, issues and Policies.* Hong Kong: Hong Kong University.

Mosher, R. L. (1993). Preparing for citizenship. Retrieved from T. Lickona (1993). The return of character education. *Educational Leadership, 51*, 6-11.

NAEYC (2007). *NAEYC early childhood program standards and accreditation criteria: The mark of quality in early childhood education.* St. Paul, MN: Redleaf Press.

Nash, M. (1997). Fertile minds. *Time, 149*, 49-56.

Naughton, G. A. (2003). *Shaping early childhood: learners, curriculum and contexts.* Maidenhead: Open University Press.

Nicholls, A., & Nicholls, S. H. (1978). *Developing a curriculum: A practical guide* (2nd ed.). London: George Allen & Unwin.

Nieto, S. (2005). *Why we teach.* New York: Teachers College Press.

Oliva, P. F. (2005). *Developing the curriculum* (6th ed.). Boston, MA: Allyn & Bacon.

Onosko, J. (1996). Exploring issues with students despite the barriers. *Social Education, 60*(1), 22-28.

Ornstein, A. C., & Hunkins, F. P. (2004). *Curriculum: Foundations, principals and issues* (4th ed.). Boston: Allyn & Bacon.

Palomba, C. A., & Banta, T. (1999). Assessment essentials: Planning, implementing, and improving assessment in higher education. San Francisco: Jossey-Bass. Retrieved from B. Victoria, R. Roy, G. Hull et al. (2004). Evaluation an assessment tool for undergraduate social work education anylysis of the Baccalaureate educational assessment package. *Journal of Social Work Education, 40*(2), 249.

Parkay, F. W., & Hass, G. (2000). *Curriculum planning: A contemporary approach* (7th ed.). Boston: Allyn & Bacon.

Phenix, P. (1962). The disciplines as curriculum content. In A. H. Passow (Ed.), *Curriculum crossroads: A report of a curriculum conference* (pp. 57-65). NY: Teachers College Press.

Popham, W. J., & Baker, E. I. (1970). *Systematic instruction.* Englewood Cliffs, NJ: Prentice-Hall.

Posner, G. J. (1998). Models of curriculum planning. In L. E. Beyer & M. W. Apple (Eds.), *The curriculum: Problem, politics, and possibilities* (2nd ed.) (pp. 79-100). Albany: State University of New York Press.

Pratt, D. (1980). *Curriculum: Design and development.* NY: Harcourt Brace Javanovich Publishers. Retrieved April 23, 2008, from http://www.naeyc. org/academy/standards/ and http://ecrp.uiuc.edu/v5n2/little.html

Prout, A., & James, A. (1990). *Constructing and reconstructing childhood: Contemporary issues in the sociological study of childhood.* NY: The Falmer Press.

Robertson, R. (1992). *Globalization: Social theory and global culture.* London: Sage.

Saylor, J. G., Alexander, W. M., & Lewis, A. J. (1981). *Curriculum planning for better teaching and learning* (4th ed.). NY: Holt, Rinehart and Winston.

Schweinhart, L. J. (2002). *Making validated educational models central in preschool standards.* Retrieved April 23, 2008, from http://nieer.org/docs/index.php?DOCID=15

Scott-Little, C., Kagan, S. L., & Frelow, V. S. (2003, Fall). Creating the conditions for success with early learning standards: Results from a national study of state-level standards for children's learning prior to kindergarten. *Early Childhood Research & Practice, 5*(2). Retrieved April 23, 2008, from http://ecrp.uiuc.edu/v5n2/little.html

Skibeck, M. (1984). *School-based curriculum development.* London: Harper & Row.

Smith, B. O., Stanley, W. O., & Shores, J. H. (1957). *Fundamentals of curriculum development: Renewal.* NY: Harcourt, Brace, Jovanovich.

Smyth, J., Dow, A., Hattam, R., Reid, A., & Shacklock, G. (2000). *Teachers' work in a globalized economy.* London: Falmer Press.

Sowell, E. J. (2000). *Curriculum: An integrative introduction* (2nd ed.). Columbus, PH: Merrill.

Squires, D. A. (2005). *Aligning and balancing the standards-based curriculum.* Thousand Oaks, CA: Corwin Press.

Stenhouse, L. (1975). *An introduction to curriculum research and development.* NH: Heinemann.

Stoffels, N. (2005). Sir, on what page is the answer? *International Journal of Educational Development, 25*(5), 531-546.

Stripling, B. K. (2003). *Curriculum connection through the library.* Westport, CT: Libraries Unlimited.

Suarez-Orozco, C., & Suarez-Orozco, M. M. (2001). *Children of immigration.* Cambridge, MA: Harvard University Press.

Taba, H. (1962). *Curriculum development: Theory and practice.* NY: Harcourt Brace & World, Inc.

Tanner, D., & Tanner, L. (1995). *Curriculum development: Theory into practice* (3rd ed.). NY: Merrill.

Tyler, R. (1949/1986). *Basic principles of curriculum and instruction.* Chicago: University of Chicago Press.

Unruh, G. G., & Unruh, A. (1984). *Curriculum development: Problems, processes, and progress.* Berkeley, CA: McCutchan.

Weis, T. M., Benmayor, R., O'Leary, C., & Eynon, B. (2002). Digital technologies and pedagogies. *Social Justice, 29*(4), 153-167.

Westbury, I. (1990). Textbooks, textbooks publishers, and the quality of schooling. In D. L. Elliott & A. Woodward (Eds.), *Textbooks and schooling in the United States: Eighty-Ninth Yearbook of the National Society for the Study of Education* (pp. 1-22). Chicago: The University of Chicago Press.

Wiggins, G., & Mctighe, J. (2005). *The understanding by design* (2nd ed.). Alexandria, VA: Association for Supervision & Curriculum Development.

Wiles, J., & Bondi, J. (2007). *Curriculum development: A guide to practice* (7th ed.). Upper Saddle River, NJ: Merrill/Prentice-Hall.

Zais, R. S. (1976). *Curriculum: Principles and foundations.* NY: Crowell.

附錄一

　　茲分別將品格教育、多元文化教育、環境教育、性別教育、鄉土教育的定義與內涵之資料整理如下：

（一）品格教育

1. 定義

　　品格即是一個人的品行道德與風格，包括誠實、正直、忠貞、友善等價值評斷的個人品質。Lickona（2003）認為品格是一種「美德」（virtue），這種美德是個人或群體所共同認定並遵守的價值規範，是人類優良的特質，更是一種發自內心的良善覺知。一般來說「品格」就是必須要擁有一些特徵：尊重（respect）、責任（responsibility）、正直（honesty）、誠實（truthfulness）、有愛心的（caring）、公民責任（citizenship）和一些其他值得讓人擁有的特質（Hayes & Hagedorn, 2000）。

2. 內涵

　　1992年，美國一群學者、政界人士齊聚於美國科蘿拉多州，發表對於品格教育的想法與研究心得，目的在企圖找出人類所共同認同的倫理價值。會議的結果提出了「品格的六大支柱」——尊重、責任、公平、值得信賴、關懷、公民責任，作為現代公民應培養的基礎品格特質（何琦瑜、鄭一青，2004：47）。

　　黃德祥、謝龍卿（2004）指出品格教育應該包括三大內涵，即「自我要求、尊仁愛物和不斷學習」：

　　⑴自我要求：重視自我訓練、克己正念、修養品行與情操。

⑵尊仁愛物：忍讓寬容、誠信負責、大愛感恩。

⑶不斷學習：謙虛好學、盡己所學貢獻社會。

　　Lickona（2003）認為品格必須包括道德的認知、情意、行為等三個層面，而良好的品格是要能了解善、欲求善、行善，學校必須幫助學習者了解核心價值、接納與承擔道德規範、將道德規範於日常生活中實踐。黃木蘭（2004）認為「誠實」、「尊重」及「仁慈」等品格教育的元素乃是人類社會的核心價值。

　　綜上所述，可知品格教育的內涵各家有不同說法，但其中以「責任」、「尊重」、「關懷」為最被各家學者重視的三項品格。因此，此處將以「責任」、「尊重」、「關懷」作為品格教育的主要內涵，以及學校進行品格教育應達到的基本目標。

可參考之相關網站：

1. 美德書大冒險：http://pbskids.org/retired_adventures.html

2. 教導品格：http://www.teachingvalues.com/

3. 禮節語言：http://www.chiculture.net/php/frame.php?id=/cnsweb/html/0607

（二）多元文化教育

1. 定義

　　多元文化教育涵蓋的範圍非常廣，也很難下定義。不過，最多人同意的是：多元文化教育是立基於學習者需要高品質以及公平的教育（Nieto, 2005）。陳美如（2000）則提出：「多元文化教育是民主社會的基礎，其可促進公理正義、自由和平的生活，使得不同民族、階層、性別、語言、宗教、特殊學習者，皆能獲得公平的教育機會，並且相互尊重及欣賞。」Kathy和Mary（2005）認為「多元文化就是指差異，而差異存在於個人和團體之間，利基於種族、社經地位、性別、語言、宗教、居住的地區。」

Bennett（2001）認為：「多元文化的能力就是指一個人的知識、察覺和技能，而這些能力要可以和不同的族群發生交互作用。教師必須要教導學習者這些能力。」

2. 內涵

Banks（1993, 1995）指出：多元文化教育是一種理想或概念、一種教育改革運動，以及一種持續不斷的過程，主要是想要改變「教育結構」。多元文化教育的內涵，包含了以下幾點：

(1)多元文化教育是一種理想或概念：所有的學習者在學校中應享有同等的學習機會，不要去管他們的性別、社會階級、族群、種族以及文化特性。

(2)多元文化教育是一種教育改革運動：設法改變學習者和其他的教育機構，使來自不同社會階級、性別、種族和文化的學習者，有公平的學習機會。多元文化教育包含改變整體的學校以及教育環境，而不僅是只有課程的改變。

(3)多元文化教育也是一個持續不斷的發展過程、一些努力的目標，如：教育機會的公平以及完全消除歧視，在目前的人類社會中是無法完全達成的，所以需要不斷地朝目標努力。

可參考之相關網站：

1. 行政院兒童e樂園：http://kids.ey.gov.tw/lp.asp?ctNode=398&CtUnit=264&BaseDSD=17&mp=61

2. 多元文化教育：http://www.edchange.org/multicultural/

（三）環境教育

1. 定義

1977年，聯合國教科文組織（United Nations Educational Scientific and

Cultural Organization, UNESCO）在蘇俄伯利西（Tbilisi）國際環境教育會議中，對環境教育做了以下的定義：「環境教育是一種教育過程，在這過程中，個人和社會認識到他們的環境，以及組成環境的生物、物理和社會文化成分間的交互作用，得到知識、技能和價值觀，並能個別或集體地解決現在和將來的環境問題。」

2. 內涵

張子超（2002）提到了環境教育的內涵包括了：

(1)覺知（awareness）：協助社會群體和個人對整體環境及其相同問題獲得覺知和敏感度。

(2)知識（knowledge）：協助獲得關於環境及其相關問題的各種經驗和基本了解。

(3)態度（attitude）：協助獲得關切環境的一套價值觀，並承諾主動參與環境改進的保護。

(4)技能（skills）：協助獲得辨認和解決環境問題的技能。

(5)參與（participation）：協助獲得社會團體和個人有機會主動參與各階層解決。

可參考之相關網站：

1. 國教專業社群網：http://teach.eje.edu.tw/9CC/discuss/discuss3.php
2. 行政院農委會生態影片觀賞：http://www.tesri.gov.tw/species.asp
3. 台灣海洋生態資訊學習網：http://study.nmmba.gov.tw/child/map.htm

（四）性別教育

1. 定義

「性別教育」主要是希望透過「教育」使不同性別的人都能站在公平的立足點上發展潛能，促進不同性別的人在社會上的機會均等。在不同性別的

人平等互惠的原則下，破除性別歧視、偏見與刻板化印象，共同建立和諧的多元社會（鄭瑞隆，2005）。

2. 內涵

性別教育的內涵包括了：性別角色的認知、性別經驗的反省能力、性別預設與運作機制敏感度和洞察力、平等待人、和諧尊重的互動模式與態度（劉仲冬，1999）。張玨與王舒芸（1997）認為性別平等教育的意涵中應含括兩個概念，即「呈現」以及「尊重」多元化，意即在教學內容與教學歷程中，反省、反映並探討男女生活體驗的經驗差異，破除性別不平等的現象，才能建構符合多元文化教育精神的兩性平等教育。

可參考之相關網站：

1. 國教專業社群網：http://teach.eje.edu.tw/9CC/discuss/discuss4.php
2. 思摩特資源分享網：http://sctnet.edu.tw/Download/dlList.php?dlClass_id=14
3. 我的青春網：http://www.healthcity.net.tw/myyoungweb/st.html

（五）鄉土教育

1. 定義

鄉土教育是指給予學習者認識生活環境鄉土的教育，不僅在使學習者了解、認識所居住的鄉土環境，更在於建立情感的認同與聯繫，進而使鄉土居民能貢獻心力於鄉土建設之發展，是一種帶有主觀認同的情感教育（陳啟榮，2004）。

狹義的鄉土教育指在鄉土中所發生的人、事、時、地、物所交織而成的教育活動，即是鄉土教育，如：鄉土歷史、鄉土文化、鄉土生活（單文經，1997）；而廣義的鄉土教育則指一種人格教育、生活教育、民族精神教育、多元文化教育、民族精神教育與世界觀教育（歐用生，1994）。鄉土應包含三個向度：鄉土結構，即空間區域；鄉土經驗，即生活經驗，包括鄉土特

性、適應過程及文化作用；鄉土意識，也是鄉土的靈魂，包含鄉土存在的基礎與鄉土存在的意義。

綜上所述，鄉土應是整體的，包括地與人的層面；鄉土更是居家的外沿，因此，鄉土情懷常帶有家的情緒。也由於個人感官的參與、接觸，而對鄉土風格產生了具體的感受並賦予意義，進而累積成鄉土經驗。

2. 內涵

鄉土教育的內涵包括三個層面（整理自陳啓榮，2004）：

(1)知性的教育——教授學習者有關鄉土的自然要素與人文要素，使人們對鄉土的環境有充分的了解與認識，以作爲培養鄉土情感的基礎與認識鄉土的基本知識。

(2)情意的教育——人們對鄉土有愛並負有責任感，鄉土觀念才能形成，因此鄉土教育具有情意的教育功能，是鄉土教育之主要精神所在。

(3)藝能的教育——透過對鄉土藝能的學習，對鄉土的認知將更爲深刻，也可使鄉土藝術得到傳承。

可參考之相關網站：

1. 國立教育資料館：http://3d.nioerar.edu.tw/2d/country/
2. 台北縣鄉土教育中心：http://163.20.86.22/welcome.htm
3. 台灣原住民數位博物館：http://www.dmtip.gov.tw/

附錄二

以「品格教育」中之「分享」爲例：

1. 以「多元文化教育」為內涵之教學方法（活動）及教學評量之運用

多元文化係指透過認識各地不同的文化，讓學生學會尊重彼此的差異，欣賞彼此的優點，也拓展學生的視野，增加其生活經驗。透過多元文化教育，亦可達到品格教育中的「分享」目的。

(1)角落教學法→觀察評量

教師可在圖書角放置有關多元文化的相關繪本，並從中選擇一些跟幼兒分享不同文化的故事增廣其視野。在團體活動的時候，可與幼兒討論這些繪本的內容，對哪一本書的印象最深刻？也可請已閱讀過該繪本的學生分享所看到的故事內容。透過同儕互動的過程，教師可在日常生活中，觀察幼兒是否樂於分享他所知道的不同文化特色，從中感受到分享的快樂。

(2)發表教學法→觀察評量

除了解各國的特色之外，教師也可由幼兒家中的收藏開始。如有些家庭會在旅行的時候蒐集不同國家的紀念品，教師便可請幼兒帶到課堂中向大家介紹家中最特別、最喜歡的物品，以及為什麼他最喜歡這個東西的原因。透過這個活動，教師可事先請家長在家中與幼兒一同討論如何介紹家中的收藏，教師在課堂中也可引導幼兒欣賞其他人帶來的物品，並觀察幼兒是否能從分享的過程中，學會欣賞他人，以及感受到分享的樂趣。

(3)創作教學法→發表評量

每個地區都有自己特殊的節慶，例如：西洋的萬聖節、聖誕節，中國的農曆過年、元宵節，泰國的潑水節等等。教師可以介紹這些節慶故事的由

來，配合學校內舉辦的活動，讓學習者創作與節日有關的物品，例如：元宵節燈籠的製作、萬聖節的南瓜創作、聖誕節聖誕樹的布置等等，並在作品完成後，邀請每位學生跟大家發表與分享自己的作品。一方面可讓幼兒體驗到不同國家的節慶特色，另一方面，教師也可從幼兒作品的發表中評量是否能大方介紹自己的作品，以及欣賞他人的作品。

2. 以「環境教育」為內涵之教學方法（活動）及教學評量之運用

　　環境教育的目的就是要讓大家知道我們居住的環境及地球是需要大家一起來維護的，唯有愛護所居住的環境，我們的生活才不會遭受威脅，才能有一個安全且舒適的環境。因此，教師可以引導學生去思考一些目前所遇到的環境問題，以及該如何來保護我們的環境，讓學生分享自己的感想與經驗。透過學生們的分享，可以知道他們的想法是否正確，也藉此建立學生正確的環境教育觀念。

(1)討論教學法→發表評量

　　教師可以先與幼兒討論，我們居住的環境有哪些髒亂或是讓我們覺得不舒服的問題？例如：街上垃圾很多、常常在公園散步都會看到很多狗的排泄物、隔壁的音樂開得很大聲、很吵等等，透過這些問題引導幼兒留意生活中可能有的環境污染。接著可詢問幼兒是否也曾有類似不經意造成環境污染的經驗，例如：亂丟垃圾、帶小狗出去散步而且沒有處理好牠們的排泄物等等。透過這些討論，可讓幼兒察覺到「環境污染」對於日常生活的影響與不便，也讓幼兒知道有時環境污染也可能是因自己的疏忽而造成。接著教師可引導幼兒思考應該要如何改善這些不良的習慣？如何減少社會中的髒亂？如何讓我們的生活變得更舒適等問題，透過這樣的討論與經驗分享，教師一方面可評量幼兒環境保護的觀念，也可從中建立幼兒正確的環境保護觀念，以及知道保護環境可有的做法。

(2)創意教學法→觀察評量

　　教師可先蒐集具創意且環保的產品圖片（如：家具、文具、環保筷的設計等）讓幼兒欣賞，教師可提供一些現成的物品與問題情境，讓幼兒發揮創意思考如何運用這些有效的資源解決問題。例如：假如你身上只有一張紙，你要怎麼做出一頂耐用的帽子？假設你有許多鈕釦，你要怎麼做出好玩的玩具？假設你只有一塊布，你要怎麼讓教室清潔溜溜？過程中教師可限制某些主題與材料的運用，讓幼兒在有限的資源中，彼此分享與激盪出更多的想像與創造力，教師可從中觀察幼兒的創意思考，亦可透過環境教育，達到讓資源獲得更有效運用的目的。

(3)發表教學法→發表評量

　　生活周遭仍有許多人很積極地在做環保活動，例如：垃圾分類、使用重複使用的餐具、資源重複使用、搭乘大眾運輸工具等等。教師可以請幼兒回家跟父母一起討論、思考，哪些是我們隨手可做的環保活動？自己家中做了哪些環保的活動？教師可製作環保小尖兵的學習單，請幼兒與家長記錄這些經驗，帶到學校與其他幼兒分享。在分享的過程中，可讓幼兒知道哪些環保活動是日常生活中可以進行的，而這些活動對我們的環境有哪些好處？透過這樣的分享經驗，教師可評量幼兒對於環保的概念，而幼兒也能從中學習他人經驗，並帶回家中與家人一起分享。

3. 以「鄉土教育」為內涵之教學方法（活動）及教學評量之運用

　　鄉土教育的目的主要是了解自己所居住的鄉土環境以及對鄉土產生認同感並能建立情感。此外，更能進一步地透過與他人分享，傳達與傳承鄉土的文化與特色。因此透過鄉土教育也能夠達到品格教育的「分享」目標。

(1)討論教學法→發表評量

　　教師可先在課堂上向幼兒展示當地鄉村／社區的地圖，介紹當地著名的歷史、人文故事，或是風景景點，並在地圖上標示出來。過程中可引導幼兒

發表自己對於該地點的經驗（有沒有去過？有無什麼印象深刻的事情？），教師可與幼兒討論並規劃一趟社區巡禮的路線，包括想看哪些景點？目的？該準備的事項等；過程中，教師可與幼兒討論並提供諮詢與參考意見。最後，師生可安排一段戶外參訪的時間，依據規劃的路線進行探訪，探訪後，可請幼兒分享心得及參訪紀錄（如：拍照、繪圖、文字敘述等），從中評量幼兒是否能樂於分享自己的經驗與心得，並對自己的居住環境產生情感。

(2)講述教學法→發表評量

　　鄉土教育中還包含鄉土歷史在內，因此教師可以透過說故事的方式跟學習者分享當地的鄉土歷史，例如：有些村落可能因為地勢較高，過去農夫們不容易灌溉，所以引進山泉水，透過水車的方法來進行灌溉，因此水車對當地的農作物來說貢獻很大，至今有百年歷史。說完之後，教師也可以請幼兒回去和父母分享這個故事，也可以請家長利用假日帶幼兒到相關的景點參觀，並來園進行假日分享，教師可藉由幼兒的口頭分享，從中評量幼兒對於鄉土歷史的了解，以及是否能大方地分享自己見聞。

(3)發表教學法→表現評量

　　鄉土文化包含了許多當地居民的智慧，呈現在建築、文物、飲食、工具等不同層面，師生在經過鄉土歷史、地理等議題的了解後，可與社區共同籌劃一場鄉土文化展示／發表會，邀請當地著名的耆老敘說傳說故事、邀請藝術家發表他們的創作作品或是進行現場教學、邀請家長烹飪當地特色美食、學校師生亦可準備活動參與（如：方言說故事、唱民謠、演奏樂器等），師生在籌劃的過程中，學生不僅可接觸到許多與社區相關的人、事、物，教師也可從幼兒參與活動的表現，評量幼兒是否也能夠感受到社區居民共同分享參與活動的快樂，進而達到品格教育中「分享」的目標。

4. 以「性別教育」為內涵之教學方法（活動）及教學評量之運用

　　性別教育就是希望透過教育能落實性別平等，以及給予不同性別的人適

當的尊重。因此，教師可以透過和學生討論與分享自己對於性別不同的看法與經驗，從分享的互動過程中，知道不同性別間之平等的對待方式。

(1)討論教學法→發表評量

　　教師可與學生分享繪本《朱家故事》（英文漢聲出版社出版）。這個故事主要敘述一個每天忙於家事，還得工作的媽媽，但家中的爸爸和小孩都不會幫忙，直到有一天，媽媽不見了，此時爸爸和兒子終於了解媽媽的重要，願意幫忙做家事，共同分擔身為家庭一份子的責任過程。透過這個故事，學生可以了解到家庭的工作並非都由媽媽負責，大家都有分擔的責任。故事敘述完後，教師可與班上學生討論並分享關於在家做家事的經驗，如：平時家事大部分都是誰在做？如：誰在洗碗、洗衣服、煮飯、照顧小朋友、帶小朋友上學等，藉由經驗的分享，教師可從中評量幼兒是否樂於分享經驗，以及是否意識到自己也可以有能力幫助媽媽減輕家務工作的辛勞的概念。

(2)發表教學法→觀察評量

　　教師可請學生將平日他們最喜歡的玩具帶到課堂展示，並介紹自己帶來的玩具（如：他們喜歡玩什麼樣的玩具？為什麼他們喜歡玩這樣的玩具？）。過程中，教師可請幼兒觀察大家喜歡的玩具有什麼不同？介紹完後，教師可詢問喜歡這個玩具的原因？藉此引導幼兒明白其實只要是安全的玩具，無論是男生、女生都可依自己的個性、想法、喜好選擇喜歡的玩具，而其他人也應尊重他人的興趣和喜好。此外，教師也可請幼兒思考如果想要玩別人的玩具時，該怎麼辦？從中讓幼兒知道在分享玩具、與他人溝通時應注意的禮節。最後，教師可安排玩具分享的時間，讓幼兒能夠彼此分享各自帶來的玩具，實際體驗分享的樂趣。從玩具分享的活動中，教師可觀察幼兒在玩具分享時的表現，評量幼兒是否能樂於與他人分享玩具，並懂得遵守玩具分享的規則及禮節。

　　「玩具分享日」可成為教師每週課程安排的固定時段，學生不僅會相當期待這天的到來，教師還能從過程中發現許多與品格發展相關的議題（如：

尊重、禮貌、性別差異、分享等），透過不斷與幼兒討論，相信幼兒能在自然的情境中學習人際溝通能力以及發展良好的品格。

　　透過不同的教學法（如：發表扮演法、角落教學法、創意教學法、討論教學法），不僅能讓學生藉由分享的過程，知道不同性別的可能興趣與需求、如何與他人分享的方法，從中感受分享的樂趣，進而培養學生養成良好的品格（品格教育的目的）。

國家圖書館出版品預行編目資料

課程發展理論與實務／簡楚瑛著.--初版.--
臺北市：心理，2009.02
面；　公分.--（課程教學系列；41319）
參考書目：面
ISBN 978-986-191-187-8（平裝）

1.課程規劃設計

521.74　　　　　　　　　　97015814

課程教學系列 41319
課程發展理論與實務
～～～～～～～～～～～～～～～～～～～～～～～～～～～～～～～～～～～～
作　　者：簡楚瑛
執行編輯：高碧嶸
總 編 輯：林敬堯
發 行 人：洪有義
出 版 者：心理出版社股份有限公司
地　　址：231 新北市新店區光明街 288 號 7 樓
電　　話：(02) 29150566
傳　　真：(02) 29152928
郵撥帳號：19293172　心理出版社股份有限公司
網　　址：http://www.psy.com.tw
電子信箱：psychoco@ms15.hinet.net
駐美代表：Lisa Wu（lisawu99@optonline.net）
排 版 者：辰皓國際出版製作有限公司
印 刷 者：昕皇企業有限公司
初版一刷：2009 年 2 月
初版四刷：2018 年 1 月
Ｉ Ｓ Ｂ Ｎ：978-986-191-187-8
定　　價：新台幣 350 元